U0576803

抗日战争档案汇编

抗战时期国民政府军政部兵工署第五十工厂档案汇编

8

重庆市档案馆　编

中華書局

本册目录

五、生产

（六）基建

六、财务

七、其他

五、生产

（六）基建

底稿

382

000018

17

軍政部兵工署第五十工廠建設計劃書

查本廠遷川，當經擇定四川江北縣屬之郭家沱及巴縣屬之大興場一帶地方，擬予徵收民地共約四千九百餘市畝，為興建廠房暨附屬建築地址，其建設計畫分(甲)(乙)兩項：

(甲)二十八年以前完成者

按本項建築工程，共計二十種，業經分別招商承辦，間或自行購料營繕，截至現在，有已完成者，有正在建築者，茲分列于下：

(1)臨時倉庫：為本廠臨時存放器材之用，其工程係以竹架搭棚，篾席圍壁，計十四所，共面積四千三百七十平方公尺，需費約陸仟零玖拾元。

17-1

(2)臨時馬路：為本廠卸運器材之用，共基面寬度六公尺，長六十公尺，係用砂土路面，杉木涵洞，需費約壹仟陆百柒拾元。

(3)臨時警衛隊駐所：排哨及廚房厠所，為本廠警衛隊駐宿之用，係以竹架搭棚篾席圍壁，木板地台，計共五座，面積四百九十五平方公尺，需費約壹千零捌拾元。

(4)臨時工場：為安裝小發電机及械機士兵臨時工作之用，係用竹架搭棚，竹批灰泥壁，水泥混凝土地台，計共三所，面積三百九十二平方公尺，需費約貳千壹百元。

(5)臨時職工住所：為本廠臨時工人住宿之用，係用竹架搭棚，竹批灰泥壁或篾席圍壁，灰土地台及土地台，計共六所，面積四百四十三平方公尺，需費約壹千壹百捌拾伍元。

(6)廠區馬路涵洞：基面寬度三、五公尺至五、五公尺，支幹線合計長度六千零四十公尺；又涵洞五十七座，用沙土路面，水泥、石灰、沙漿結砌條石平涵及拱涵，需費約陸萬捌千叁百肆拾伍元。

(7)製砲所廠房：係用條石墩子、片石牆、土牆、及竹批泥牆，青瓦屋面，水泥混凝土地台，共十一座，內五座有五噸重吊車設備，計面積五千二百三十六平方公尺，需費約壹拾玖萬玖千零叁拾元（地盤土石方及土牆在內）。

(8)彈夾所廠房：工程同前，惟無吊車樑設備，計共九座，面積三千二百九十四平方公尺，需費約壹拾叁萬伍千肆百玖拾元。

(9)引信所廠房：工程同前，計共三座，面積九百一十四平方公尺，需費

18—1

约贰萬伍千柒百柒拾元。

(10)鍛工所廠房：共二座，其中一座有吊車樑設備，餘同前，共計面積七百八十三平方公尺，需費约叁萬叁千陸百捌拾元。

(11)木工所廠房：無吊車樑設備，其餘工程同前，共計三座，面積六百廿七公尺，需費约貳萬捌千柒百陸拾元。

(12)工具所廠房：工程同前，共計三座，面積六千五百六十五平方公尺，需費约貳萬貳千捌百柒拾元。

(13)鑄工所廠房：一座，其工程係用竹架搭棚，竹批灰泥壁，泥土地台，共計面積六百四十一平方公尺，需費约叁千玖百元（土石方工程費在内）。

(14)職員宿舍：係用泥墻，土瓦屋面，木板地台及棱角石地台，共計十

~~000020~~ 19

六座，面積一千三百八十七平方公尺，需費約叁萬柒千陸百捌拾元（連地盤土石方工費在內）。

(15)机械士兵宿舍：係用泥牆土瓦屋面，灰沙三合土水泥粉光地台，共計六座，面積一千一百五十六平方公尺，需費約貳萬捌千伍百陸拾元。

(16)柴油机動力廠房：為本廠最重要之部份，為避免空襲計，故用通天山洞方式建築，以水泥混凝土拱座，鋼筋混凝土拱面，計一座，面積二百一十七平方公尺，需費約叁萬捌千柒百陸拾元（所用鋼筋四八〇〇公斤由本廠供給價未計入）。

(17)流水堤：為各廠房給水之用，係用連二條石水泥灰沙漿結砌，上架四公尺寬十四公尺長木橋一座，需費約貳萬陸千玖百伍拾元，（連聯絡土堤及護坡工程在內）。

19-1

(18)石墩木桥：为联络厂东厂中两路交通，以连二条石水泥沙浆结砌桥墩，木板桥面，附以条石墙壁，土瓦屋面，木板地面之抽水机房，为便利柴油机并厂给水之用，计桥长三十二公尺，宽四公尺，高十公尺，又抽水机房面积一〇·七五平方公尺，约共需费玖千零伍拾元。

(19)样板所山洞厂房：为安放样板所贵重机器之用，计开凿山洞十四座，面积为一千零零捌平方公尺，需费约伍萬壹千贰百伍拾元。

(20)防空山洞：为本厂员工及重要文件在空袭时避免危险之用，计三座，高宽均二公尺，间用水泥混凝土结砌，或用木架支撑，需费约

~~000021~~

20

貳萬捌千捌百捌拾元。

（乙）二十八年度擬辦者

查本項工程，係根據第一期建設計劃書所列，因限於時間，而未興辦者，或因工料之漲價與情勢之迥殊而變更原有計畫者，要皆權衡緩急，酌予籌建，爰將本年度所擬辦，然亦擬於本年完成之，共計工程，分爲二目，其他附屬房屋之事，並分列如下：

（1）製砲廠（所）山洞廠房：

（2）彈夹廠（所）山洞廠房：

（3）樣板廠（所）山洞廠房：

按第一期建築計畫，限於時間關係，一切工程，以迅速簡單爲原

20-1

則，所有各廠房，除緊由機動力廠採取避難建築外，其他均採疏散式之布置，在防空上雖有相當可取處，但管理則殊感困難，且植林需時，偽裝難密，際此抗戰時期，材料之購置匪易，機械之補充尤難，萬有一失，勢必影響全部工作，並為謀永久安全及管理便利起見，擬將各重要廠房集建於山洞之內，於石馬崗開鑿山洞為製砲所，銅鑼峽開鑿山洞為彈夾所及樣板所，則任何空襲，皆足以避免危險，且統計現在築成之廠房，連同護土牆土石方工程，每平方公尺約需國幣伍拾餘元，三十平方公尺橫剖面之橫之山洞式廠房，每平方公尺約需國幣八十餘元（山洞建築包括炸石結砌三十公分厚水泥拱圈及十公分厚水泥地台在內）。若山洞廠房，加以人工通風設備，則每平方公尺最多不過百元，所需建築費雖較普通廠房幾增一倍，然挖洞分置實全良策，且機器集中，管理已便，出品必速，於國防上實有莫大之裨益。總計製炮所面積約三千平方公尺，彈夾所約二千平方公尺，槍板所約一千平方公尺，共約六千平方公尺，需款僅五拾餘萬元。

（4）總辦公廳：工務處辦公室、工程室辦公室、林場辦公室各一座。按本廠現在總辦公廳，係借業戶李懋卿之住房，結構簡單，不敷分配，擬即另行興建，以資應用，需費約計四萬元。

（5）醫院：按本廠遠距渝市，關於員工療養病疾之事，頗感不便，擬即自行建設醫院一座，以資治療，需費約計叁萬元（各分所工程费在内）。

(6) 营房：拟本厂警卫部队，计有一营人数，且警卫区域甚广，现在驻棚，原系临时性质，且不敷用，拟即另行兴建，需费约计壹万壹千元（石马岗该营房工程费在内）。

(7) 稽查所：为便利稽查员工勤惰，器材出入起见，此项工程，亟待兴办，需费约计壹万元（各分所工程费在内）。

(8) 职工宿舍（住宅）：查本厂员工携眷同居者，为数甚夥，分赁民房，散居各处，诸感不便，本项工程，拟即兴办，需费约计陆万肆千元。

(9) 厂区内防空山洞：为员工及重要文件避免空袭危险计，本项工程，自应兴办，需费约计贰万元（两座结构水泥拱圈各长一百尺）。

（10）廠房偽裝：查本廠各廠房，多分建於各山間，但因造林需時，亟須偽裝，以避空襲，擬將廠房屋頂及公路偽裝，需費約計壹萬元。

（11）築路：擬廠東廠中兩路之基涵洞，雖告完工，然石子路面約六公里，猶待鋪築，又廠西路基及涵洞橋樑約六、五公里，暨職工宿舍區之防水堤路工程，亦待亟辦，共約需費玖萬陸千元。

（12）下水道工程：廠房區彥旗寺職工宿舍區及其他下水工程，亟須興辦，共約需費貳萬元。

（13）給水工程：仝上共約需費壹拾萬元。

（14）職工飯堂：計約需費壹萬叁千柒百元。

22-1

(15) 职工浴室：计约需费柒千伍百元。

(16) 职工学校：计约需费壹万元。

(17) 职工集合礼堂附设俱乐部：计约需费壹万贰千元。

(18) 合作社：按本厂僻处穷乡，关于员工日常用品，购置困难，本项工程，亟须兴建，以资便利，需费约计柒千贰百元。

(19) 汽车房：本厂所有卡车、汽车，无处安放，拟在大兴场建造汽车房一座，连储油池司机宿舍在内，共约需费叁千元。

(20) 其他建筑工程：如围墙界石、公共厕所，以及一切零细工程，共约需费贰万零伍百元。

(21) 测量：查本厂去年建筑开始时，因人事不繁，关于用地测量及

~~000024~~

23

工程測量、土方挙办、自應於本年內繼續办竣，共約需費壹萬元。

(22)購買民地：查本廠擬即徵收民地，約計面積四千九百餘市畝，連賠償青苗費拆遷地上附着物費，共約需費壹拾貳萬元。

(23)監工：本項費用，約占建設費百分之三，計需費叁萬貳千元。

(24)机器安裝：

(25)水電設備：

军政部兵工署第五十工厂第八号之九工程简约（一九四〇年一月）

8

軍政部兵工署第五十工廠第八號之九工程簡約

業　主：軍政部兵工署第五十工廠（以下簡稱甲方）

承　商：新蜀營造廠（以下簡稱乙方）

（一）工程地點：江北縣銅鑼峽黃貫沱地點由甲方指定之

（二）工程範圍：開鑿石洞十八座，各洞上部成半圓形，其半徑即等於寬度之半

洞號	座數	高度（公尺）	寬度（公尺）	深度（公尺）
八號至十三號及新二號	七	六·三〇	六·九〇	一四至二〇
南北口·進口洞	三	六·三〇	三·九〇	二〇至三〇
聯絡洞	八	二·七〇	二·九〇	約二·〇〇

詳細尺寸式樣依照本號工程圖辦理

（三）工程單價：

81

洞外土石方：：土方每立方公尺國幣陸角正
鬆石每立方公尺國幣壹元陸角正
堅石每立方公尺國幣弍元伍角正
洞內土石方：：土方每立方公尺國幣壹元陸角正
鬆石每立方公尺國幣：肆元捌角正
堅石每立方公尺國幣：壹拾伍元正

前項單價包括人工火藥與引信銅帽工等不另發一切瑣碎雜支等費在內所謂鬆石係指以洋鎬能開挖之石質而言堅石係指須用火藥爆炸之石質而言

(四)運距：所有挖出之棄土廢石須堆棄於甲方指定之地點，不得任意堆積致碍甲方之工程計劃此項運距以洞口外五十公尺為限，超出五十公尺按第三條之單價另行增加運費每公方每叁拾公尺國幣弍角正

9

(五)工程期限：簽訂合同後十五日內開工，每洞口於開工後不得少於二十人工作在洞口進出至相當程度，夜晚可用燈火時，更須加開夜工，另行酌加夜工工人，訂全部工程須於壹五十日內完成，逾期一日，每日罰款國幣伍拾元

(六)火藥引信：火藥係用黑炸藥，由甲方供給乙方，乙方備價領用，每公斤計價壹伍元玖角，乙方得計賬借用，於收方付款時扣還，乙方亦能自備火藥與雷管，但購買領照等手續概歸乙方自理，引信由乙方自備

(七)鋼条：乙方開洞須用之鋼条，由乙方自備，或由甲方代購，按甲方之購價計算其

(八)借支伙食：工目石匠每工按日准借支六角，搭工及其他小工每工四角，每五日發給一次，於收方付款時扣還前項工數以經查實到工者為限

(九)收方付款：每十五日收方一次，按照實造方數先付九成，其餘一成，俟全部完工由甲方驗收後付給其數，至部署派員驗收之手續完備後付清

(十)收方標準：收方界綫以圖樣所定之剖面邊線為準，乙方須依照規定剖面

9-1

邊線開鑿不得過少、倘開鑿超過前項邊線、其超過部份概不給價

(十一)保証金額：簽訂簡約後乙方應付甲方保証金國幣伍百元，存儲於双方同意之銀行，其利息歸乙方所有，於完方甲方驗收後發還

(十二)取消合同：如有下列情形之一者得取消簡約，並沒收保証金，由甲方收回自辦、或另招他商承造、但甲方因此所有一切損失、概歸乙方及其担保人負担

1. 乙方於簽訂簡約後十五日內尚未開工者

2. 乙方開工後工人人數不足或工作遲緩，距未到完工期限，而甲方按照工作比例、認難以依限完成、經通知設法改善而乙方接到通知後五日內仍無相當改善之實表現者

3. 乙方如有因本工程違犯法律或施行有賄賂或舞弊責大為當須者

(十三)工程變更：於工程進行期中，甲方得於工程之範圍尺寸隨時有所變更、但因變更而

10

影響工程之數量，不得超過原有工程三分之一，此項增減之工程，得按本合同之單價為標準，而完工期限得按增減之數量，照比例計算增減之

（十四）工程監理：乙方須派富有經驗負責（可靠）之代表一名，長川住場照料工作，其接受甲方命令，及所負責任與乙方無異，該代表須得甲方認可，如有不盡職時，經甲方通知，即須更換。

（十五）工場安全：乙方須設法避免一切危險，如有發生傷害人命或其他意外時，乙方須負全責

（十六）鋪保：乙方須負具殷實鋪保一家，以當面担保，乙方對於本簡約應負一切之責任

（十七）完工解約：本簡約於全部完工一切手續完備，經甲方認為無異議，發給完工証，本簡約方告解除

10-1

（九）簽約：本簡約共發正本二份副本五份，除甲乙双方各執正本一份外，以副本五份呈請備案

業主代表：軍政部兵工署第五十工廠廠長

主辦人地產科科長

承商：　代表人　住址

鋪保：　代表人　住址

中華民國　年　月　日

對保　對保人

三

军政部兵工署第五十工厂为申复建造引信所及精确研究室山洞厂房工程等致兵工署的呈（一九四〇年十二月二十九日）

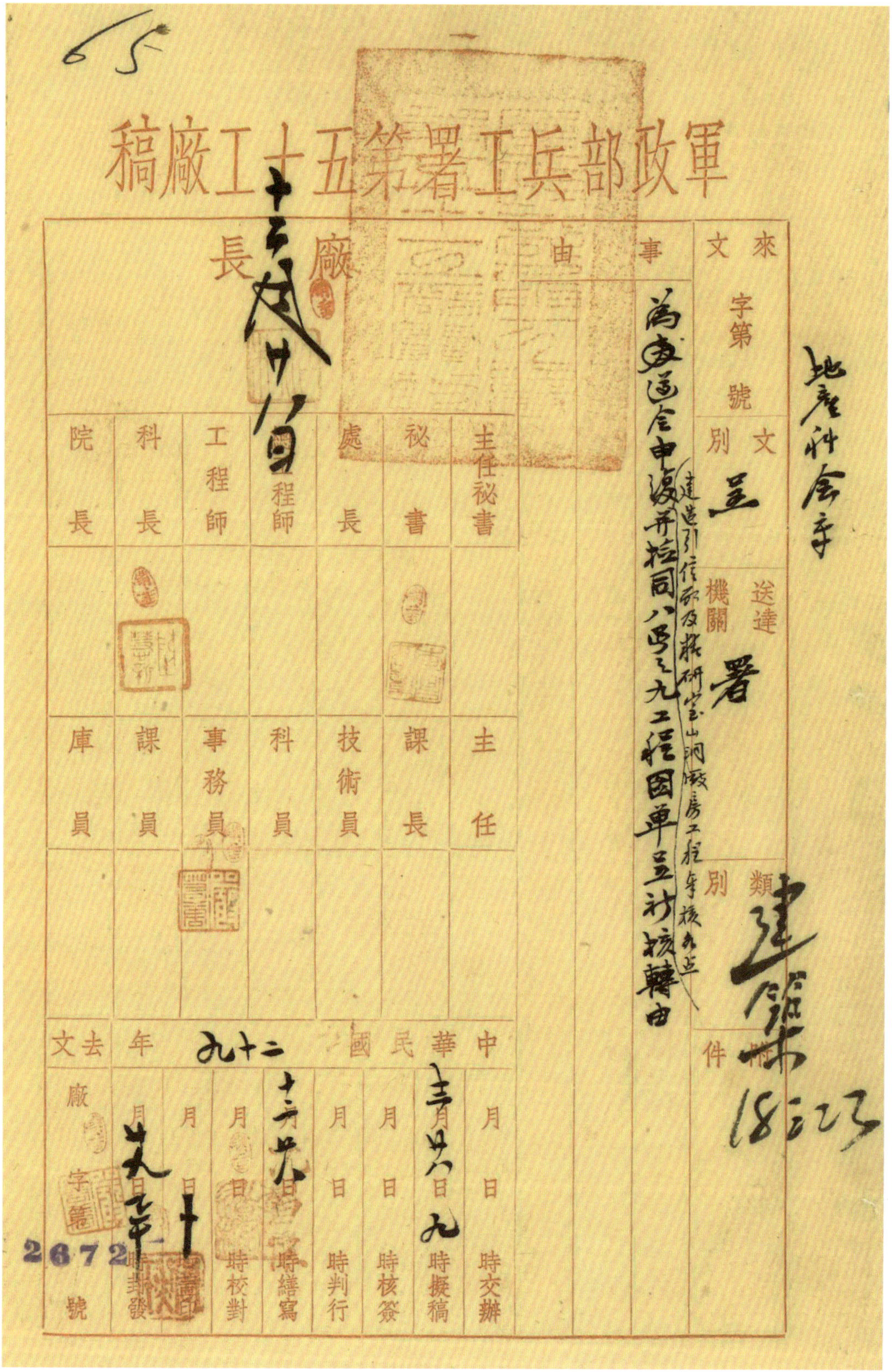
軍政部兵工署第五十工廠稿

廠長

事由

來文字第號

文別 呈

送達機關 署

類別 建築

附件

主任秘書　秘書　處長　程師　工程師　科長　院長

主任　課長　技術員　科員　事務員　課員　庫員

中華民國　　年　去文

月　日　時交辦

月　日　時擬稿

月　日　時核簽

月　日　時判行

月　日　時繕寫

月　日　時校對

月　日　時封發

廠　字第　號

65-1

呈

案查本廠前以封信所及精研室山洞廠房開鑿工程（八号之九）暨

樣板所山洞明壕除石工程（八号之十二）經標由新蜀營造廠承攬并檢

同標單合約等件於本年五月七日以廠國發字第1029号呈奉

鈞署渝造國丙字第6629号指令：轉奉

軍政部渝需丁國設字第3074号指令：略開

一、原搬計劃圖說估單未據呈轉，應飭補送一份備核。

二、八号之九工程简約第二條內註有八号之十三号及新二号工程

未明究竟，應飭申復。

等因；轉令遵照具報，以憑核轉等因；下廠，並遵呈復外，下：

一、原擬計劃图说估单，送補送各弍份

二、八年之九工程箇内第二條内註四之八号至十三号及新二号，係洞号，已詳於山洞廠房佈置總圖中，[illegible]總圖并經於去年八月間檢同總圖奉

鈞署渝造（六）丙字第8194号指令及第9125号訓令轉奉

軍政部廿六年九月七日渝需丁設字第3024号指令核准備案

在卷。故未另加說明。

奉令前因，理合檢同該工程原擬計劃图[illegible]估单[illegible]弍份備文申復，仰祈

鑒賜核轉備案。謹呈

署長俞

附八年之九工程計圖弍份（每份弍張）估单弍份及八年之十二工程估单弍份、[illegible]

全銜名

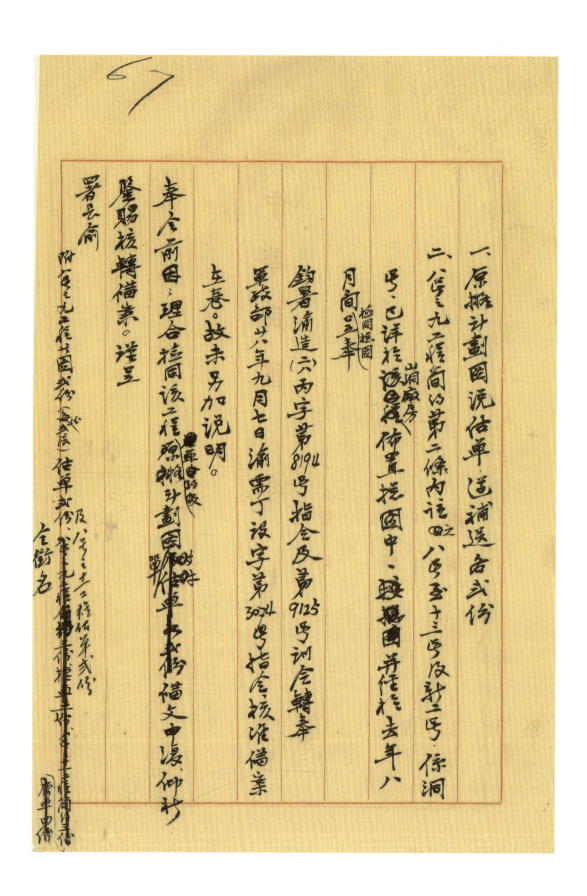

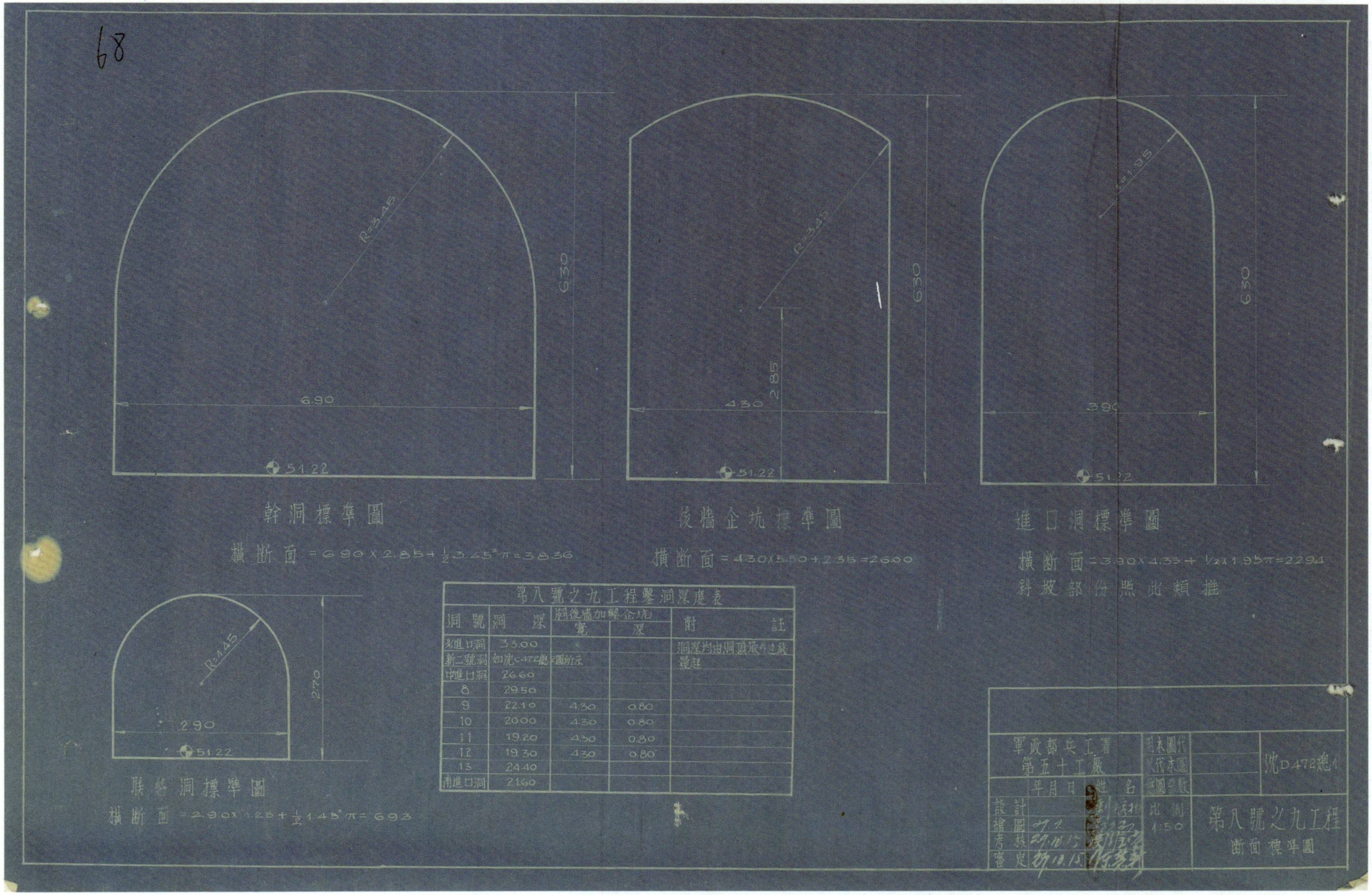

第八號之九工程鑿洞深度表

洞號	洞深	洞後牆加鑿企坑 寬	洞後牆加鑿企坑 深	附註
北進口洞	33.00			洞深均由洞頂最外邊線量起
新二號洞	如渝C472總 圖所示			
中進口洞	26.60			
8	29.50			
9	22.10	4.30	0.80	
10	20.00	4.30	0.80	
11	19.20	4.30	0.80	
12	19.30	4.30	0.80	
13	24.40			
南進口洞	21.60			

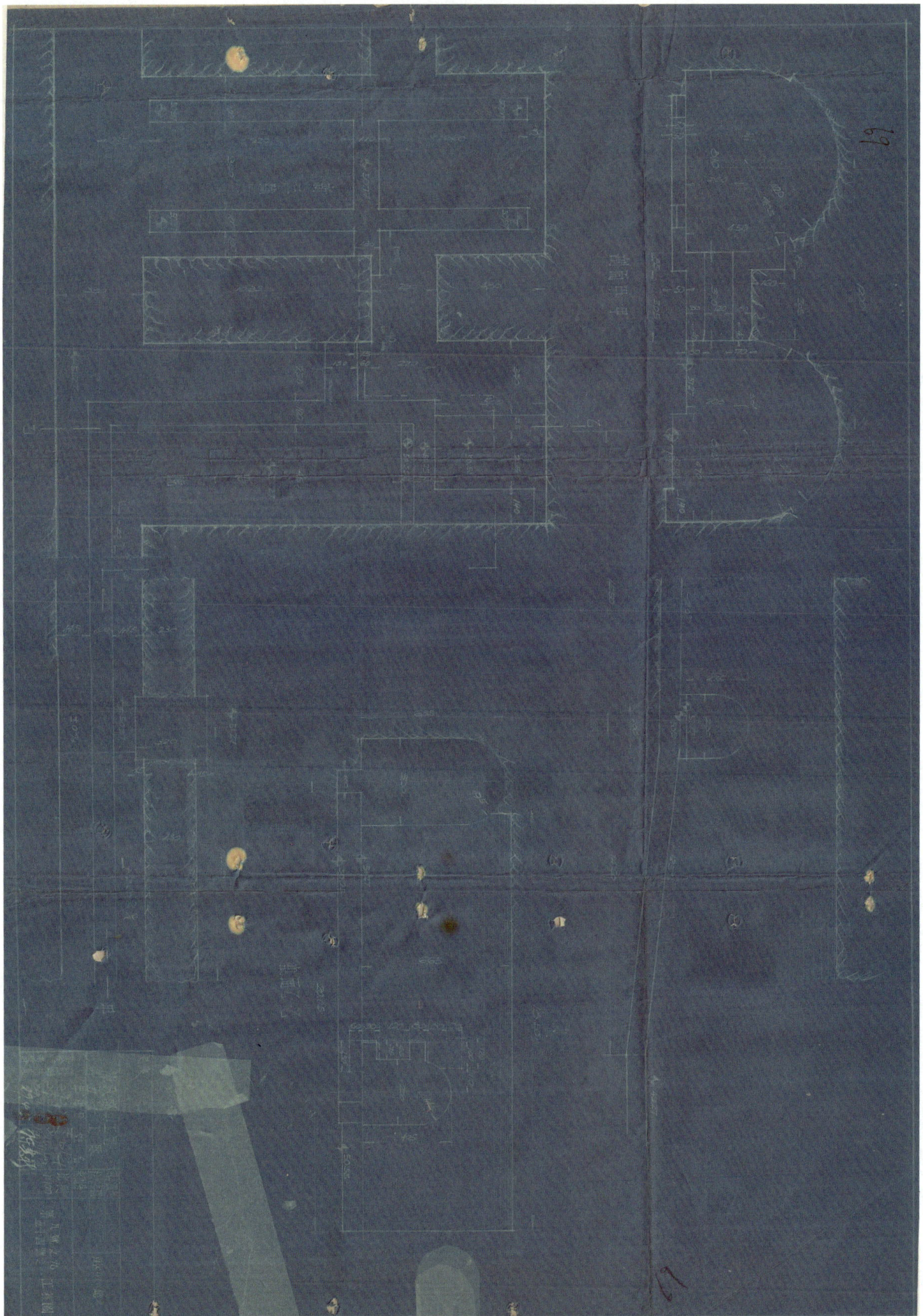

（甲種）

12

軍政部兵工署第五十工廠建築工程估價單

……字第……號

工程名稱　第八號之九工程　　　　共　2　頁第　1　頁

工程地點　江北縣銅鑼峽　　　　日期　29年12月24日

項目	名稱	數量	尺寸 長	闊	厚或高	方數	總方數	單位	單價	總價	附註
1	北進口洞		33.0	22.94m²		757.02					
	斜道		13.6	3.9	0.3	15.91					详見沈C472總
		½	15.0	3.9	0.3	8.78					2圖
		½	13.6	3.9	1.75	46.41					
						828.12					
	扣代打石方		4.0	2.6	2.9	30.20					連接新一號洞支
							797.92m³				洞之處在開闢新
2	中進口洞		26.6	22.94m²		610.20					一號洞時此部業
	斜道	½	15.5	3.9	2.0	60.45					已打去故應扣除
	支洞		1.05	6.93m²		7.28					斜道兩端高低相
						677.93					差為2m長度為
	扣代打石方		3.5	1.45	3.1	15.73					15.50m
							662.20m³				連接七號洞支洞
3	第八號洞		29.5	38.36m²		1131.60					之處在開闢七號
	支洞		2.1	6.93m²		14.60					洞時此部業已打去
							1146.20m³				故應扣除
4	第九號洞		22.1	38.36m²		847.80					各洞之中綫距離
	支洞		2.1	6.93m²		14.60					為9m故各支洞
	後牆企坑		0.8	26.00m²		20.80					之長度為2.10m
							883.20m³				
5	第十號洞		20.0	38.36m²		767.20					
	支洞		2.1	6.93m²		14.60					
	後牆企坑		0.8	26.00m²		20.80					
							802.60m³				
6	第十一號洞		19.2	38.36m²		736.50					
	支洞		2.1	6.93m²		14.60					企坑深度0.80m
	後牆企坑		0.8	26.00m²		20.80					
							771.90m³				

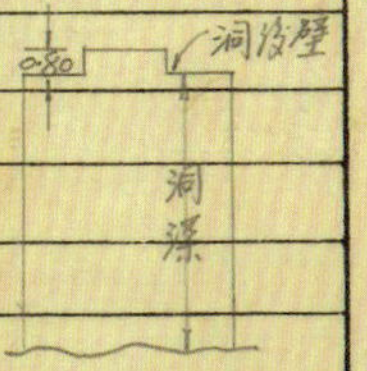

估計者……　　　　審核者……

(甲種)

71

軍政部兵工署第五十工廠建築工程估價單

......字第......號

工程名稱 第八號之九工程　　共 2 頁第 2 頁

工程地點 江北縣銅鑼峽　　日期 29 年 12 月 24 日

項目	名稱	數量	尺寸 長	闊	厚或高	方數	總方數	單位	單價	總價	附註
7	第十二號洞		19.3	38.36m²		740.30					
	支洞		2.1	6.93m²		14.60					
	後墻盃坑		0.8	26.00m²		20.80					
							775.70	m³			
8	第十三號洞		24.4	38.36m²		936.00					
	支洞		2.1	6.93		14.60					
							950.60	m³			
9	南進口洞		21.6	22.94m²		495.50					
	料道	1/2	15.5	3.9	2.0	60.45					
	支洞		1.05	6.93m²		7.28					
							563.23	m³			
10	新二號洞		18.1	48.09m²		870.40					详見沉(47)2號
	支洞		2.0	10.84m²		21.70					2圖
	地溝		13.1	1.0	1.02	13.40					$\frac{20^\circ}{360^\circ}\times\pi\times4.2^2+\frac{60^\circ}{360^\circ}$
			2.5	1.5	1.02	3.80					$\times\pi\times4.05^2+2.6\times8.1$
			4.6	0.9	1.02	4.20					$=48.09m^2$
			4.5	1.5	1.02	6.90					$\frac{1}{2}\pi1.45^2+2.6\times2.9$
			4.6	0.6	0.72	2.00					$=10.84m^2$
			5.0	3.3	0.72	11.90					
			1.5	0.5	0.72	0.50	934.80	m³			
	合計						8288.35	m³	15.00	124325.25	

估計者 ....　　審核者 ....

(甲種)

70

軍政部兵工署第五十工廠建築工程估價單

......字第......號

工程名稱 第八號之十一工程　　共 1 頁第 1 頁

工程地點 江北縣銅鑼峡　　日期 29 年 12 月 24 日

項目	名稱	數量	尺寸 長	尺寸 闊	尺寸 厚或高	方數	總方數	單位	單價	總價	附註
	搬運石方						14,000.00	m^3	2.00	28,000.00	此係約數施工時仍照合約第五條之規定實測剖面算方

估計者　　審核者

军政部兵工署第五十工厂建筑分类统计表（一九四一年十一月二十六日）

28

军政部兵工署第五十工厂建筑分类统计表　　共二页第一页

项目	类别	名称	说明	工程费数		开工日期	完工日期或已成%	备注
1	I	製炮厂普通厂房十一座	合计面积5236 m²	175000	00	廿七年七月	廿八年十月	本表所列之工程
2	I	弹夹厂普通厂房九座	合计面积3294 m²	110000	00	仝	仝	均係廿七年廿八
3	I	引信厂普通厂房三座	合计面积905 m²	30600	00	仝	仝	年廿九年三個年
4	I	锻工厂普通厂房二座	合计面积783 m²	26300	00	仝	仝	度之工程而言
5	I	木工厂普通厂房四座	合计面积737 m²	39960	00	仝	仝	卅年度之工程尚
6	I	工具厂普通厂房三座	合计面积656 m²	22000	00	仝	仝	未填列至於各
7	I	铸工厂第一临时捆绑厂房二座	合计面积640 m²	5620	00	廿八年二月	廿八年九月	項工程均係包
8	I	火工所临时捆绑厂房三座	合计面积444 m²	2493	00	廿九年五月	廿九年七月	建設費及不屬
9	I	水電所临时捆绑配電间三座	合计面积39 m²	481	00	廿八年三月	廿八年五月	之全部註明。
10	I	锻工所增加临时捆绑厂房一座	合计面积56 m²	563	00	廿八年九月	廿八年十月	
11	I	水電所梁沙機房動力厂山洞厂房一座	合计面积217 m²	47975	00	廿七年十月	廿八年九月	
12	I	樣板所山洞厂房八座	合计面积678 m²	124529	00	廿七年十月	廿九年三月	
13	II	保管科临时捆绑庫房十九座	合计面积5712 m²	13136	00	廿七年五月	廿九年九月	
14	II	水電所临时捆绑庫房四座	合计面积1142 m²	1387	00	廿七年十二月	廿九年九月	
15	II	運輸科捆绑竹棚汽車房二座	合计面积377 m²	2754	00	廿八年二月	廿八年十月	
16	II	福利needs高公倉五座	合计面积123 m²	4243	00	廿九年七月	廿九年十月	
17	III	防空山洞六座	合计面积1025 m²	114750	00	廿七年七月	卅年三月	
18	III	捆绑偽装厂房三座	合计面积2926 m²	6290	00	廿九年四月	廿九年五月	
19	IV	警衛隊捆绑竹棚兵房十三座	合计面积988 m²	3809	00	廿七年七月	廿九年三月	
20	II	稽查室捆绑竹棚稽查所三座	合计面积293 m²	2189	00	廿八年四月	廿八年七月	

軍政部兵工署第五十工廠建築分類統計表　　共二頁第二頁

項目	類別	名　稱	說　明	工程費 圓	角	開工日期	完工日期或已成%	備　註
21	Ⅱ	職員住宅三十六座合五十六家	合計面積 4675 m²	144617	00	卅八年三月	卅九年七月	
22	Ⅱ	職員宿舍及廁所二十四座合二百二十四個床位	仝 2273 m²	44000	00	卅七年七月	卅八年三月	
23	Ⅱ	機械士宿舍及廁所十二座合七百六十八個床位	仝 2108 m²	56626	00	卅七年十月	卅八年三月	
24	Ⅱ	機械士住宅四十五座合二佰七十家	仝 10296 m²	445657	00	卅八年三月	卌年三月	
25	Ⅱ	西人宿舍二座	仝 1035 m²	40501	00	卅八年三月	卅九年三月	
26	Ⅲ	合作運社及俱樂部一座	仝 860 m²	52000	00	光年六月	卌年三月	
27	Ⅲ	醫院分診所一座	仝 87 m²	3287	00	卅八年十月	卅九年三月	
28	Ⅳ	第二第三機械士飯堂廚房及休息室六座	仝 1166 m²	38000	00	卅八年十月	卌年三月	
29	Ⅳ	第四機械士臨時細綁竹棚飯堂廚房二座	仝 157 m²	6522	00	卅九年十月	卌年二月	
30	Ⅳ	製炮所等臨時廁所六座	仝 198 m²	605	00	卅八年九月	卅八年十二月	
31	Ⅷ	廠區行車馬路及溝洞 9340m	仝 23090 m²	191449	00	卅七年十月	卌年三月	
32	Ⅳ	石壘木面馬路橋梁一座	4m寬 32m長 10m高	9626	00	卅七年三月	卅八年六月	
33	Ⅳ	行人便道320m及石壘木橋一座	合計面積800m²，橋寬2.20m長15m高6m	8311	00	卅九年三月	20%	
34	Ⅳ	製炮所等廠房條石護土牆	合計体積 7740 m³	81428	00	卅七年十月	卅八年八月	
35	Ⅸ	供水水池大小七座	合計面積 640 m²	57443	00	卅八年三月	卌年三月	
36	Ⅸ	遙平機動力廠攔河滾水壩乙座	出水口寬 10m 高 9.50m	24642	00	卅七年三月	卅九年三月	
37	Ⅹ	職工細綁竹棚臨時子弟學校二所等六座	合計面積 443 m²	4058	00	卅七年三月	卅八年十月	
38	Ⅺ	射擊場地盤土石方		248	00	卅八年三月	卅八年七月	

民國三十八年十二月廿六日製

廠長　　地産科長　　製表員

军政部兵工署第五十工厂建筑进行计划表（一九四一年十一月二十六日）

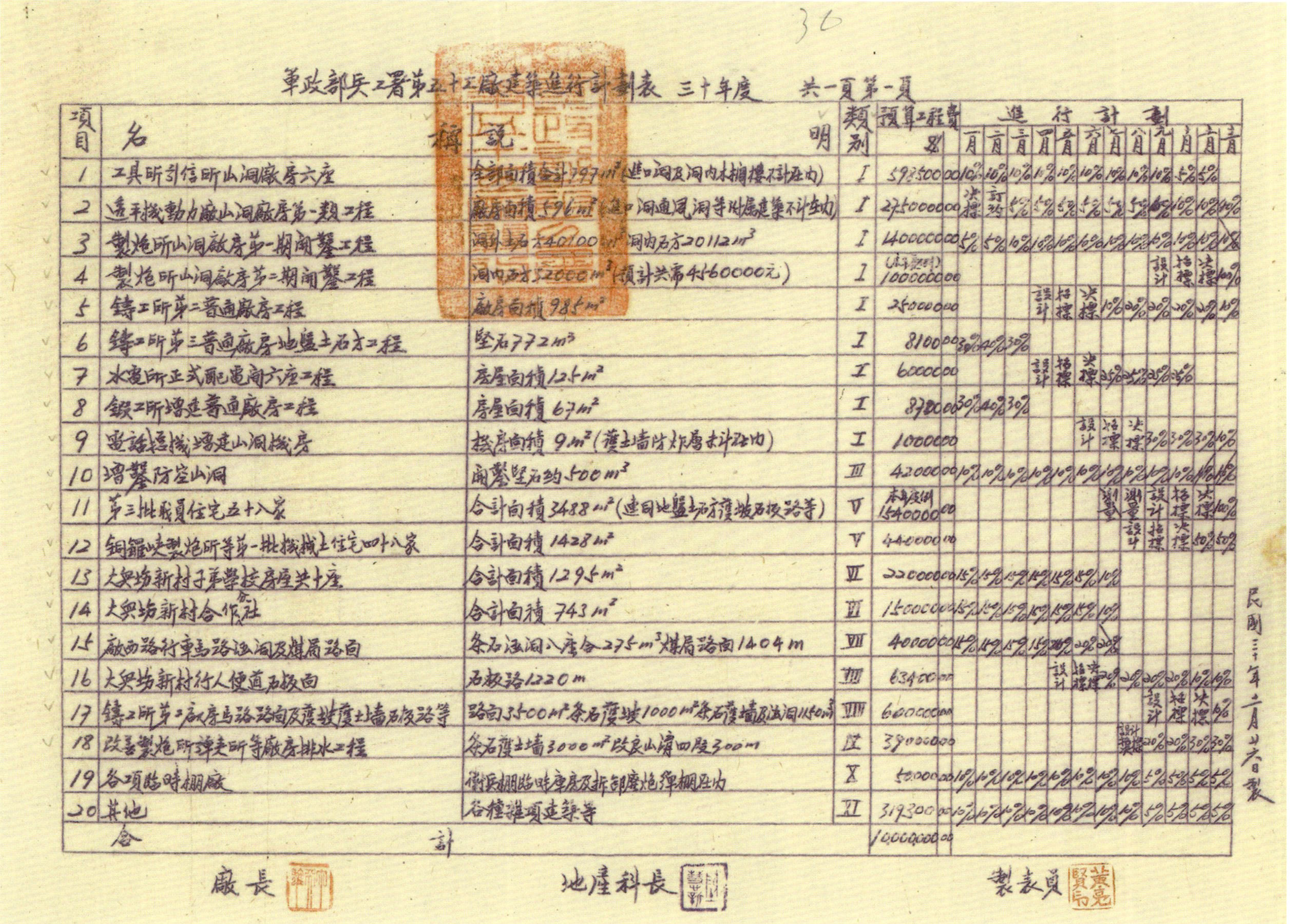

30

軍政部兵工署第五十工廠建築進行計劃表 三十年度 共一頁第一頁

項目	名稱	說明	類別	預算工程費 $	一月	二月	三月	四月	五月	六月	七月	八月	九月	十月	十一月	十二月
1	工具所引信所山洞廠房六座	全部面積合計797m²（進口洞及洞內木捆樓不計在內）	I	593500 00	10%	10%	10%	10%	10%	10%	10%	10%	10%	5%	5%	
2	連平機動力廠山洞廠房第一期工程	廠房面積596m²（進口洞通風洞等附屬建築不計在內）	I	27500000 00	決標	訂約	5%	5%	5%	5%	5%	5%	10%	10%	10%	10%
3	製炮所山洞廠房第一期開鑿工程	洞外土石方40100m³ 洞內石方20112m³	I	14000000 00	5%	5%	10%	10%	10%	10%	10%	10%	10%	10%	10%	
4	製炮所山洞廠房第二期開鑿工程	洞內石方52000m³（預計共需4160000元）	I	（本年度列）100000000									設計	招標	決標	10%
5	鑄工所第二普通廠房工程	廠房面積985m²	I	2500000				設計	招標	決標	10%	20%	20%	20%	20%	10%
6	鑄工所第三普通廠房地盤土石方工程	堅石772m³	I	8100 00	30%	40%	30%									
7	水壓所正式配電房六座工程	房屋面積125m²	I	6000 00				設計	招標	決標	25%	25%	25%	25%		
8	鍛工所增建普通廠房工程	房屋面積67m²	I	8700 00	30%	40%	30%									
9	電話總機增建山洞機房	機房面積9m²（護土牆防炸層未計在內）	I	100000						設計	招標	決標	30%	30%	30%	10%
10	增鑿防空山洞	開鑿堅石約500m³	III	42000 00	10%	10%	10%	10%	10%	10%	10%	10%	10%	10%	10%	10%
11	第三批職員住宅五十八家	合計面積3488m²（連同地盤土石方護坡石板路等）	V	本年度列 1540000 00							測量	測量	設計	招標	決標	10%
12	銅鑼峽製炮所等第一批機械工住宅四十八家	合計面積1428m²	V	44000 00								設計	招標	決標	50%	50%
13	大興場新村子弟學校房屋共十座	合計面積1295m²	VI	220000 00	15%	15%	15%	15%	15%	15%	10%					
14	大興場新村合作社	合計面積743m²	VI	150000 00	15%	15%	15%	15%	15%	15%	10%					
15	廠西路行車馬路涵洞及煤層路面	條石涵洞八座合275m³ 煤層路面1404m	VII	400000 00	15%	15%	15%	15%	20%	10%	10%					
16	大興場新村行人便道石板面	石板路1220m	VIII	634000					設計	招標決標	20%	20%	20%	20%	10%	10%
17	鑄工所第二廠房馬路路面及護坡護土牆石板路等	路面3500m² 條石護坡1000m² 條石護牆及涵洞1150m³	VIII	600000 00									設計	招標	決標	10%
18	改善製炮所彈夾所等廠房排水工程	條石護土牆3000m² 改良山溝四段300m	IX	380000 00								設計招標	20%	20%	30%	30%
19	各項臨時棚廠	衛兵棚臨時庫房及拆卸廢炮彈棚在內	X	50000 00	10%	10%	10%	10%	10%	10%	10%	10%	5%	5%	5%	5%
20	其他	各種雜項建築等	XI	319300 00	10%	10%	10%	10%	10%	10%	10%	10%	5%	5%	5%	5%
合計				10000000 00												

民國三十年十一月廿六日製

廠長 地產科長 製表員

軍政部兵工署第五十工廠三十二年度建設原則及大綱

(甲)建設原則：(移乙項)(一)關於建築方面者

(一)繼續完成各製造所山洞廠房使全廠製造機器悉數遷移洞內(鑄工所木工所除外)俾便集中管理而策安全並能工作無間藉以增加出品數量

(二)充實各項福利建築藉使員工安心服務俾成專材增進出品質量

(乙)建設大綱：(置之甲項)

(一)彈夾所山洞廠房結砌工程

(二)火工所山洞廠房及其通達道路橋梁碼頭工程

(三)郭家沱碼頭工程

(四)郭家沱醫院工程

(五)大興場分診所工程

(六)大興場汽車房工程

軍政部兵工署第五十工廠

11-1

（七）大興場住宅區路面下水道及黃字住宅護坡工程

（八）大興場住宅區供水池工程

（九）大興場彈夾所火工所機械士宿舍工程

（十）大興場警衛隊分駐所工程

（十一）郭家沱機械士住宅五十家工程

（十二）鑼旗寺住宅區路面及下水道工程

（十三）鑼旗寺住宅區防水堤路工程

（十四）郭家沱汽車房工程

（十五）郭家沱合作社庫房工程

（十六）歇西路延長至唐家沱工程

000012

（十七）銅鑼峽第二批機械士住宅二百家

（十八）銅鑼峽住宅區防空山洞工程

（十九）銅鑼峽住宅區供水水池工程

（二十）銅鑼峽合作分社及庫房工程

（二十一）銅鑼峽子弟學校分校工程

（二十二）鑼旗寺住宅區賈家溪防空山洞及馬路工程

附說明：

查本廠廠址原係建於江北郭家沱一帶而職工住宅則建於江南大興場其間交通則由本廠汽輪維持若遇洪水高漲時期及下霧汽輪往往不便行駛則員工往往不能按時蒞廠工作影響製造殊大又因奉令將重要機器遷移洞內以保安全遂乃擇定銅鑼峽地

軍政部兵工署第五十工廠

軍政部兵工署第五十工廠

形適合打洞之處建築山洞廠房以便容納因此本廠分散於三地觀察年餘之經過深感三地間之交通不易維持無阻遂將本廠之佈置從新調整如下(一)總辦公廳仍舊利用現在之懋居房屋惟在附近則添建第三批職員住宅數十家俾在江北郭家沱一帶工作之職員每日無須過江之苦(其建設預算已在三十年度及三十一年度列入)(二)水電所因柴油機及透平機發電廠因其已係山洞廠房建築仍在廠東路原址不動(三)鑄工所因其鑄鐵熔爐不便進洞及木工所之機器不甚重要亦仍在廠東路原址不動而在其附近鑼旗寺增建若干工人住宅並將現在之工人宿舍亦改作住宅而將現有之一部廠房其機器業已進洞者改作工人宿舍(因其距該所等亦不遠)使兩得其便(四)製炮所引信所鍛工所工具所等則遷往銅鑼峽山洞廠房與樣板所精確研究室等同在一處工務處亦隨之俾便管理故上述各所之機械士兵工等之住宅宿舍應予就近建立以便容納(其宿舍及一部份住宅已在三十一年度建設

000013

費內列入至其餘大部住宅則擬在本年舉辦)(五)彈夾所大工所則遷往江南大興場建築山洞廠房以容納之所有現建之住宅均可撥為該兩所員工之用亦可免每日渡江之苦惟須增建若干宿舍以備單身工人居住耳(擬在三十二年度內編列預算)因此本廠無形中分成三區即(一)總辦公廳及廠東路之普通廠房區(水電所則為山洞廠房例外)(二)銅鑼峽山洞廠房區及(三)大興場山洞廠房區是也因此其附屬必需之建築亦當酌予辦理以應需要惟職員住宅則祇分江南江北蓋因(一)(二)區之職員住宅攢〔係〕在其間彼此均便故也

軍政部兵工署第五十工廠

军政部兵工署第五十工厂为补具一九四四年度建设计划说明书致兵工署制造司的代电（一九四三年七月二十一日）

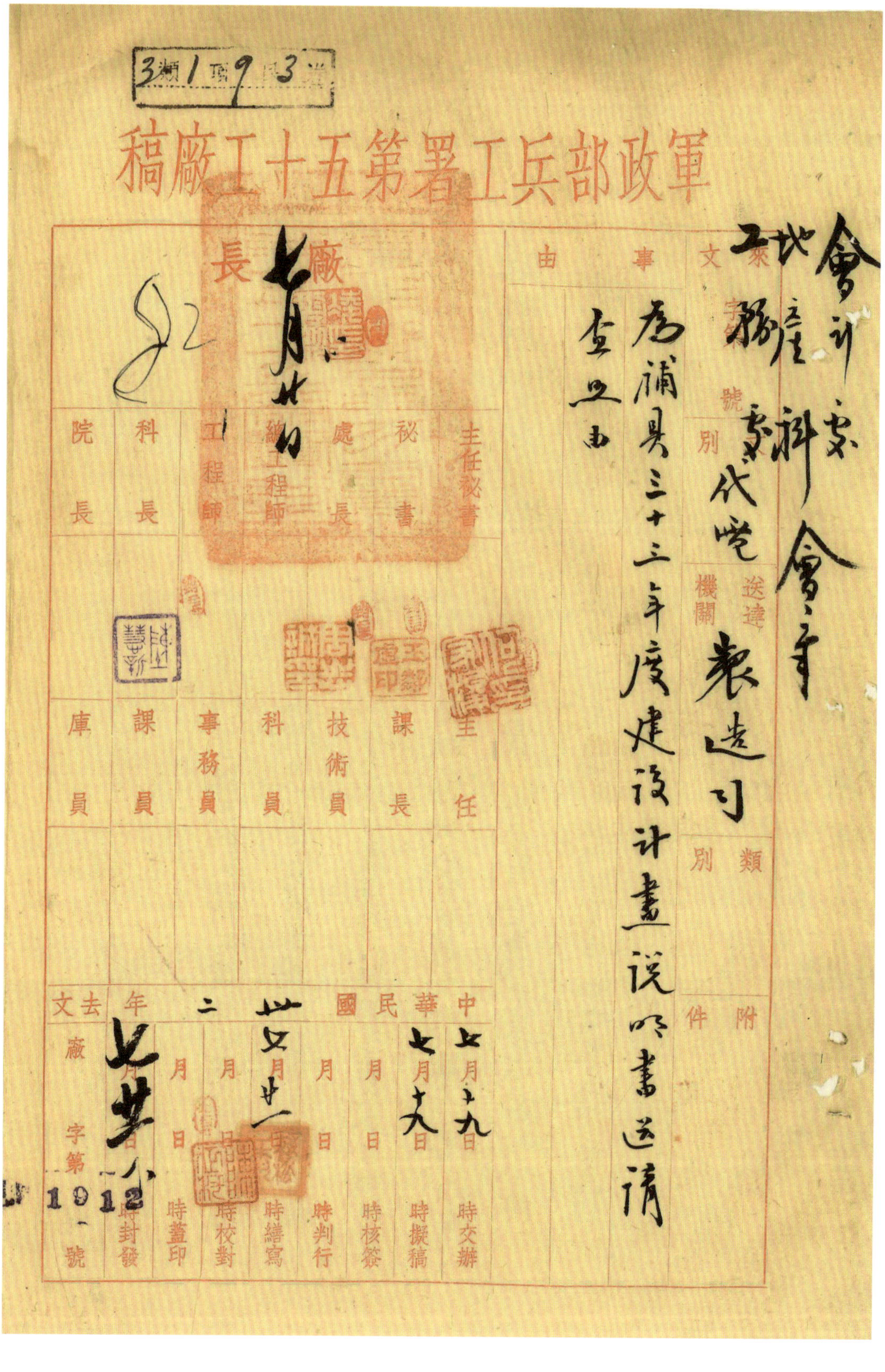
3類 1項 9目 3卷

軍政部兵工署第五十工廠稿

廠長

院長 科長 工程師 總工程師 處長 秘書 主任秘書

庫員 課員 事務員 科員 技術員 課長 主任

來文字號別

送達機關 類別：會計處 材料庫 工務處 代電 會計 製造司

事由：為補具三十三年度建設計畫說明書送請查照由

附件

中華民國三十二年 去年文 廠字第 1912 號

七月十九日時交辦 七月十九日時擬稿 月日時核簽 月日時判行 七月廿一日時繕寫 月日時校對 月日時蓋印 月日時封發

83

代電

兵工署製造司公鑒查前准渝製(32)字第06411号

感代電屬擬具三十三年度建設計畫及概算送

核一案業於宥晉以廠(32)發字第1701號儉代

電先將三十三年度建設經費支出概算書送核

在案茲將該項建設計畫擬說明書併製完竣

附電補送至希查照核轉為荷第五十五廠

國印 附三十三年度建設計畫說明二份

84

呈署

兵六

兵工署第五〇工廠~~地產科~~卅三年度建設計劃說明

卅三年七月擬

甲、關於工程方面者

(一)山洞襯砌工程

本廠為謀製造安全起見經計劃建築製砲所樣板所及精密室等山洞廠房現將一期之開鑿工程業已完成故洞內之襯砌工程自應繼續完成以便將該所室等移入洞內工作復查本廠物料日多目前庫房不敷殊甚預計該項山洞廠房完成後目前製砲所之普通廠房均係移作庫房用擬不另建庫房又山洞廠房完成後本廠重心勢必移至銅鑼峽該區職工群集另開防空洞以避空襲實屬必需之

(二)房屋建築工程

目前本廠有眷屬之職員為數約一百七十餘人現有職員住宅僅可容

軍政部兵工署第五十工廠

84-1

八十八家不敷約八十家工人有眷屬者約九百五十餘人現有工人住宅可容五百五十四家不敷約四百餘家惟為減輕負擔計特規定小工暫不供給住宅因此可減少二百餘家故應尚須添建工人住宅二百餘家又單身工人約一千四百餘人現有工人宿舍可容納九百八十餘床位不敷約四百餘床位故擬在銅鑼峽等地帶添建職工住宅及工人宿舍以利接近俾使安心工作本廠製造中心現漸移銅鑼峽則工務處及其他有關部辦公室亦需在該處附近建築俾收指臂之效而福利事業之擴充對於減輕員工負擔及聯絡感情方面皆偏重要故建築合作社中山堂及大食堂等亦為當務之急此外如各項器材之保管警衛士兵之駐紮所本廠向皆因陋就簡現業務日繁故建築庫房及營房實屬應有之需俾本廠雖能達到合理化科學化之目的也

軍政部兵工署第五十工廠

85

(三)道路桥涵工程

本厂現需在铜锣峡一带添建职工住宅宿舍及其他附屬工程該區係一遍山地無道路可資交通故必延長現有路綫至唐家沱舊址計長約二八公里半中碼頭與鄉鎮聯繫尚未建有正式碼頭大溪口為通鑼旗寺孔道現祇有便橋一座水漲即被淹没需建正式橋樑大興場秋村雖建已數年但該村内大小道路下水道等均付缺如臨江碼頭為職工每日上下之要道皆亟應建築務使整齊有條並能增進員工健康提高本廠製造效率也三

(四)其他附屬建築

本廠新電廠建築雖已完成其雛形但防炸工程尚待建築居

85-1

則空襲堪虞而其運煤碼頭及鉄路路基吊煤設備等建築皆
直接關係發電甚鉅实屬刻不容緩全廠公共廁所関係員工衛生亦
應早日建築此外各區給水設備及消防水池等均需建造完全俾本廠之
營建設備較為完善而合理也

（接下頁繕寫）

軍政部兵工署第五十工廠

86

乙、關於製造方面者：
務及卅二年最後計劃

（卅二年六月廿日撤去）

（一）機器添置：

本廠本今年造卜福司山砲，并仍以該項亦列為當前中心工作之一，故本今年，速即着手進行，惟原有機器設備，無論其為直接或間接方面，均不足以應付，是以亟需分別添置，始克濟事。

（二）水電設備：

本廠發電廠大部建築完成，機器安裝亦經竣事，一俟試車順利，即可開始發電，惟對今輸電線路尚待整理，希斟置亦機器材添裝馬達，以及給水工程亦須賡續進行，故各項設備器材，均應添置。以上

（三）造煤器材設備：

26-1

本廠發電廠之3250KW汽輪發電機，每日需煤八十噸，如用人工運輸費时費工，殊不経濟，故擬建造長約三百公尺之便軌鉄道一條，用電動捲車拖運煤車并起吊煤斤入爐，俾节人力，而利迅捷。

工務處

軍政部兵工署第五十工廠

军政部兵工署第五十工厂建筑安装进度报告表（一九四三年）

21

15

第五十工廠建築安裝進度報告表　　3月上半月

部所名稱	工作進度								備考
	建築廠房				安裝機器				
	共數	預計完成日期	已成數	正在建築數	共數	預計完成日期	已[illegible]	未安裝數	
製砲所	14座		14座		140		140		
彈夾所	4座		4座		104		92	12	製造10.5砲彈之專門機器移存山洞
修配所	3座	六月底	1座	2座	44		44		
木工所	4座		4座		27		27		
水電所	4座		4座		20		20		
鍛工所	2座		2座		27		27		
引信所	3座		3座		70		70		
工具所	5座		5座		57		57		
樣板所	4座		4座		53		53		
鑄工所	3座		3座		10		10		
火工所	11座		11座		19		19		
新發電所	1座		1座		6		5	1	正在趕裝中

4類 1 項 5 目 2 卷

23

第五十工廠建築安裝進度報告表　4月上下半月

部所名稱	工作進度								備考
	建築廠房				安裝機器				
	共數	預計完成日期	已成數	正在建築數	共數	預計完成日期	已裝竣數	正在安裝數	
製砲所	14座		14座		140		140		
彈夾所	4座		4座		[illegible]		92	12	製造10.5砲彈之專門機器
修配所	3座	六月底	1座				44		
木工所	4座		4座		27		27		
水電所	4座		4座		20		20		
鍛工所	2座		2座		27		27		
引信所	3座		3座		70		70		
工具所	5座		5座		57		57		
樣板所	4座		4座		53		53		
鑄工所	3座		3座		10		10		
火工所	11座		11座		19		19		
新發電所	1座		1座		6		5	1	正在趕裝中

1152

31

4類 1項 5目 2卷

第五十工廠建築安裝進度報告表　五月上半月

部所名稱	工作進度								備考
	建築廠房				安裝機器				
	共數	預計完成日期	已成數	正在建築數	共數	預計完成日期	已裝安數	正在安裝數	
製砲所	14座		14座		140		140		
彈夾所	4座		4座		104		92	12	製造10.5砲彈之專門機器移存山洞
修配所	3座	6月底	1座	2座	44		44		
木工所	4座		4座		27		27		
水電所	4座		4座		20		20		
鍛工所	2座		2座		27		27		
引信所	3座		3座		70		70		
工具所	5座		5座		57		57		
樣板所	4座		4座		53		53		
鑄工所	3座		3座		10		10		
火工所	11座		11座		19		19		
新發電所	1座		1座		6		5	1	另抄詳細報告1份

1298號

32

新發電所詳細報告表

第五十工廠建築安裝進度報告表　　五月上半月

部所名稱	工作進度：建築廠房 共數	預計完成日期	已成數	未築數	安裝機器 共數	預計完成日期	已裝安數	正在安裝數	備考
水管鍋炉					四座		四座		兩座已烘畢試驗過 兩座正在烘炉
1250KW 透平發電機					一座		一座		裝竣正待試機
2000KW 透平發電機					一座	月卅日			正在安裝管件
管件設備						六月卅日			鍋炉及1250KW透平大部裝竣餘正在待料趕裝
補充水設備									全部工竣已試用過
電氣設備						六月卅日			大部竣工餘等待材料

六、财务

国民革命军第一集团军总司令部筹建工厂办事处为报告查核欠付格兰机器价款情况致兵工署的呈（一九三六年十一月十日）

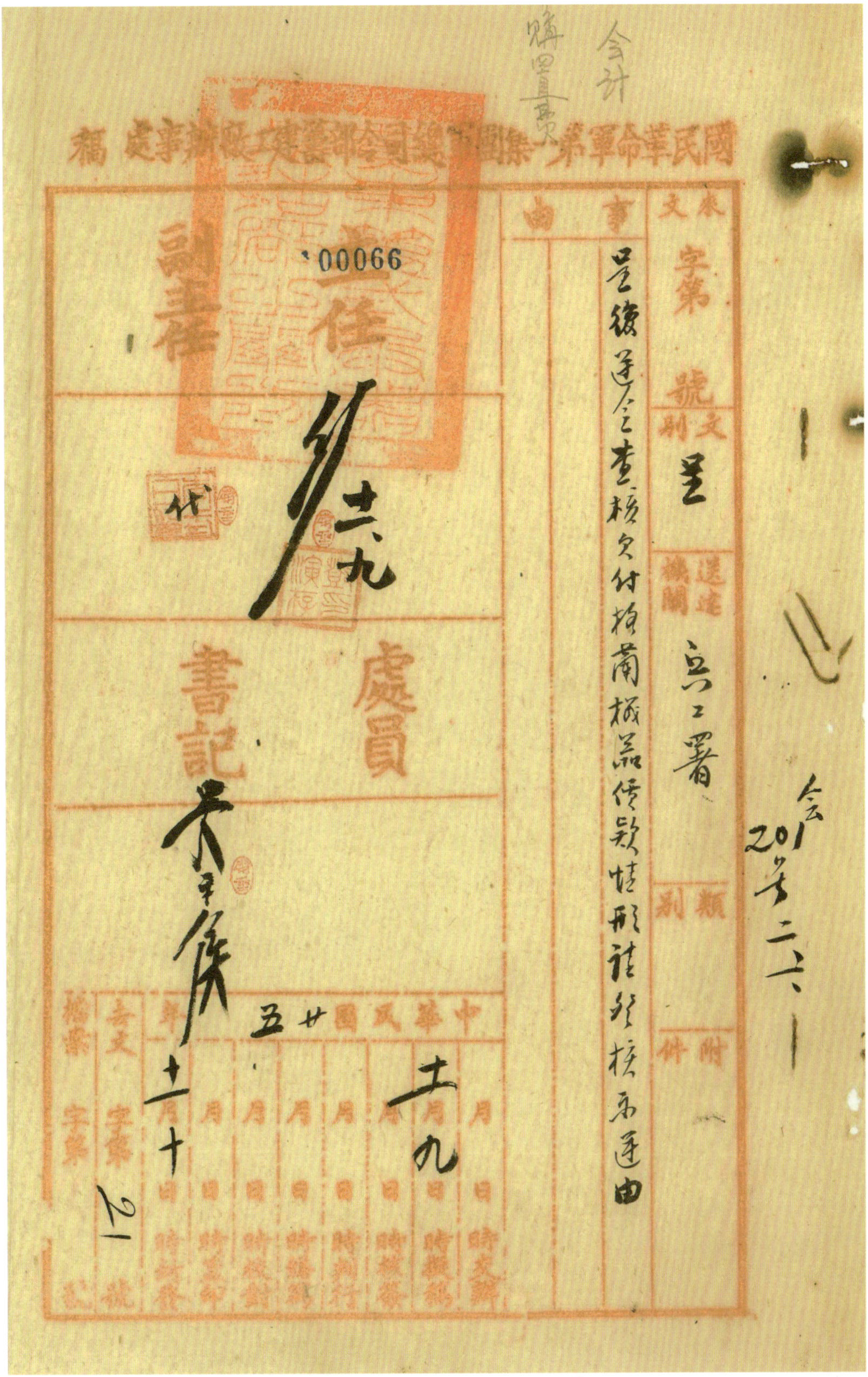

國民革命軍第一集團軍總司令部籌建工廠辦事處稿

00066

來文	字第　號
文別	呈
送達機關	兵工署
類別	
附件	
事由	呈復遵令查核欠付格蘭機器價款情形請轉核示遵由

主任　十一月九

副主任

處員

書記

中華民國廿五年十一月九日

66-1

呈

呈为呈复乃案事。

钧署寅电内开：该厂所欠克兰机器价款究系若干，仰将确数查覆，以便清理等因。奉此，查职厂前在广东第二兵器制造厂与格兰家所合订机器价款，计共港币五百二十捌万五千捌百元，按查合约第五条订明每港币等于一金马克（每金0.35842344公分纯金），若将来港币价值比金马克为高时，其利益归该买方；若港元价值比金马克为低时，其损失亦归该买方等语。是则该项之差异，仍以金马克为计标准。经已于由前第一集团军总司令部直接付款，计已付港币伍万叁千五百余

00067

千捌百陆拾元，并查附伸水情形如何，不若以瞭然，至汇价之高低，

大约相抵，每一港元可作一金马克计，综前指令所计，似应（核照合约第五条办理）

多核简之港币叁拾贰万叁千玖百肆拾元零分于实付会

马克叁拾贰万叁千玖百肆拾金马克，李令前因理会商文通知收（此查换付克商抵兑款项数目）

鉴核。伏乞

指令祗遵。谨呈

军政部兼兵工署署长俞

技术委员会主任委员 邓〇〇

副主任委员 杨〇

67-1

中華民國廿九年十一月九日

繕寫
校對
監印

军政部广东第二兵工厂为呈送一九三七年度经常费概算书致兵工署的呈（一九三七年十月十五日）

附：军政部广东第二兵工厂一九三七年度经常费概算书

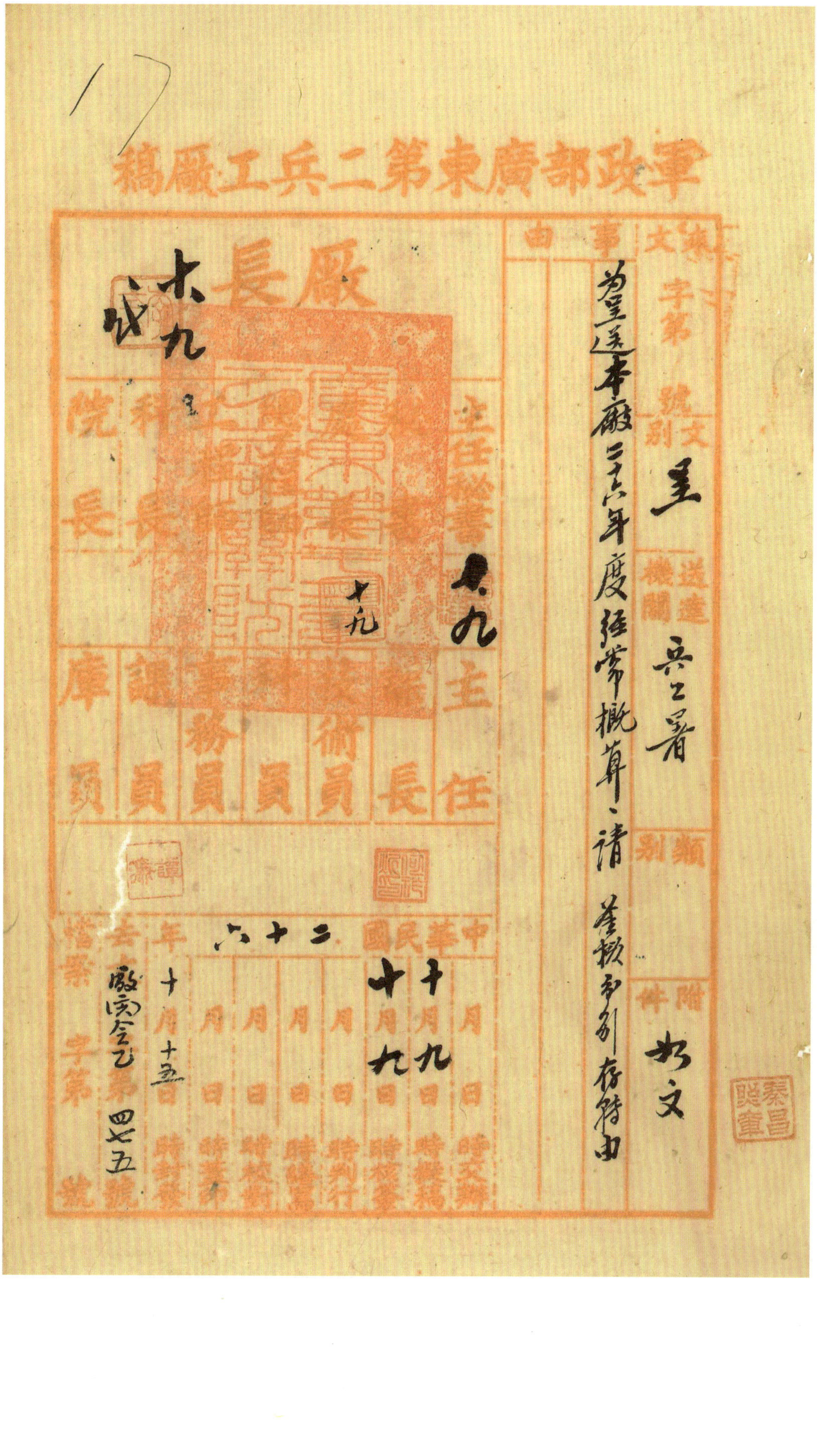

軍政部廣東第二兵工廠稿

文別：呈

送達機關：兵工署

事由：為呈送本廠二十六年度經常費概算，請鑒核分別存轉由

附件：如文

廠長　主任秘書　科長　院長

主任　技術員　事務員

中華民國二十六年　十月九日交辦　十月九日擬稿　十月十五日

檔案字第四七五號

11-1

呈

查本廠二十六年度全年經常概算，業經依照編制編造具，計共列國幣捌拾捌萬陸仟陸百柒拾壹元陸角。理合備文連同概算書七份呈請

鑒核，伏乞分別存轉，仍候

指令祇遵。謹呈

署長俞

附呈概算書七份

（全銜）廠長江○

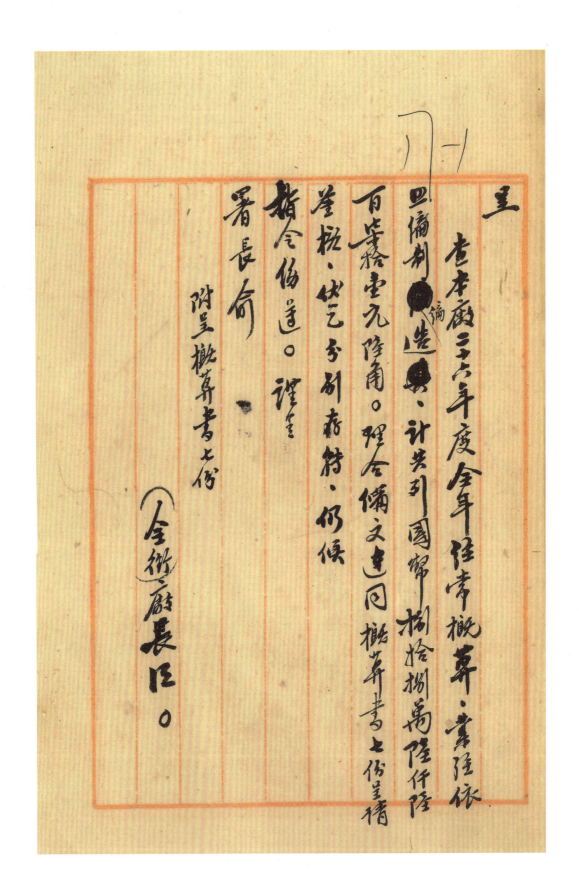

18

中華民國廿六年十月　　日

繕寫

校對

監印

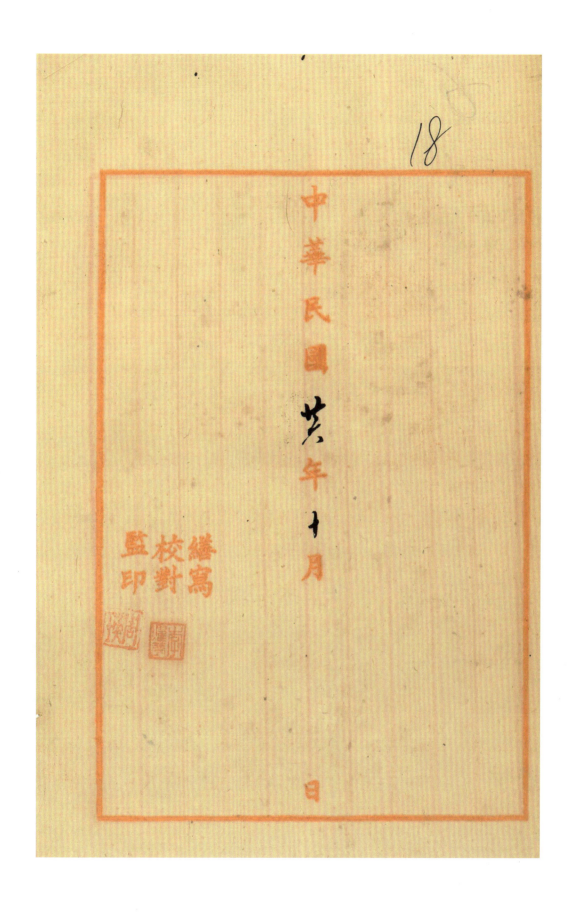

呈
十·八、

阅

是項概算書共列呈七份。
全年經常費數目計捌拾捌萬陸千陸百柒拾壹元陸角

阅
十·十四

軍政部廣東第二兵工廠二十六年度經常費概算書

17

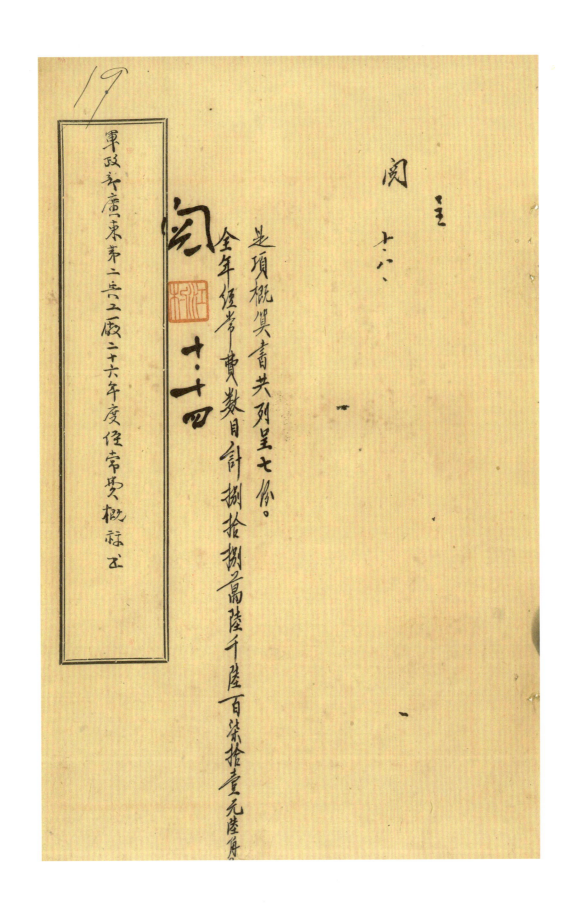

20

中華民國二十六年度 月份支付預算書

支出經常門

截至上月底止預算數

科目	全年度預算數	本月份預算數	備考
第一款 經常費	八八五四七一六〇		
第一項 俸給費	七一四三五四〇〇		
第一目 技術員薪俸	四四八八〇〇		
第一節 簡任官俸	二〇一六〇〇		月各支一六八〇元十二個月合支為上數
第二節 薦任官俸	二六三〇四〇〇		月各支二一九二〇元十二個月合支為上數
第三節 委任官薪	一六五六〇〇		月各支一三八〇〇元十二個月合支為上數
第二目 同陸軍軍官佐薪俸	一三四三七六〇		

廣州市越華路西南印刷所印

20-1

第一節 同校官薪俸	三三、八四〇〇〇			月各支二八二〇元十二個月合支為上數
第二節 同尉官薪	一〇〇、五三六〇〇			月各支八、三七八元十二個月合支為上數
第三目 醫院職員俸薪	一四、二八〇〇〇			
第一節 院長及藥劑師薪	一二、三六〇〇〇			月各支一、〇三〇元十二個月合支為上數
第二節 助產士看護士餉項	一、九二〇〇〇			月支一六〇元十二個月合支為上數
第四目 餉項	一一六八九八〇〇			
第一節 警衛隊士兵餉項	五一、九一八〇〇			月支四三二六元五〇十二個月合支為上數
第二節 廠內士兵伕餉項	一二、四二〇〇〇			月各支一、〇三五元十二個月合支為上數
第三節 司機餉項	一四四〇〇〇			月各支一二〇元合支為上數
第四節 工資	五一、一二〇〇〇			六、九十月每月支三百八十元以後每月工資六、四五〇元合支為上數

21

支付預算書之次頁

科目	金額		附記
第二項　办公費	一〇九四四〇〇	一〇六四〇〇〇	
第一目　文具	一七、六四〇〇〇		月合支一、四七〇元全年度合支為上數
第一節　紙張	七、二〇〇〇〇		
第二節　筆墨	一、四四〇〇〇		
第三節　什務	七、二〇〇〇〇		
第四節　什品	一、八〇〇〇〇		
第二目　郵電	七、八〇〇〇〇		月需六五〇元全年度合支為上數
第一節　郵費	一、八〇〇〇〇		月需一百五十元全年度合支為上數
第二節　電費	六、〇〇〇〇〇		月需五〇〇元全年度合支為上數
第三目　消耗	一二〇〇〇〇		

廣州市越華路西南印刷所印

第一节 水电	四八〇〇〇〇	月需四万元全年度合支如上数
第二节 灯火	二四〇〇〇〇	月需二〇〇之全年度合支为上数
第三节 柴水	一、二〇〇〇〇	月需一〇〇之全年度合支为上数
第四节 薪炭	二四〇〇〇〇	月需二〇〇之全年度合支为上数
第五节 油脂	一、二〇〇〇〇	月需一〇〇之全年度合支为上数
第四目 印刷	四八〇〇〇〇	
第一节 刊物	三六〇〇〇〇	月需三〇〇之全年度合支为上数
第二节 什件	一、二〇〇〇〇	月需一〇〇之全年度合支为上数
第五目 租赋	六〇〇〇〇	
第一节 房租	六〇〇〇〇	月需五〇之全年度合支为上数
第六目 修缮	一九、亖〇〇〇	

22

第一節 房屋修繕	六,〇〇〇〇〇	月需五〇〇元全年度約支為上數
第二節 道路修理	三,六〇〇〇〇	月需三〇〇元全年度合支為上數
第三節 水塘修理	二四〇〇〇〇	月需二百元全年度合支為上數
第四節 地基及林園修理	六,〇〇〇〇〇	
第五節 器具修理	一,二〇〇〇〇	
第七目 旅運費	四二,〇〇〇〇〇	
第一節 旅費	一八,〇〇〇〇〇	
第二節 運費	二四〇〇〇〇〇	
第八目 雜支	六六〇〇〇〇	
第一節 值日官兵伙食費	一〇八〇〇〇	

廣州市越華路西南印刷所印

22-1

第二节 广告	三六〇	〇〇
第三节 报纸	三六〇	〇〇
第四节 什费	四八〇〇	〇〇
第三项 购置费	六、〇〇〇	〇〇
第一目 器具	六、〇〇〇	〇〇
第一节 器皿	四、二〇〇	〇〇
第二节 什伙	一、八〇〇	〇〇
第四项 特别费	五五六七七	六〇
第一目 特别办公费	六、〇〇〇	〇〇
第一节 厂长特别办公费	六、〇〇〇	〇〇

23

第二目 医药	一八,○○○○○
第一节 医药费	一八,○○○○○
第三目 汽车船费	六,四八○○○
第一节 汽~~船~~车费	四,三二○○○
第二节 汽船费	二,一六○○○
第四目 汇兑	三,○○○○○
第一节 汇水	一,二○○○○
第二节 汇兑[illegible] 特别损	一八○○○○
第五目 津贴费	九四七七六○
~~第一节 津贴~~	~~六,二○○○○~~

支付預算書之次頁

廣州市越華路西南印刷所印

2351

第一節 特別津貼 墊人	九、四七七六〇	係蒙豁免法籍人員所得稅每月七八九九八〇全年度如上數
第六目 其他	一五、七二〇〇〇	
第一節 奬賞費	二、四〇〇〇〇	
~~第二節 撫卹費~~	[illegible]	
第二節 埋葬費	六〇〇〇〇	
第三節 体育費	四、三二〇〇〇	

24

說明

八、本概算係按三十六年度七月份經常費預算數比例編列

六、全年度十個月實需數

廣州市越華路西南印刷所印

24-1

廠　長江杓

代理會計處長曾邦熙

代審核課長唐紹雄

代簿記課長何祚炘

中華民國　年　月　日

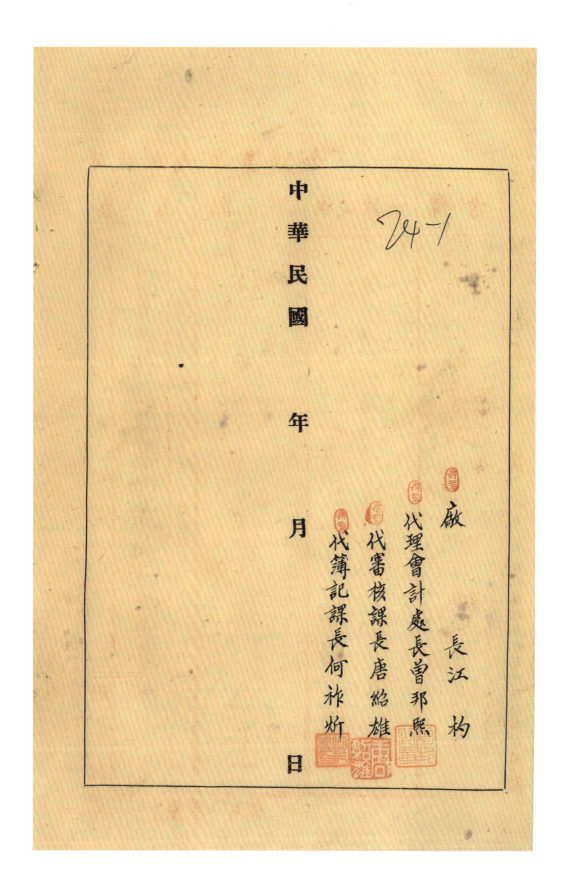

7

00032

軍政部兵工署廣東第二兵工廠第一次擴充建築工程費概算書

廣東省檔案館

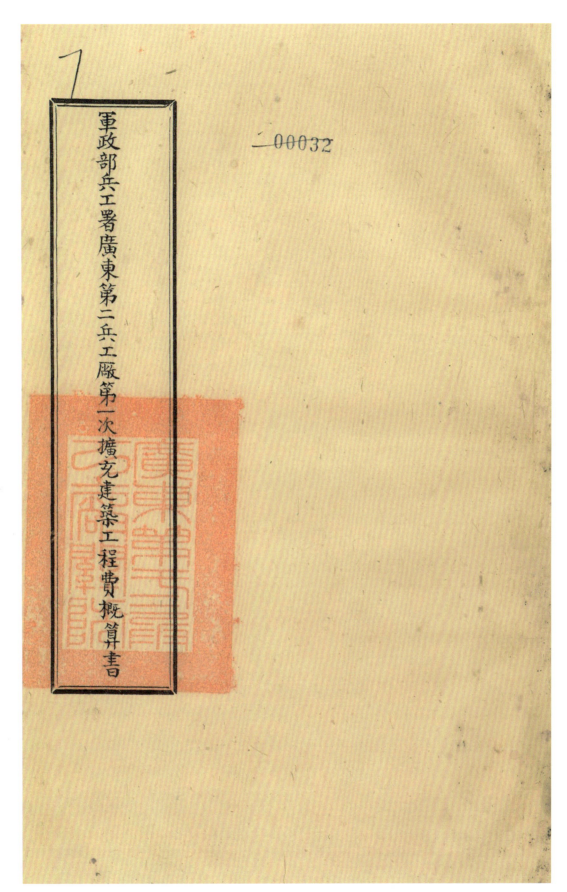

軍政部兵工署廣東第二兵工廠第一次擴充建築工程費概算書

支出臨時門

科目	全部工程費概算數	備攷
第一款 建築工程費	八九五、五〇〇 〇〇	
第一項 收購土地費	二三、五〇〇 〇〇	
第一目 滘江兵工廠收購土地費	二三、五〇〇 〇〇	
第一節 購地費	一八、〇〇〇 〇〇	擬添購地六百畝每畝核列三十元合計如上數
第二節 遷坟費	二、五〇〇 〇〇	約計坟墓五百棺每棺核列五元合計如上數
第三節 青苗費	三、〇〇〇 〇〇	
第二項 平整土方石方費	四〇、〇〇〇 〇〇	

第一目　琶江兵工廠平整土方石方費	四〇、〇〇〇	〇〇	
第一節　琶江兵工廠平整土方石方費	四〇、〇〇〇	〇〇	
第三項　建築工程費	五六六、〇〇〇	〇〇	
第一目　琶江工廠建築費	五六六、〇〇〇	〇〇	
第一節　砲庫費	二五、〇〇〇	〇〇	擬建砲庫一座面積約六〇〇平方公尺可以存儲二個月出品連裝卸台合計約需二万五千元
第二節　砲彈庫費	三六、〇〇〇	〇〇	擬建砲彈庫四座共計面積約九〇〇平方公尺可存儲二個月之成品約需三万六千元
第三節　葯庫費	三五、〇〇〇	〇〇	擬建葯庫三座約共面積三〇〇平方公尺可存儲六個月之用葯量合計約需三万五千元
第四節　材料庫費	一五、〇〇〇	〇〇	擬建材料庫一座面積約五〇〇平方公尺備存材料之用約需一万五千元
第五節　職工子弟學校費	一二、〇〇〇	〇〇	擬建職工子弟學校一所面積約四〇〇平方公尺
第六節　職工住宅費	三七〇、〇〇〇	〇〇	擬建廠長住宅一座約需一万五千元高級職員住宅廿座每座約四千元合計需八万元中下級職員住宅五十座

9

00034

		每座約二千五百元合計需一十二万五千元工人住宅三百座每座約五百元合計需一十五万元總共需如上數
第七節 營房費	三六、〇〇〇 〇〇	容納警衛隊全隊計大隊部一中隊部三約需面積一千二百平方公尺合計約需三万六千元
第八節 工人飯堂費	一五、〇〇〇 〇〇	擬建工人飯堂一座面積約四五〇平方公尺約需一万五千元
第九節 車房費	七、〇〇〇 〇〇	擬建行軌車房二座計廠內一座廣州黃沙站一座面積約一〇〇平方公尺合計約需七千元
第十節 工人廁所費	一五、〇〇〇 〇〇	擬建築工人廁所十所每所一千五百元合計如上數
第四項 公路橋樑涵洞費	二〇〇、〇〇〇 〇〇	
第一目 滬江工廠公路橋樑涵洞費	二〇〇、〇〇〇 〇〇	
第一節 葯廠至總辦公廳公路費	一五、〇〇〇 〇〇	長約一千公尺約需一万五千元
第二節 源潭公路源潭河橋費	八〇、〇〇〇 〇〇	該橋原來橋基計劃不善中途停止如更改計劃繼續建造約需造價八萬元
第三節 源滬公路小橋涵洞費	三〇、〇〇〇 〇〇	該路小橋涵洞建築費約需三万元

軍政部廣東第二兵工廠

P-1

第四節 源潖公路鋪製路面費	六〇,〇〇〇	〇〇	該路約需鋪製路面費六万元
第五節 住宅區道路費	一〇,〇〇〇	〇〇	住宅區道路費約需一万元
第六節 住宅區涵洞費	五,〇〇〇	〇〇	住宅區道路涵洞約需五千元
第五項 上下水道費	六五,〇〇〇	〇〇	
第一目 潖江工廠上下水道費	六五,〇〇〇	〇〇	
第一節 增加給水設備費	五〇,〇〇〇	〇〇	約需五万元
第二節 添造下水道費	一五,〇〇〇	〇〇	約需一万五千元
第六項 測量費	一,〇〇〇	〇〇	
第一目 測量員伕費	八四〇	〇〇	
第一節 測量員費	四八〇	〇〇	

10

~~00035~~

第二節 測量伕役費　三六〇〇〇

第二目 什費　一六〇〇〇

第一節 木橋雜費　一六〇〇〇

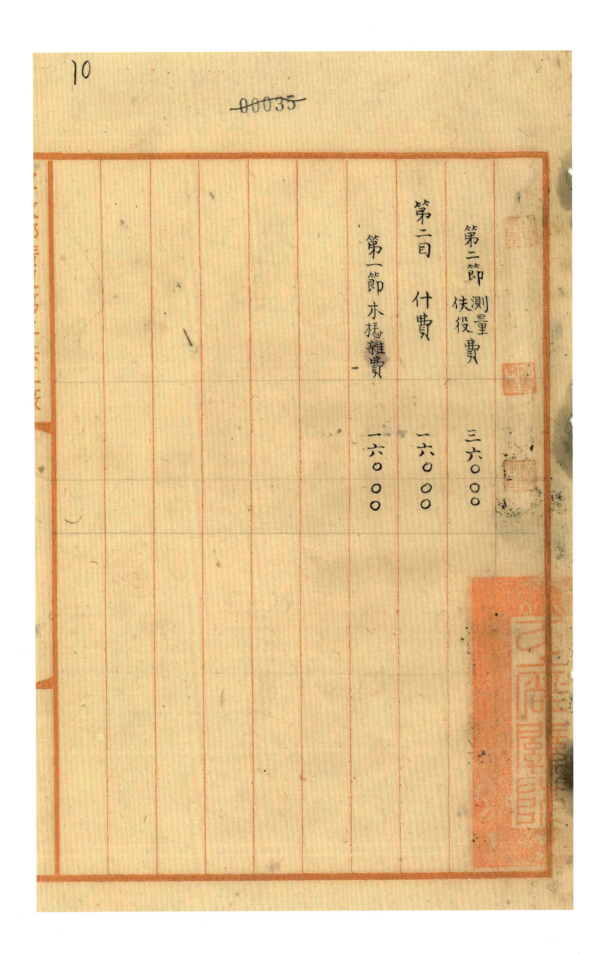

廠長江杓

地産科科長陳竹梅

會計處處長曾邦熙

代審核課課長唐紹雄

代簿計課課長何祚炘

本概算書係遵照

軍政部豫(丁)字第一五〇九號指令及二五五〇號訓令核示各節重編合併陳明

中華民國二十六年十二月　日

军政部广东第二兵工厂为报送一九三七年度经常费预算分配表致兵工署的呈（一九三八年二月四日）

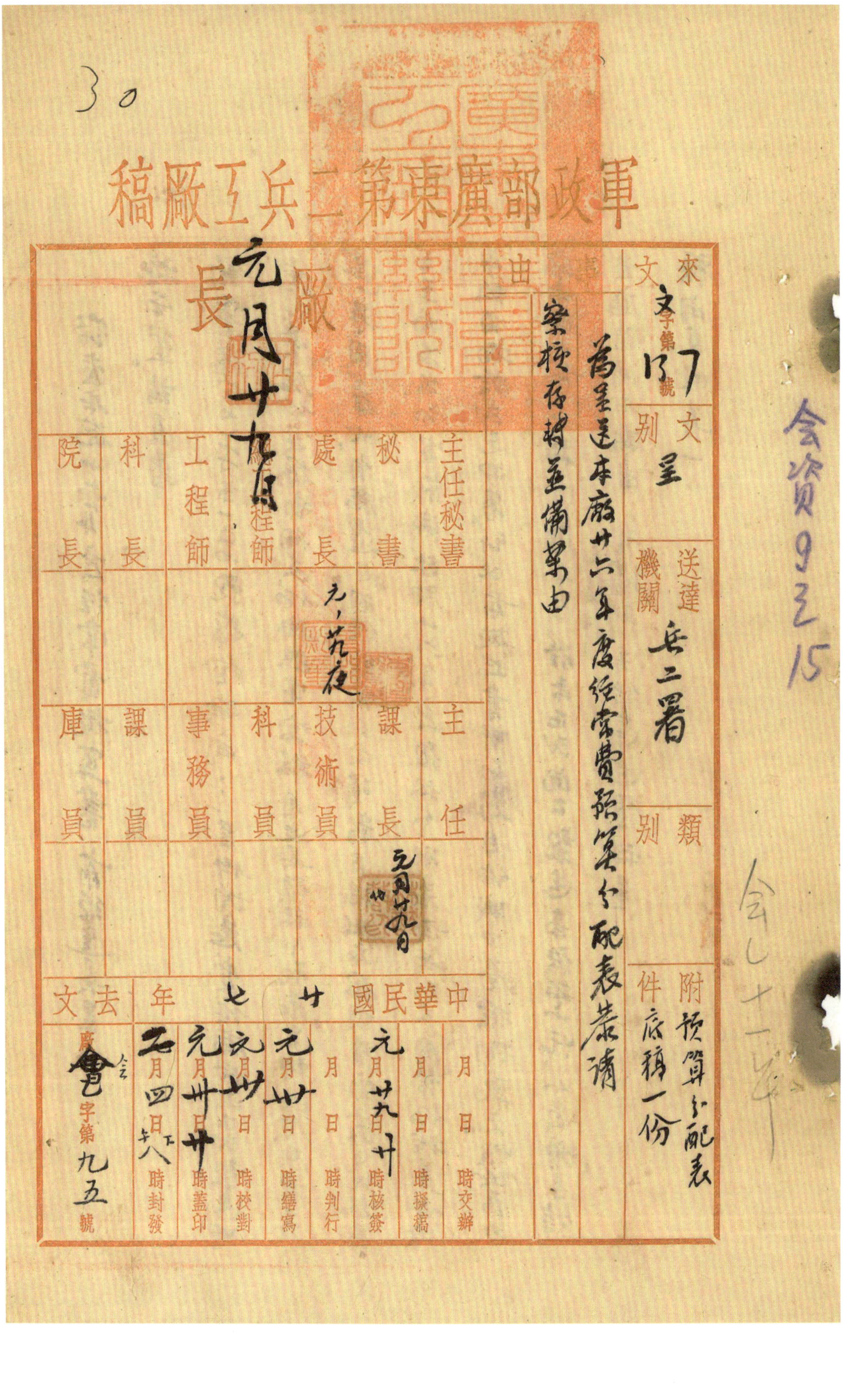

軍政部廣東第二兵工廠稿

廠長 元月廿九日

來文：文字第[illegible]號

文別：呈

送達機關：兵工署

類別

附件：預算分配表底稿一份

事由：為呈送本廠廿六年度經常費預算分配表恭請案核存轉並備案由

院長　科長　工程師　技術員　處長　秘書　主任秘書

庫員　課員　事務員　科員　技術員　課長　主任

中華民國廿七年　去文　廣會字第九五號

二月四日下午八時封發

竊查本廠廿六年度經常費概算書，前經造具呈
核在案。茲奉
鈞署虞（三七）字第一五四四號指令略開：「呈件均悉，查該廠尚未正式製造，所
需經費應切實撙節開支，仰按照實需數目，造具預算分配表呈核。此令。原書發
還」等因，奉此，自應遵辦。現經將前列各項數目，根據本廠現有職工及已經數月
之半年內支出，切實削減，改擬廿六年度預算分配表，計共列支國幣伍拾萬零陸
千玖百捌拾貳元四角。計比前概算書所列數目約減少叁拾捌萬元。惟此為本
廠未開工前之一種過渡辦法，將來正式開工製造，事務繁忙，人員增多時，
自應援用本廠奉　准編制（之指行）另行造送預算呈
核開支。此其一。

31

又本廠無線電台經費每月列支國幣四百二十八元五角，前奉
部令核示在本廠建設費項下開支，惟查建設費係屬臨時性質，而無線電
台則為本廠常設之機關，以臨時費應付經常開支，在將來建設完成，建設費
結束以後，必感無以為繼，現為未雨綢繆計，擬請
准將此項無線電台費用併入本廠經常費項下開支，此其二。
再本廠係於廿六年六月由接收委員會移交接收，所有廿六年七月
份之經常費預算，前於呈送廿六年七月份預算書時，曾經聲請
准予適用七月份預算書之科目數額，現前送之七月份預算書，既因數
目不符，應行作廢，則該月份之預算，仍請
准予適用本預算內所列七月份之分配數目，免予造送

以符手續，此其三。

所有改編本廠廿六年度預算分配表各情，理合備文連同預算分配表送請

審核，並分別存轉備案，實為公便。謹呈

署長俞

附呈預算分配表叁份

32

全衔 廠長 ○○

32-1

中華民國廿七年二月四日

校對

繕寫

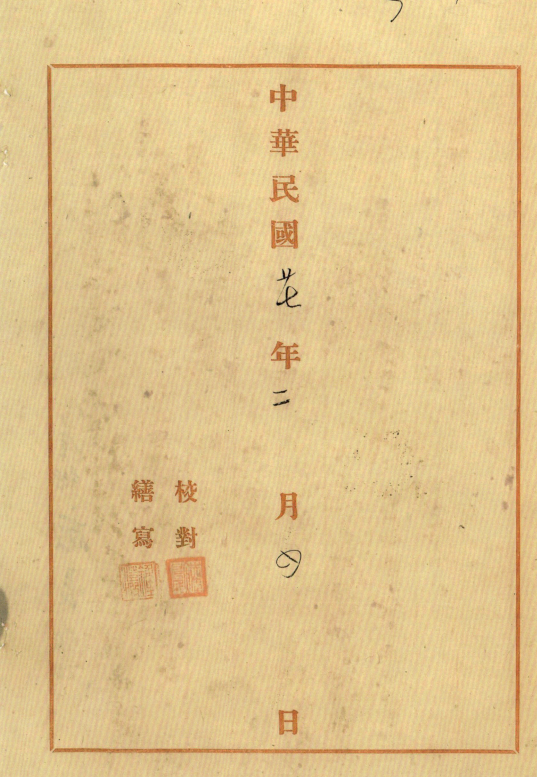

军政部兵工署第五十工厂一九三八年度第一期建设费支付预算书（一九三九年四月）

41

軍政部兵工署第五十工廠民國二十七年度第一期建設費支付預算書

發還

11712

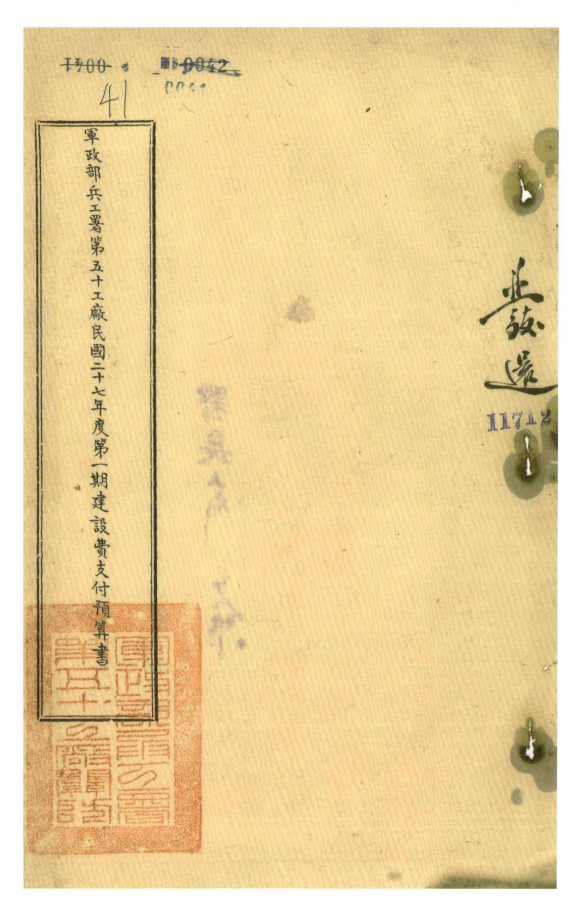

0042

軍政部兵工署第五十工廠民國二十七年度第一期建設費支付預算書

支出臨時門共計國幣壹百弍拾叁萬弍千叁百伍拾伍元整

科目		預算數	備註
第一款	本廠第一期建設費	一,二三二,三五五.〇〇	
第一項	建築費	七六三,九八〇.〇〇	
第一目	測量費	六,〇〇〇.〇〇	測量員伕之薪餉及測量材料費均在內
第二目	購置費	六,〇〇〇.〇〇	青苗、林木補償費、房屋坟墓拆遷費均在內
第三目	平地土石方費	一〇,〇〇〇.〇〇	各項零星地盤土石方費均在內
第四目	道路涵洞橋樑費	八五,〇〇〇.〇〇	臨時馬路六百公尺計需費一六七〇.〇〇元廠區馬路長六千〇四十公尺涵洞五十七座計共需費六八三四五.〇〇元黑述子橋及付設抽水機房計共需費九〇五〇.〇〇元其他零星築路修橋費五九三五.〇〇元
第五目	淺水工程費	一,〇〇〇.〇〇	開掘溝渠等費均在內

42-1

第六目	製砲所工程費	一九九,○三○	○○	廠房十一座共計面積五二三六.五四平方公尺
第七目	彈夾所工程費	一三五,四九○	○○	廠房九座共計面積三二九四.四一平方公尺
第八目	引信所工程費	二五,七七○	○○	廠房三座共計面積九一四.七五平方公尺
第九目	鍛工所工程費	三○,六八○	○○	廠房二座共計面積七八三.一五平方公尺
第十目	木工所工程費	二八,四六○	○○	廠房三座共計面積六八六.六九平方公尺
第十一目	工具所工程費	二二,八七○	○○	廠房三座共計面積六五六.五五平方公尺
第十二目	鑄工所工程費	三,九○○	○○	竹棚竹批灰泥壁墻房一座計面積六四○.六四平方公尺
第十三目	動力所工程費	三八,七六○	○○	通天山洞式廠房一座計面積二一七.四○平方公尺
第十四目	樣板廠工程費	五一,二五○	○○	開鑿山洞十四座計面積一○○八.○○平方公尺
第十五目	庫房工程費	一○,○○○	○○	臨時倉庫十四所及其他棚庫工程費均在內

0043

第十六目	滾水壩工程費	二六,九五〇	〇〇	四公尺高十四公尺長、上架木橋一座連修土堤及護坡費均在內
第十七目	職工宿舍工程費	六四,五〇〇	〇〇	臨時職工住所六座、職員宿舍十二座、機械士兵宿舍六座工程費均在內
第十八目	其他建築費	一八,三二〇	〇〇	臨時警衛隊住所約一千元臨時工場約弍千一百元其他各項零星工程約壹萬八千元
第二項	設備費	六二,〇〇〇	〇〇	
第一目	防空設備費	三九,〇〇〇	〇〇	防空山洞三座工程費及其他設備費均在內
第二目	電氣裝置費	一八,〇〇〇	〇〇	
第三目	林場設備費	五,〇〇〇	〇〇	
第三項	監工費	二四,七〇〇	〇〇	
第一目	監工費	二四,七〇〇	〇〇	約當建築費及設備費合計數之百分之三
第四項	購置費	三八一,六七五	〇〇	

43-1

第一目	建築材料費	二五〇,〇〇〇 〇〇	本廠自備之建築材料如鋼筋、水泥、玻琍、木料、洋釘及其他五金材料均在內
第二目	傢具	二四,〇八四 〇〇	見附註(一)
第三目	器皿	九六〇 〇〇	見附註(二)
第四目	機件	六〇,〇〇〇 〇〇	見附註(三)
第五目	儀器	二,九五七 〇〇	見附註(四)
第六目	圖書	三,〇〇〇 〇〇	見附註(五)
第七目	交通器材	二六,〇〇〇 〇〇	見附註(六)
第八目	雜件	六,〇三四 〇〇	見附註(七)

0044

附註（一）傢具

寫字枱一百張每張估價一十五元會議桌十張每張價三十元圓木櫈一百張每張三元正方桌一百張每張價一十元沙發椅拾套每套價九十元繪圖枱五張每張價六十元繪圖櫈五張每張價一十元五抽辦公桌七十張每張價五元雜木靠椅一百四十張每張價三元柜桌二張每張價五十元籐椅六十張每張價三元

以上為桌椅類合計國幣伍千肆百元

文卷柜三十張每張價一十五元保險柜一十只價每只一百元圖樣柜八只每只價二十五元衣柜一百只每只二十五元材料柜十只每只一百元帳簿柜三只每只一十八元卡片柜五只每只三十元鋼皮箱五只每只五十元玻璃柜四只每只四十元以上為櫥柜合計國幣伍千柒百陸拾肆元

連褥鉄床一百張每張二十四元木床四百張每張一十元以上為床褥類合計國幣陸千肆百元

繪圖架十只每只一十五元帳簿架二只每只一十元材料架三十只每只一百五十元鉄製大面盆架一百只每只價一十五元衣架一百只每只三元五角以上為木架類合計國幣陸千伍百弍拾元

以上桌椅櫥柜床褥及木架總計國幣弍萬肆千零捌拾肆元

附註（二）器　　　四

收音機一架估價五百元枱電扇四十只每只三十五元吊電扇二十具每具七十元電話機二十具每具一百元以上為電器類合計國幣伍千叁百元

時鐘四只每只一十元掛鐘二十只每只二十元簽到鐘二只每只三百元萬能更夫鐘二只每只二百二十元打印鐘二只每只三百五十元以上為時鐘類合計國幣

44-1

式千壹百捌拾元
溫度表一只每只一十元晴雨表一只每只一十元寒暑表二十只每只五元以上為溫度表類合計國幣壹百式拾元
八寸照像機連附件全套共計國幣式千元
以上電器時鐘溫度表及攝影器總計國幣玖千陸百元

附註（三）機械

低壓噴油器一具計價一百二十元Stahld Drustr公司購打風機等件共四種合計二千元向工Jurmlich公司購水壓機配件共十種合計一千六百元向Emmo公司購氣錘補充件共二種合計三百五十元向Beehre Lytoho公司購複式模鍛共六種合計五百三十元定心機一部計四千元計算機三架每架一千元號碼機二十架每架二十元晒圖機一架計價一千五百元手動高壓空氣機一架計價五百元剪草機二架每架一百元輾狀齒輪銑刀十四把合計一千四百元中文打字機一只估價三百元西文打字機二只每只估價四百元其他被炸應補充及修理機件費四萬三千三百元總計國幣陸萬元

附註（四）儀器

繪圖儀器三十四副每副二十五元檢驗面積表一只估價五十元經緯儀器一只米達尺三十四枝合計一千六百元十寸膠質三角板十五副每副五元八寸膠質三角板十七副每副三元標準尺三十枝每枝三元長臂規二只每只一十二元曲線板一套每套九元丁字尺五只每只一十五元繪圖板一只每只二元木質尺五十枝每枝三角明角三角板六副每副三元勿達水準尺二把每把二十四元德國繪圖器三把每把二十五元以上總計國幣式千玖百伍拾柒元

附註(五) 圖書	各處應用參考圖書共計國幣叁千元
附註(六) 交通器材	載重汽車四輛每輛四千元脚踏車二十五輛每輛四十元長途汽車一輛計價八千元駁船三艘價共一千元以上合計國幣弍萬陸千元
附註(七) 雜件	晒圖紙二百元簽到鐘用紙三十捲合計二十元簽到鐘用紫色帶十條合計四十二元打印鐘紫色帶十條合計四十二元鉛筆鈌二十只每只十元裁紙刀一只計價一百元十六斤秤二只每只三十元一公噸秤六只每只八十元五公噸秤三只每只一百八十元保險鎖五十把每把八元玻璃板三百塊每塊三元其他雜件約計三千零五十元以上總計國幣陸千零叁拾肆元

0046

說明

廠長江杓

會計處長曾邦熙

審核課長袁則留

簿記課長林猷敏

廣州市越華路西南印刷所印

46-1

中華民國二十八年四月　日

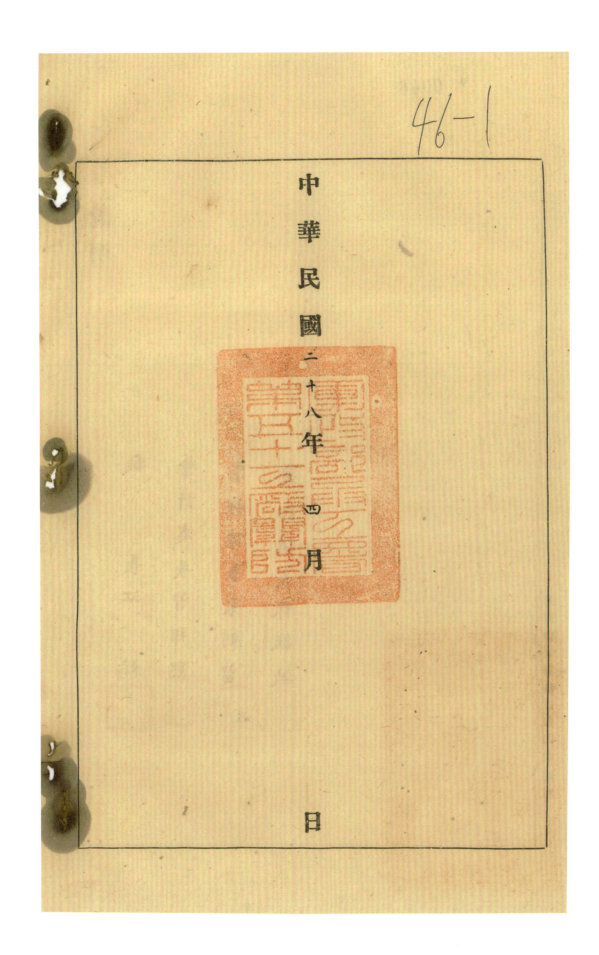

军政部兵工署第五十工厂一九四〇年度建设计划概算表（一九三九年七月十二日）

軍政部兵工署第五十工廠二十九年度建設計劃概算表　廿八年七月十二日

工程名稱	預算		備註
測量費	6000	00	
續征民地及補償費	50000	00	大兴场住宅區第二次征收地為670畝，因開鑿製枪所山洞廠房出口関係應继續征地330畝，共計1000畝，每畝平均$50.00，連拆遷費在内，約計如上数
製枪所及鏡工所山洞廠房	600000	00	連同結砌工程及附屬設備共4000平方公尺，每平方公尺$150.00，約計如上数
彈夫所及引信所山洞廠房	390000	00	共3000平方公尺，每平方公尺$130.00，約計如上数
配電间二所	8100	00	共180平方公尺
柴油池一座	3500	00	
材料試驗室一所	24000	00	600 350平方公尺
木工所烘木房一座	5400	00	90平方公尺
電話總機山洞機房	1200	00	10平方公尺
射擊場	2000	00	
廠區馬路第二期馬路面	40000	00	735公里
廠區内食堂盥洗室及厨房等	17000	00	合計面積1300平方公尺
樣板所食堂休息所厨房厠所	3600	00	面積160平方公尺
機械士兵宿舍	36000	00	1160平方公尺
廠房區第二期給水工程	14000	00	
廠房區第二期偽裝工程	30000	00	
廠房區第二期植林工程	5000	00	
郭家沱碼頭工程	50000	00	
大興場住宅區碼頭工程	3000	00	
〃〃〃〃〃〃橋樑	7500	00	
〃〃〃〃〃〃道路山洞工程	30000	00	
〃〃〃〃〃〃供水工程	16000	00	
〃〃〃〃〃〃下水工程	14000	00	
〃〃〃〃〃〃管理員办公室	3500	00	
〃〃〃〃〃〃合作社	6000	00	
〃〃〃〃〃〃公共厠所	4000	00	
〃〃〃〃〃〃警衛隊駐所	3500	00	
〃〃〃〃〃〃公共坟場	1500	00	
〃〃〃〃〃〃運動場	1500	00	
〃〃〃〃〃〃兒童遊樂場	1500	00	
〃〃〃〃〃〃防空山洞	20000	00	
〃〃〃〃〃〃植林	500	00	
其他及臨時費	19800	00	
監理費	45000	00	
總計	$14[illegible]1100.00		

請魯昭祁先生速繕

孟脩

军政部兵工署第五十工厂为报送一九四〇年度建设费概算书致兵工署的代电（一九三九年十月七日）

附：兵工署第五十工厂一九四〇年度建设费概算书

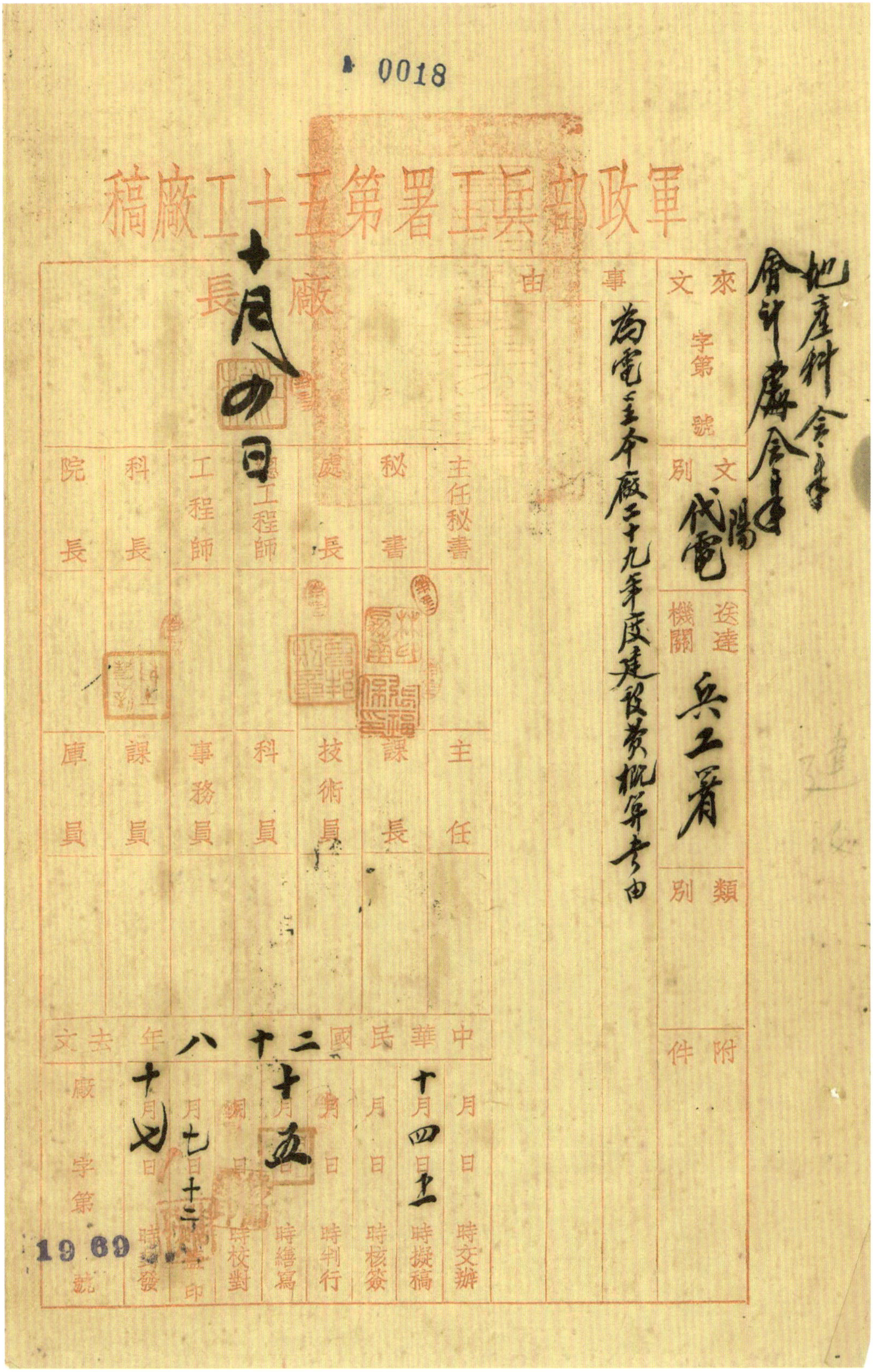
0018

軍政部兵工署第五十工廠稿

廠長	事由	來文
十月廿日	為電呈本廠二十九年度建設費概算書由	地產科會簽 會計處會簽

文別：代電 陽

送達機關：兵工署

主任秘書　秘書　處長　總工程師　工程師　科長　院長

主任　課長　技術員　科員　事務員　課員　庫員

類別

附件

中華民國二十八年十月　　日　發文

文辦 月 日 時；擬稿 十月四日十二時；核簽 月 日 時；判行 月 日 時；繕寫 十月五日 時；校對 月 日 時；蓋印 十月七日十二時；封發 十月七日 時

廠　字第　號

1969

187

代電

重慶兵工署長俞鈞鑒：案奉　鈞署九月七日渝造(六)丙字第8535號虞代電，為公庫法即將實施，飭重新編造二十九年度建設費計劃暨概算呈核等因，奉此，查本廠二十九年度建設費概算，遂經按照實際需要情形，編造完竣，其總額共計國幣伍百零柒萬叁仟捌百零貳元，亦謹將各項所需費用，略陳於次：

(一)建築費：　建築費為建設費中最主要部分，約佔全部建設費百分之七十，且係全用於建築山洞廠房及職

0019

工福利方面，此為本期建築工程之特點，亦即明示本廠建設計劃，正由初一兩年之奠基應急，進而為永久之宏圖也。惟尚有一點應指出者，即本廠遷平擴動力廠工程，并未列入二十九年度建設費之内，蓋以該項工程，業於本年四月呈奉　鈞署渝造(六)丙字第三一三五號指令，准予專案開支，并飭另造詳細預算呈核，自當遵照辦理。

(二)設備費：設備費約佔全部建設費百分之十一，其主要支出在於擴充水電設備方面。設備費中列有建築材料費若干萬元，蓋因戰時物價日漲，運輸又極困難，為使本廠建築材料得以源源供給起見，特備

0020 2.

此項專款，俾可乘時購置大宗材料，以應需要。

又設備費中有須請購外匯者，依照 鈞署電示，應將各款用途及其數目，詳細註明，以便審核，惟因事實上往往發生困難，一時尚難辦理，（例如所購各物名稱及數量均非完全確定）擬留待將來再行補報。

（三）廠區整理費：此費約佔全部建設費百分之〇.四，在生產量巨大之工廠，原可在製造費內開支，但本廠生產力因受各種限制，一時既難為大量之增加，為使將來製造成本不致超過 鈞署所定標準起見，特將此項費用，暫時列入建設費內支報，一俟他日情形每轉，自需設在製造費內攤銷。

（四）俸給費，此節本廠編制以內員役官兵按月開支之薪餉（機械士及雜工之工資不在內）約作全部建設費百分之十五，原可酌給於製造費，茲特列入建設費內者，其理由與上項廠房修理費略同。

（五）藝徒學校經費，此費約作全部建設費百分之三，經呈准列為兵工建設經費之一部分，

費內支報。

以上各項費用列支情形，是否有當，理合繕具概算書，電呈鑒核。職江○支陽叩印

計呈送二十九年度建設費概算書三份

6

軍政部兵……第五十工廠

民國二十九年度……費概算書第一頁 附各月份分配數

0022

目	名稱	號	全年度概算數	一月份	二月份	三月份	四月份	五月份	六月份	七月份	八月份	九月份	十月份	十一月份	十二月份
	……設費		5,072,802.00	601,083.50	466,783.50	433,783.50	449,383.50	400,683.50	406,283.50	408,783.50	349,783.50	339,783.50	391,783.50	384,783.50	439,883.50
	……費	0	3,583,100.00	256,400.00	258,100.00	302,100.00	330,700.00	288,000.00	312,100.00	319,100.00	271,100.00	262,100.00	314,100.00	307,100.00	362,200.00
	……砲所及鍛工所……山洞廠房	1	820,000.00	10,000.00	31,000.00	41,000.00	41,000.00	41,000.00	41,000.00	82,000.00	82,000.00	82,000.00	123,000.00	123,000.00	123,000.00
	……彈夾所及引信所山洞廠房	2	615,000.00	10,000.00	20,000.00	20,000.00	30,000.00	30,000.00	30,000.00	62,000.00	62,000.00	62,000.00	92,000.00	92,000.00	105,000.00
……三目	樣板所山洞廠房二期工程	3	100,000.00	5,000.00	5,000.00	10,000.00	20,000.00	20,000.00	40,000.00						
第四目	新鑄工所工程	4	250,000.00	-		20,000.00	40,000.00	40,000.00	40,000.00	60,000.00	50,000.00				
第五目	材料試驗室工程	5	24,000.00	8,000.00	8,000.00	8,000.00	22								
第六目	木工所烘木房工程	6	5,400.00				2,000.00	3,400.00							
第七目	配電間工程	7	8,100.00	2,000.00	2,000.00	2,000.00	2,100.00								
第八目	柴油池工程	8	3,500.00	3,500.00											
第九目	電話總機山洞機房工程	9	1,200.00	1,200.00											
第十目	山洞貨倉工程	10	200,000.00	10,000.00	10,000.00	30,000.00	30,000.00	40,000.00	40,000.00	40,000.00					
第十一目	射擊場工程	11	20,000.00							4,000.00	4,000.00	4,000.00	8,000.00		
第十二目	樣板所休息所食堂等工程	12	3,600.00	3,600.00											
第十三目	禮堂及會食堂工程	13	25,000.00	10,000.00	15,000.00										
第十四目	機械士兵雜兵伕役宿舍工程	14	94,000.00	14,000.00	20,000.00	20,000.00	20,000.00								
第十五目	西人宿舍工程	15	37,000.00	37,000.00											
第十六目	職員住宅工程	16	150,000.00	30,000.00	30,000.00	30,000.00	20,000.00	20,000.00	20,000.00						
第十七目	工人住宅工程	17	457,500.00		40,000.00	40,000.00	40,000.00	40,000.00	40,000.00	40,000.00	40,000.00	40,000.00	40,000.00	40,000.00	57,500.00
第十八目	職工子弟學校工程	18	27,000.00	10,000.00	17,000.00										
第十九目	住宅區管理員辦公室工程	19	4,500.00	2,000.00	2,500.00										
第二十目	住宅區合作社工程	20	8,000.00	2,000.00	2,000.00	4,000.00									
第廿一目	防空山洞工程	21	64,000.00	10,000.00	10,000.00	10,000.00	10,000.00	10,000.00	14,000.00						
第廿二目	營房工程	22	81,500.00	12,000.00	22,500.00	20,000.00	27,000.00								
第廿三目	醫院二期工程	23	30,000.00						5,000.00	5,000.00	10,000.00	10,000.00			
第廿四目	給水工程	24	185,000.00									40,000.00	40,000.00	40,000.00	65,000.00
第廿五目	下水工程	25	27,000.00	3,000.00	3,000.00	5,000.00	5,000.00	5,000.00	6,000.00						
第廿六目	運動場及兒童遊樂場工程	26	5,000.00				2,500.00	2,500.00							
第廿七目	公共浴場工程	27	2,500.00						2,500.00						
第廿八目	住宅區公共廁所工程	28	4,000.00	2,000.00						2,000.00					
第廿九目	滾水堰二期工程	29	10,000.00	2,000.00	2,000.00	3,000.00	3,000.00								
第三十目	第二期偽裝工程	30	30,000.00	3,000.00	2,000.00	3,000.00	2,000.00	3,000.00	2,000.00	3,000.00	2,000.00	3,000.00	2,000.00	3,000.00	2,000.00
第卅一目	廠區馬路二期路面工程	31	42,000.00						10,000.00	10,000.00	10,000.00	12,000.00			

軍政部兵工署第五十工廠

民國二十九年度建設費概算書 附各月份分配數第二頁 0023

科	目	附註	全年度概算數	一月份分配數	二月份分配數	三月份分配數	四月份分配數	五月份分配數	六月份分配數	七月份分配數	八月份分配數	九月份分配數	十月份分配數	十一月份分配數	十二月份分配數
第卅二目	住宅塊道路橋樑涵洞工程	32	37,500.00	5,000.00	5,000.00	5,000.00	5,000.00	7,000.00	10,500.00						
第卅三目	碼頭工程	33	55,000.00			20,000.00	20,000.00	15,000.00							
第卅四目	測量費	34	6,000.00	500.00	500.00	500.00	500.00	500.00	500.00	500.00	500.00	500.00	500.00	500.00	500.00
第卅五目	續征民地及補償費	35	50,000.00	50,000.00											
第卅六目	其他及臨時建築費	36	19,800.00	1,600.00	1,600.00	1,600.00	1,600.00	1,600.00	1,600.00	1,600.00	1,600.00	1,600.00	1,600.00	1,600.00	2,200.00
第卅七目	監理費	37	100,000.00	9,000.00	9,000.00	9,000.00	9,000.00	9,000.00	9,000.00	9,000.00	9,000.00	7,000.00	7,000.00	7,000.00	7,000.00
第二項	設備費		557,500.00	267,000.00	131,000.00	54,000.00	41,000.00	35,000.00	16,500.00	12,000.00	1,000.00				
第一目	水電設備費	38	255,000.00	150,000.00	50,000.00	20,000.00	20,000.00	15,000.00							
第二目	消防設備費	39	25,000.00	2,000.00	3,000.00	15,000.00	2,000.00	2,000.00	1,000.00						
第三目	林場設備費	40	5,500.00			2,000.00	2,000.00	1,000.00	500.00						
第四目	運輸器材	41	35,000.00	10,000.00	25,000.00										
第五目	傢具及辦公用具	42	29,000.00	1,000.00	2,000.00	6,000.00	6,000.00	6,000.00	5,000.00	2,000.00	1,000.00				
第六目	圖書	43	3,000.00	3,000.00											
第七目	建築材料	44	200,000.00	100,000.00	50,000.00	10,000.00	10,000.00	10,000.00	10,000.00	10,000.00					
第八目	雜項設備費	45	5,000.00	1,000.00	1,000.00	1,000.00	1,000.00	1,000.00							
第三項	廠區整理費	~~44~~	19,200.00	1,600.00	1,600.00	1,600.00	1,600.00	1,600.00	1,600.00	1,600.00	1,600.00	1,600.00	1,600.00	1,600.00	1,600.00
第一目	道路橋樑整理費		7,200.00												
第二目	溝渠池塘整理費		2,400.00												
第三目	碼頭堤防整理費		1,200.00												
第四目	地基整理費		2,400.00												
第五目	房屋整理費		6,000.00												
第四項	俸給費	46	746,274.00	62,189.50	62,189.50	62,189.50	62,189.50	62,189.50	62,189.50	62,189.50	62,189.50	62,189.50	62,189.50	62,189.50	62,189.50
第一目	技術人員薪俸		528,480.00												
第二目	同陸軍軍官佐薪俸		133,176.00												
第三目	醫院職員薪俸		14,280.00												
第四目	警衛隊士兵夫伕役餉項		64,338.00												
第五項	藝徒學校經費	47	166,728.00	13,894.00	13,894.00	13,894.00	13,894.00	13,894.00	13,894.00	13,894.00	13,894.00	13,894.00	13,894.00	13,894.00	13,894.00
第一目	藝校人員薪餉		117,909.60												
第二目	藝校辦公費		10,800.00												
第三目	藝校設備費		33,552.00												
第四目	藝校特別費		4,466.40												

附　註

3

0024

24

號次	科	目	說明
1	第一項	第一目	共計面積4000m²@205.00
2	〃	〃二〃	〃　〃3000m²@205.00
3	〃	〃三〃	第8,9,10,11,12,13號及新二號山洞之結砌工程
4	〃	〃四〃	磚墻瓦面鋼筋三合土及鉄吊車樑計面積900m²連合項設備費在內共需#250,000.00其計劃圖樣及所需經費#五萬元經呈奉署渝造二(1)丙字第6361號代電批開「尚屬可行」
5	〃	〃五〃	計面積600m²@40.00
6	〃	〃六〃	計面積90m²@60.00
7	〃	〃七〃	配電間六所共計面積180m²@45.00
8	〃	〃八〃	柴油池一座工料費
9	〃	〃九〃	計面積10m²@120.00
10	〃	〃十〃	貯物用不結砌僅用木架支撑計面積2000m²@100.00
11	〃	〃十一〃	試驗自製及代修砲及炮彈用估計各項工料費約需二萬元
12	〃	〃十二〃	計面積160m²
13	〃	〃十三〃	土墻石柱木架木樓面木地台瓦頂上層禮堂下層食堂兩層共計面積1500m²共計需#45,000.00除二十八年度用去#20,000.00外二十九年度尚需#25,000.00
14	〃	〃十四〃	機械士兵宿舍計面積1300m²伕役宿舍計面積400m²
15	〃	〃十五〃	土墻草屋頂木地台建築面積約九百二十平方公尺
16	〃	〃十六〃	一家制地字號十一座@4,000.00二家制玄字號十七座@6,000.00土石方28座@100.00自備材料約1,200.00共計#150,000.00
17	〃	〃十七〃	六家制工人住宅七十五座@6,000.00另地盤土石方及水溝等工程費約#7,500.00共計#457,500.00
18	〃	〃十八〃	土墻木架瓦面木地台木窗計面積600m²
19	〃	〃十九〃	面積約一百平方公尺連地盤土石方等
20	〃	〃二十〃	〃〃約二百平方公尺及各種設備費
21	〃	〃廿一〃	廿八年度開鑿山洞之結砌工程約需#24,000.00大興場住宅區新建防空山洞約需#40,000.00
22	〃	〃廿二〃	土墻瓦面水泥地台木窗房屋九座共計面積2200m²又住宅區警衛隊分駐所一座面積約150m²
23	〃	〃廿三〃	土墻木架瓦面灰天花木地台木窗醫院一座計面積600m²
24	〃	〃廿四〃	宿舍區給水工程費#40,000.00大興場住宅區給水工程費#50,000.00廠房區給水工程費#115,000.00除二十八年度支用#20,000.00外本年度尚需85,000.00
25	〃	〃廿五〃	大兴場住宅區渠道進人#入水#等工程費在內
26	〃	〃廿六〃	平地土石方及休息室工程費在內
27	〃	〃廿七〃	管理室及停場工程費在內
28	〃	〃廿八〃	建築面積約二百平方公尺土墻瓦面灰土地台
29	〃	〃廿九〃	壩下游灘水填石及其他附屬工事估計#10,000.00
30	〃	〃卅目〃	道路橋樑準備業費在內
31	〃	〃卅一〃	第二期約需鋪築路面六公里
32	〃	〃卅二〃	大興場住宅區道路橋樑涵洞工程費在內
33	〃	〃卅三〃	碼頭一座約需#55,000.00

附註

C025

號次	科	目	說明
34	第一項	第三十四目	測量用具及測量員伙薪餉均在內
35	〃	〃三十五目	因開鑿製炮所山洞廠房出口間係須續征民地330畝大兴場住宅區第二次應征地670畝兩共1000畝@50.00(連拆遷費在內)共計#50,000.00
36	〃	〃三十六〃	各項零星建築費均在內
37	〃	〃三十七〃	約需全部建築費3%
38	第二項	第一目	(1)較正電力因數用同期電動機大小三十具共計#75,000.00 (2)配電設備共需#106,000.00 (3)柴油机備件#12,000.00 (4)各項電纜電線#10,000.00 (5)裝置電灯用灯泡開關灯罩保險等共需#2000.00 (6)電表儀器類#5000.00 (7)安裝電話机150门需用電話總机一個桌机150架蓄電池24個鍍鋅鉄線九千公斤杉木桿334根雜木橫档1500根綠礬油20桶水柏油10桶礎碗瓷柱等件共需五萬元 (8)雜料類#1000.00 以上八項共計#255,000.00
39	〃	第二目	消防汽車一輛及附件以及其他消防設備費共計#25000.00
40	〃	〃三〃	廠區及住宅區植林費及工具費
41	〃	〃四〃	小火輪一艘估約#25000.00 木駁四艘共計#10,000.00
42	〃	〃五〃	(1)職工子弟學校傢具以學生五百名計平均每名約需傢具費20.00共需10000.00 (2)禮堂傢具以一千五百張坐位計@#2.00共需#3000.00 (3)西人宿舍傢具以二十人計每人約需傢具費300.00共需6000.00 (4)其他辦公用具如計算机打字机號碼机保險柜文卷柜寫字台等約需10,000.00 總計29000.00
43	〃	〃六〃	前於二十七年度建設費預算內列購之各項多改為迄未購齊故照原數列支#3000.00
44	〃	〃七〃	戰時物價日漲運輸又極困难為使本廠建築材料供給不致中斷起見擬備專駁乘机大宗購置以應需要預計約需#200000.00
45	〃	〃八〃	其他一切設備費均在內共需5000.00
46	第四項		本廠生產額因受種種限制短期內恐难為大量之增加因而每月開支之員役薪餉一時暫难取給於製造經費現特將本廠奉准編制以內所需之俸給費暫列在建設費項下列支一俟出產量增加此項費用可在製造費內撥算時即當自行停止在建設費內支報
47	第五項		本廠藝校經常費經呈奉本署渝造(二四)乙字第589號指令並奉軍政部会計處預渝字第4081號訓令核列每月#13894.00全年十二個月合計#166728.00

25

1011

军政部兵工署第五十工厂一九三九年第二期建设费概算书（一九三九年）

第二十一目 第二十二目 第十一目 第十二目 第十三目

000016

15

軍政部兵工署第五十工廠民國廿八年第二期建設費概算書

支出臨時門 共國幣

科目		概算数	
第一款	本廠第二期建設費	一〇七二九〇〇〇〇	
第一項	建設費	一、〇四〇、九〇〇〇〇	
第一目	測量費	一〇、〇〇〇〇〇	用地測量工程測量在内
第二目	購地費	一二〇、〇〇〇〇〇	收用土地五千市畝每市畝平均二十元及青苗補償或拆遷各費
第三目	築路費	九六、〇〇〇〇〇	建築新路六、五〇公里路基橋樑涵洞及鋪築廠東廠中二路路面大公里及職工宿舍區防水堤路在内
第四目	下水道工程費	二〇、〇〇〇〇〇	廠房區落旗寺職工宿舍區下水工程費在内
第五目	給水工程費	一〇、〇〇〇〇〇	仝上

15-1

第四目	第六目	辦公廳工程費	四〇,〇〇〇 〇〇	總辦公廳一座工務處辦公室工程室辦公室林場辦公室各乙座
第一目	第七目	製炮廠山洞廠房工程費	三〇,〇〇〇 〇〇	擬用山洞式廠房共需面積約三千平方公尺每平方公尺建築費約一百元以堅硬沙石質爲標準通風設備在內
第二目	第八目	製彈廠山洞廠房工程費	二〇,〇〇〇 〇〇	擬用山洞式廠房共需面積二千平方公尺每平方公尺建築費約一百元通風設備在內以堅硬砂石質爲標準
第三目	第九目	樣板廠水坭拱圈工程費	三〇,〇〇〇 〇〇	擬用山洞式廠房廿七年下半年已開始約工作需一千平方公尺每平方公尺約需水坭拱圈結砌工程費三十元
第八目	第十目	職工宿舍工程費	六四,〇〇〇 〇〇	
第五目	第十一目	醫院工程費	三〇,〇〇〇 〇〇	各分診所工程費在內
第六目	第十二目	營房工程費	一一,〇〇〇 〇〇	石馬崗頂營房工程費在內
第七目	第十三目	稽查所工程費	一〇,〇〇〇 〇〇	各分所工程費在內
第十九目	第十四目	汽車房工程費	三,〇〇〇 〇〇	儲油池司機宿舍在內
第十六目	第十五目	職工學校工程費	一〇,〇〇〇	

16

000017

第十八目	第十六目	合作社工程費	七,二〇〇〇〇	
第十四目	第十七目	職工飯堂工程費	一三,七〇〇〇〇	
第十五目	第十八目	職工浴室工程費	七五〇〇〇	
第十七目	第十九目	職工俱樂部工程費（集會礼堂附設俱樂部）	二三,〇〇〇〇〇 十五,〇〇〇〇	禮堂未在内
第十九目	第二十目	廠區内防空山洞工程費	二〇,〇〇〇〇〇	兩座结砌水泥拱圈各長一百尺
第十目	第廿一目	廠房偽裝工程費	一〇,〇〇〇〇〇 十〇,〇〇〇〇	廠房屋頂及公路偽裝掩蔽在内
第二十目	第廿二目	其他建築工程費	一五,〇〇〇〇〇 十五,〇〇〇〇	圍墙界石公共厠所等工程費在内
	第二項	監工費	三二,〇〇〇〇〇	約當建設費百分之三
	第一目	監工費	三二,〇〇〇〇〇	

军政部兵工署第五十工厂为报送一九三七年度、一九三八年度经常费决算书致兵工署的呈（一九四〇年四月十五日）

附：兵工署第五十工厂一九三七年度和一九三八年度经常费决算书

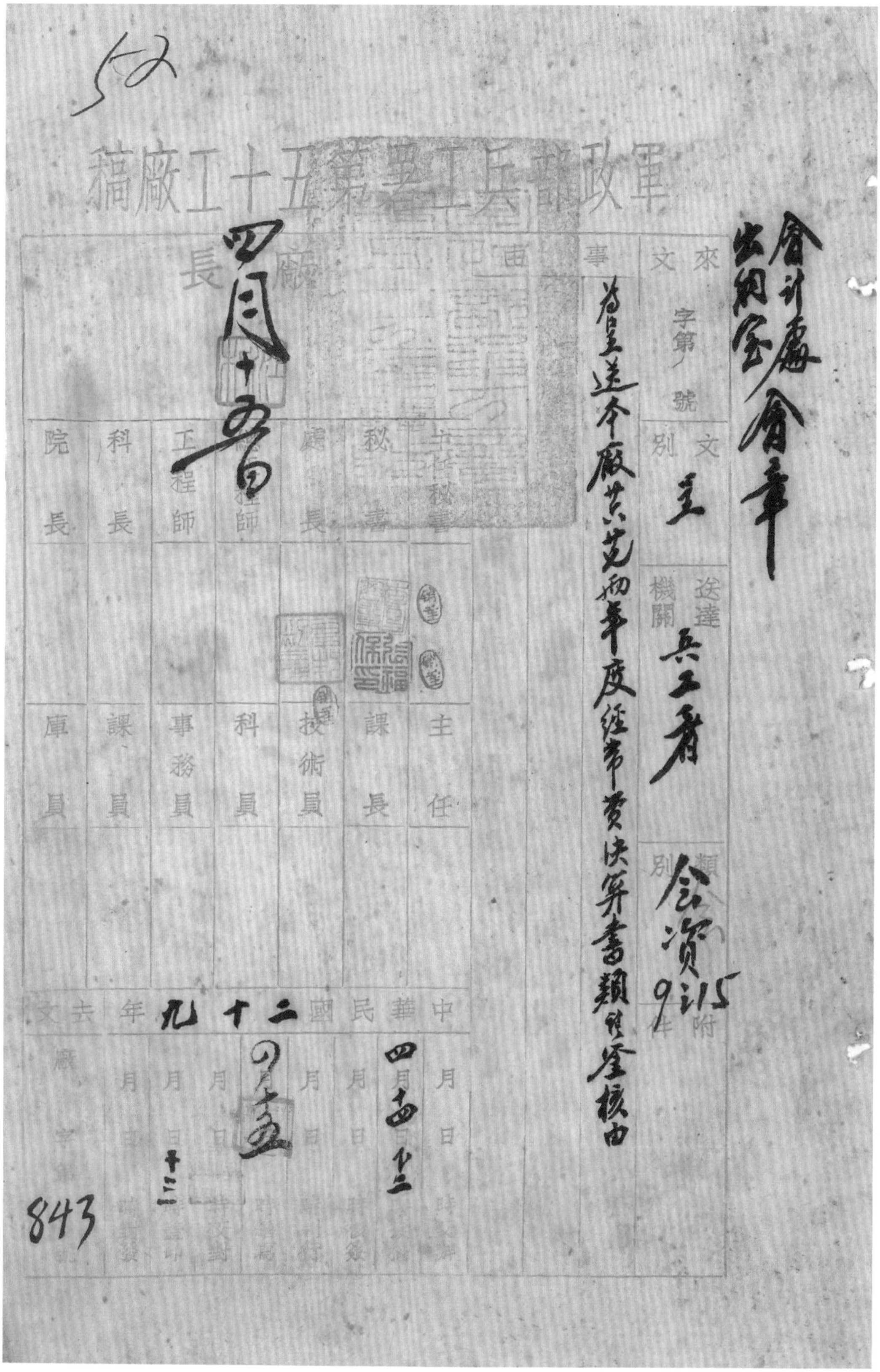

J2-1

查本廠二十六、二十七兩年度經常費各月份支出計算書，業經分別編造，先後送審在案。綜計二十六年度領入數為國幣三三三、〇八〇、七〇〇元，支出數為三〇五、〇六一、五一六元，收支相抵，結存二八、〇二九、一八四元。二十七年度領入數為二三六、〇八一、六〇元，支出數為一六九、四八五、三二元，（連各月份之補助金在內）另在該年度經常費節餘項下撥充前百水橋研究所人員二十七年九至十二月份俸給費七、六七八、三〇元，（業見本廠二十九年二月十四日廠(二九)發字第340號呈文）合計支出數為一七七、一六三、

53

六二元，收支相抵，计结存五八，九一七，九八元。至二十六、二十七两年度经常费剩余数，总共为国币捌万陆千玖百叁拾柒元壹角陆分。除遵照钧省渝总(元)发字第821号训令另案办理结束外，理合编造各该年度决算书类，随文呈送，仰祈鉴核。再各该年度之财产目录，因适值本厂搬迁时期，无法到期盘点，暂难编造附送，拟俟下年度再合并编造，以完手续，合併陈明。

谨呈

省长俞

1-1-1

計呈送本廠廿八、廿九兩年度經常費決算書
各三份收支對照表各三份

第五十工廠廠長江。

中華民國二十九年四月 日

監印
校對
繕寫

廣州市西湖路大中工業社承印

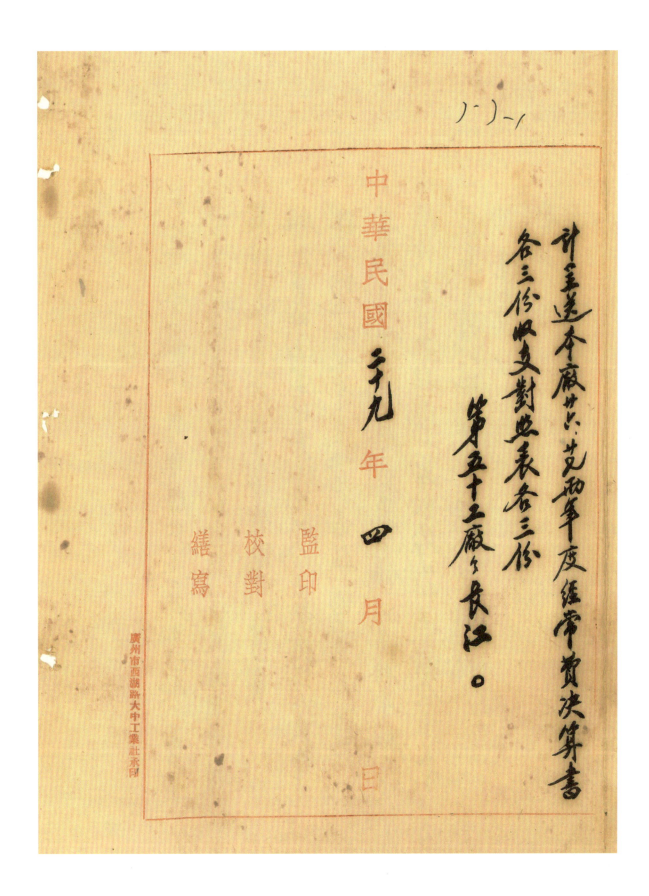

決算書

第[illegible]號

編製機關　軍政部兵工署廣東第二兵工廠　　中華民國二十六年度支出經常門

自民國二十六年七月一日起至民國二十七年四月三十日止

科目	本年度決算數	本年度預算數	比較增減 增	比較增減 減	說明
第一款　全廠經常費	252810356	422176800		169366444	1. 本廠自民國二十七年五月一日起奉令更改名稱為第五十二廠故本年度之決算書編至二十七年四月三十日為止其五月一日至六月三十日一段則另以第五十二廠名義編造
第一項　俸給費	184548340	325335000		140786660	2. 本廠本年度預算並未奉令核定本表所列預算數字乃就原編之數目填列聊供參考之用本年度實領經費並非以此項預算數字為準故預算剩餘數並非即經費剩餘經費實領數及其剩餘數詳見收支對照表
第一目　技術員薪俸	68301290	157000000		88698710	3. 補助金業經呈奉兵工署造(二六)乙字第五七〇九號指令轉奉軍政部會字第三三九一號指令准予照給並即在經常費內列報
第二目　同陸軍軍官佐薪俸	36102670	64290000		28187330	
第三目　醫院職員等薪俸	4042110	7900000		3857890	
第四目　餉項	76102270	96145000		20042730	
第二項　辦公費	25298358	56500000		31201642	
第一目　文具	2901720	8000000		5098280	
第二目　消耗	3290665	9000000		5709335	
第三目　郵電	1414270	4000000		2585730	
第四目　印刷	1299940	2500000		1200060	
第五目　租賦	394900	500000		105100	
第六目　修繕	1429710	5000000		3570290	
第七目　旅運費	12215625	22000000		9784375	
第八目　雜支	2351528	5500000		3148472	
第三項　購置費	849980	5000000		4150020	
第一目　器具	826950	3500000		2673050	
第二目　圖書	23030	1500000		1476970	
第四項　特別費	22489040	35341800		12852760	
第一目　特別辦公費	5000000	5000000			
第二目　醫藥	5398900	5000000	398900		
第三目　汽車費	1693070	5760000		4066930	
第四目　滙兑	160460	1000000		839540	
第五目　特別津貼費	7153800	7153800			
第六目　無線電台	2814400	3428000		613600	
第七目　其他	268410	8000000		7731590	
第五項　補助金	19624638		19624638		
第一目　補助金	19624638		19624638		

編製日期　民國二十八年十二月　日

廠長　　　　會計處長

決算書

第二號

編製機關 軍政部兵工署第五十工廠　中華民國二十六年度支出經常門

自民國二十七年五月一日起至民國二十七年六月三十日止

科目	本年度決算數	本年度預算數	比較增減：增	比較增減：減	說明
第一款 全廠經常費	52251160	84805600		32554440	1. 本廠原名軍政部兵工署廣東第二兵工廠自民國二十七年五月一日起奉令更名為軍政部兵工署第五十工廠故本決算書始自五月一日特此註明
第一項 俸給費	38788970	65643000		26854030	
第一目 技術員薪俸	15342400	31400000		16057600	
第二目 同陸軍軍官佐薪俸	7634810	12858000		5223190	
第三目 醫院職員等薪俸	714190	1580000		865810	2. 本廠本年度預算並未奉令核定本表所列數字乃就原編之數目填列俾供參考之用本年度實領經費並非以此項預算數字為準故預算剩餘數並非即經費剩餘數經費實領數及其剩餘數詳見收支對照表
第四目 餉項	15097570	19805000		4707430	
第二項 辦公費	6264330	11300000		5035670	
第一目 文具	624420	1600000		975580	
第二目 郵電	541950	800000		258050	
第三目 消耗	323380	1800000		1476620	
第四目 印刷	146040	500000		353960	3. 補助金業經呈奉兵工署造(二六)乙字第五七〇九號指令轉奉軍政部會字綜字第三三九一號指令准予照給並即在經常費內列報
第五目 租賦	260000	100000	160000		
第六目 旅運費	3795730	4400000		604270	
第七目 修繕	160340	1000000		839660	
第八目 雜支	412470	1100000		687530	
第三項 購置費	394440	1000000		605560	
第一目 器具	393570	700000		306430	
第二目 圖書	870	300000		299130	
第四項 特別費	2864170	6862600		3998430	
第一目 特別辦公費	1000000	1000000			
第二目 醫藥	387950	1000000		612050	
第三目 汽車費	659360	2160000		1500640	
第四目 滙兑	29060	200000		170940	
第五目 特別津貼費	6000	45600		39600	
第六目 無綫電台	766800	857000		90200	
第七目 其他	15000	1600000		1585000	
第五項 補助金	3939250		3939250		
第一目 補助金	3939250		3939250		

編製日期 中華民國二十八年十二月　日

廠長

會計處長

第　　號

書

編製機關　軍政部兵工署第五十工廠　中華民國二十七年度支出經常門

民國二十七年七月一日起至十二月三十一日止

47

科目	本年度決算數	本年度預算數	比較增減 增	比較增減 減	說明
第一款　全廠經常費	169485220	50[illegible]		332012680	1.我國會計年度自民國二十八年一月一日起改為曆年制故本年度決算書編至民國二十七年十二月三十一日止 2.本廠本年度預算並未奉　令核定本表所列數字乃就原編之數目填列聊供參考之用本年實領經費並非以此項預算數字為準故預算剩餘數並非即經費剩餘數經費實領數及其剩餘數詳見收支對照表 3.補助金業經呈奉　兵工署造(二六)乙字第五七〇九號指令及　兵工署渝造(二八)乙字第七〇五一號指令轉奉　軍政部會梁字第三三九一號指令准予照給並即在經常費內列報
第一項　俸給費	116043220	412617000		296573780	
第一目　技術員薪俸	46165230	224400000		178234770	
第二目　同陸軍軍官佐薪俸	25347210	67188000		41840790	
第三目　醫院職員等薪俸	2713500	7140000		4426500	
第四目　餉項	41817280	113889000		72071720	
第二項　辦公費	21270790	49620000		28349210	
第一目　文具	5248920	10740000		5491080	
第二目　郵電	1175380	2400000		1224620	
第三目　消耗	3426420	7080000		3653580	
第四目　印刷	1268610	3000000		1731390	
第五目　租賦	1821070	1800000	21070		
第六目　修繕	536640	4200000		3663360	
第七目　旅運費	5454790	15600000		10145210	
第八目　雜支	2338960	4800000		2461040	
第三項　購置費	1422170	3000000		1577830	
第一目　器具	1413580	2100000		686420	
第二目　圖書	8590	900000		891410	
第四項　特別費	12110850	36261000		24150150	
第一目　特別辦公費	3000000	30[illegible]000			
第二目　醫藥	3240860	90[illegible]000		5759140	
第三目　汽車費	3622890	9360000		5737110	
第四目　船駁費	1165200	2400000		1234800	
第五目　匯兌	144650	600000		455350	
第六目　無線電台	840000	2901000		2061000	
第七目　其他	97250	9000000		8902750	
第五項　補助金	18638290		18638290		
第一目　補助金	18638290		18638290		

編製日期　中華民國二十八年十二月　　日

廠長　　會計處長

军政部兵工署第五十工厂为请核一九三七年度、一九三八年度各项经费结束办法致兵工署的呈（一九四〇年四月十八日）

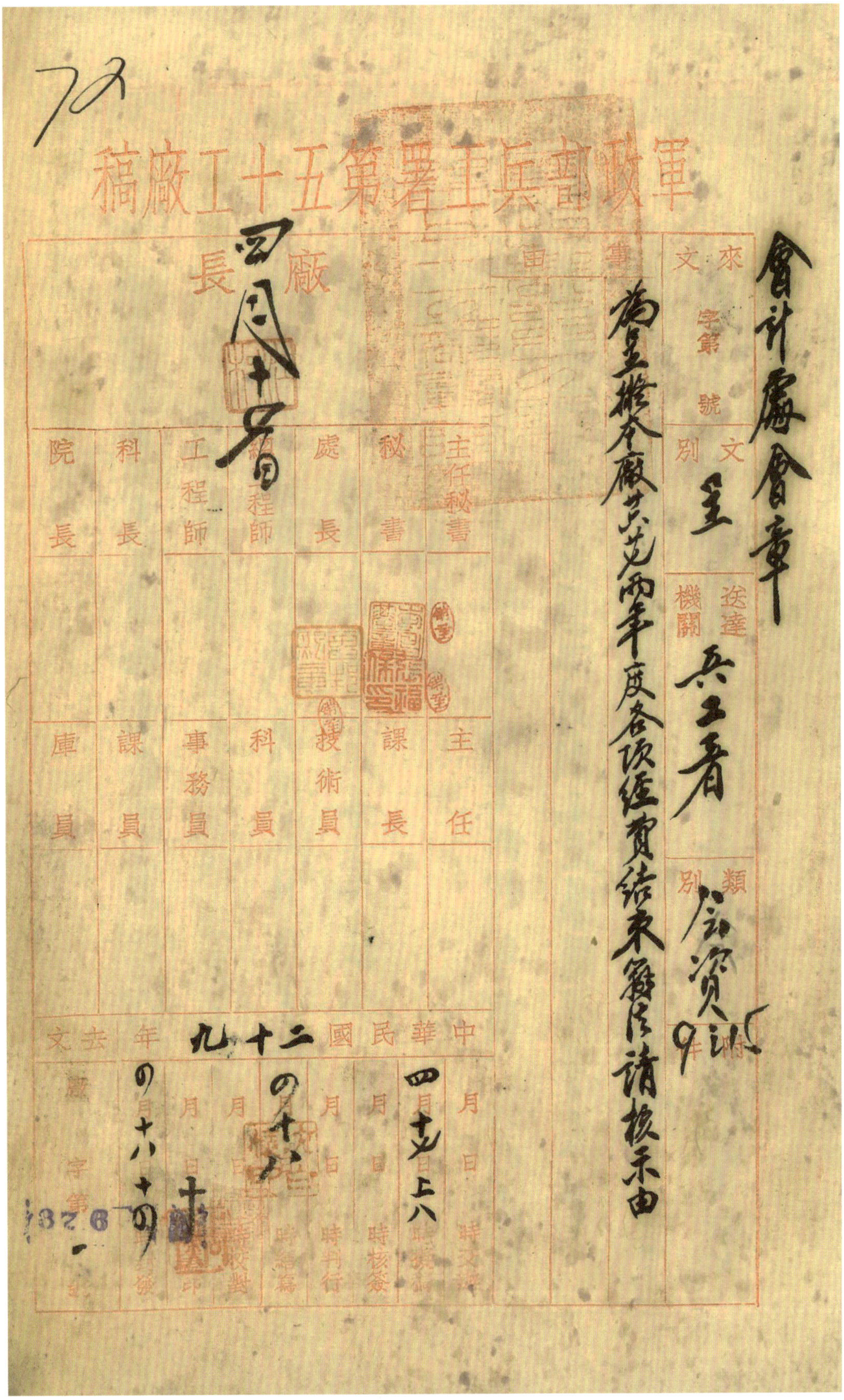

軍政部兵工署第五十工廠稿

會計處會章

來文字第號

文別：呈

送達機關：兵工署

事由：為呈報本廠廿六廿七兩年度各項經費結束辦法請核示由

廠長 四月十八日

主任秘書 秘書 處長 總工程師 工程師 科長 院長

主任 課長 技術員 科員 事務員 課員 庫員

中華民國二十九年 月 日 去文

72-1

案奉

鈞署三月二十八日渝總(充)貴字第0821號訓令，為奉令抄發廿六七兩年度未能依限結束之收支處理辦法，轉飭遵照等因，並附原辦法下廠，奉此，自應遵辦，惟本廠廿六七兩年度之收支，其尚未結束者，計有下列數項：

(一)廿六年度建設及購置材料等費：此乃本廠未遷渝以前，在滬江時期之建築購儲等費，計向鈞署領入國幣壹拾萬零伍千元，支出玖萬肆千壹百壹拾陸元貳角，收支相抵，計結存國幣壹萬零捌百捌拾

73

叁元捌角，其支出计算书类，业於本年四月十日以厂(元)发字第八〇〇号呈文，送请核销在案。

(二)廿六年度经常费：该年度经常费之领入数，为国币叁拾叁万叁千零捌拾元柒角，支出数为国币叁拾万零伍千零陆拾壹元伍角壹分陆厘，收支相抵，计结存国币贰万捌千零壹拾玖元壹角捌分，其决算书类，业於本年四月十五日以厂(元)发字第八四三号呈文送审在案。

(三)廿七年度经常费：该年度经常费，计共领入国币贰拾叁万陆千零捌拾壹元陆角，支出壹拾柒万柒千壹百陆拾叁元陆角贰分，(连)同廿七年九至十二月份百研所人員薪給在內）收支相抵，計結存國幣伍萬捌千玖百壹拾柒元玖角捌分，其決算書類，業於本年四月十五日以廠(元)費字第八四三號呈文送審在案。

(四)本廠搬遷費：此為本廠奉令由粵遷川全部器材人員所需旅運等費，該項搬遷工作，係自廿六年度開始，至是年底，大致業已完成，但因宜渝段水路運費，尚待清結，又遷移人員之旅費給與標準，亦正在呈候核定中，是以一時未能結束，迄至二十九年三月底止，其領入數為國幣壹拾玖萬元，支出數為國幣壹拾捌萬捌千叁百壹拾伍元肆角壹分。

75

(五)廿八年度建設費：查本廠遷川後之第一期建設費，其主要支出，在於廠房建築方面，因工程艱鉅，尚未全部完工，是以收支未能結束，截至現時止，計共領入國幣壹百貳拾叁萬貳仟叁百伍拾伍元，其支出數為玖拾貳萬玖仟叁百壹拾壹元捌角叁分。

關於(一)(二)(三)三項，經費剩餘數，共計國幣玖萬柒仟捌百貳拾元叁角陸分，擬請

鈞署賜准撥解轉帳，作為本廠二十九年度建設費，以資結束。

至(四)(五)兩項，均因事實未能即時結束，擬請

76

鈞署俯念兵工建設，情形特殊，准予展緩清結，抑或將該兩項經費准予抵解繳帳，作為二十八年度收支。

以上所擬意見，是否可行，理合備文呈明，仰祈

鑒核示遵！

謹呈

署長俞

第五十工廠廠長江。

军政部兵工署第五十工厂为报送一九四一年度建设费数目表致兵工署制造司的代电（一九四〇年四月二十五日）

附：兵工署第五十工厂一九四一年度建设费概算表

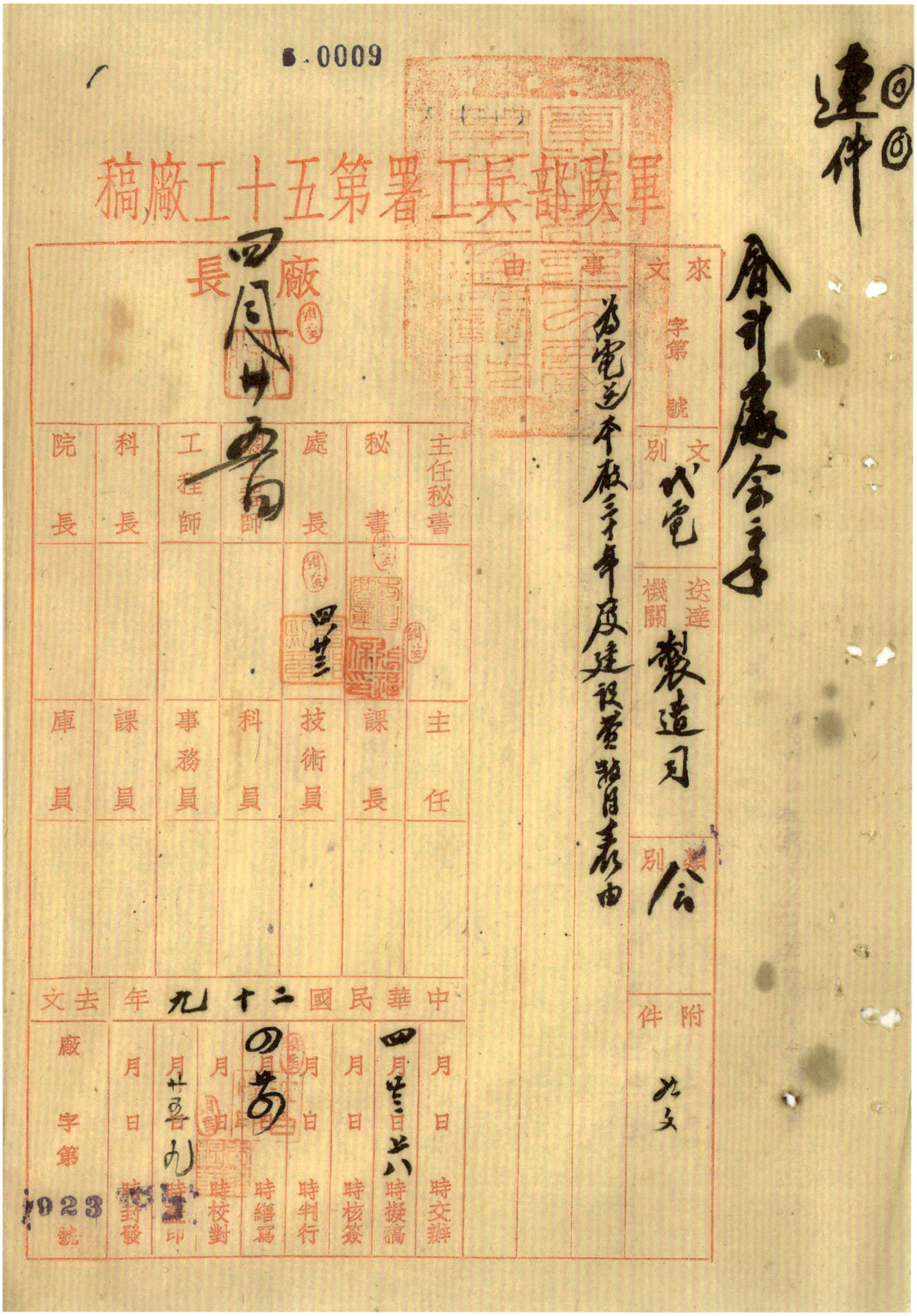

10

代電

兵工署製造司楊司長公鑒、前准 貴司瑜造(元)丙第4107號元代電，屬將三十年度建設計劃及機餘製造估計送司，以便彙轉，正辦理間，復准第4135號删代電，屬將三十年度建設費先行估送各等由，除將機餘製造估計另送外，所有三十年度建設費數目，現已編繕齊全，相應先行電送，至希 察照。江〇迴印

附本廠三十年度建設費數目表二張 三十年度機械設備預算表四份 電氣設備預算表各一份 附屬材料設備補充數量預算表二份

0012

軍政部兵工署第五十工廠
民國三十年度建設費概算表

科目	概算數	說明
第一項 建築費	1,726,800.00	細數見附表
第二項 機械設備費	11,018,000.00	〃 〃
第三項 電氣設備費	2,128,750.00	〃 〃
第四項 運輸器材	60,000.00	小火輪乙艘價約四萬元木駁四艘價約二萬元
第五項 藝徒學校經常費	240,000.00	每月以二萬元計
合計	15,173,550.00	

民國三十年度建設費概算表

0013

號次	科目	概算數		說明
1	製砲所及鍛工所山洞廠房	400,000	00	本工程擬分三年办理，除廿九年預标用十万元外，本年度預标需用四十万元。
2	彈夾所及引信所 〃〃〃〃	265,000	00	本工程擬分二年办理，除廿九年度預标用三十五万元外，本年度預标需用二十六万五千元。
3	第二第三滚水霸	100,000	00	填土约八万方，结砌条石约八百方，連同水门、護坡、其他設備等費在内。
4	展築廠區馬路	50,500	00	展築廠東路八百公尺，廠西路一千二百公尺，及製砲所山洞廠東口馬路一千五百公尺，土石方、橋涵工程费在内。
5	材料試驗室工程	36,000	00	土墙青瓦屋面，石灰三合土水坭粉刷地台，杉木门窗，面積六百平方公尺，每方60元計。
6	木工所烘木房工程	8,100	00	磚墙水坭，鋼筋混凝土屋面，混凝土地台，柏木门窗，面積90平方公尺，每方90元計。
7	配電间工程	12,000	00	土墙青瓦屋面，石灰三合土水坭粉刷地台，杉木门窗，六所共面積二百平方公尺，每方60元計。
8	柴油池工程	5,200	00	柴油池一座工料费。
9	山洞貨倉工程	260,000	00	本工程擬分二年办理，本年預标需用二十六万元。
10	射击場工程	18,000	00	本工程擬分二年办理，本年預标需用一万八千元。
11	住宅區管理員辦公室工程	6,000	00	土墙青瓦屋面，三合土水坭粉刷地台，杉木门窗，面積一百平方公尺，每方60元計。
12	營房工程	141,000	00	土墙青瓦屋面，三合土水坭粉刷地台，杉木门窗，共九座，面積二千二百平方公尺；大興場分駐所一座，面積150平方公尺，每方60元計。
13	醫院[illegible]工程	45,000	00	土墙青瓦屋面，木地台，柏木门窗，面積600平方公尺，每方75元計。
14	給水工程	100,000	00	本工程分二年办理，本年度預算需用十万元。
15	運動場及兒童遊樂場工程	7,500	00	平地盤及休息室工程費在内。
16	公共坟場工程	4,000	00	管理室及停柩場工程費在内。
17	滚水堤二期工程	15,000	00	水堤下游灘水填石及其他附属工程費在内。
18	第二期偽装工程	20,000	00	本工程分二年办，本年度預标需用二万元。
19	廠區馬路二期路面工程	48,000	00	18公分厚，3公尺寬碎石路面六公里，每公里8000元計。
20	碼頭工程	82,500	00	碼头一座建设備費。
21	測量費	3,000	00	測量用具及測量員工薪俸在内。
22	續征民地及補償費	50,000	00	補29年度未發征地費。
23	其他及臨時建築費	20,000	00	各種零星建築費在内。
24	監理費	30,000	00	約占全部建築費二%
	合計	1,726,800	00	

第五十厰三十年度機械設備預算表

品稱	數量	單價 美金		單價 國幣		總價 美金		總價 國幣		用途	備考
車床	四十部	二,〇〇〇	〇〇	五〇,〇〇〇	〇〇	八〇,〇〇〇	〇〇	二,〇〇〇,〇〇〇	〇〇	製砲所	
轉刀架車床	三部	一,五〇〇	〇〇	三七,五〇〇	〇〇	四,五〇〇	〇〇	一一二,五〇〇	〇〇	同右	
鑽床	三部	一,五〇〇	〇〇	三七,五〇〇	〇〇	四,五〇〇	〇〇	一一二,五〇〇	〇〇	同右	
砂輪機	二部	五〇〇	〇〇	一二,五〇〇		一,〇〇〇	〇〇	二五,〇〇〇	〇〇	同右	
熱處理設備	全套	一〇,〇〇〇	〇〇	二五〇,〇〇〇	〇〇	一〇,〇〇〇	〇〇	二五〇,〇〇〇	〇〇	同右	
元車床	三十部	二,〇〇〇	〇〇	五〇,〇〇〇	〇〇	六〇,〇〇〇	〇〇	一,五〇〇,〇〇〇	〇〇	工具所	
鏇齒車床	一部	四,〇〇〇	〇〇	一〇〇,〇〇〇	〇〇	四,〇〇〇	〇〇	一〇〇,〇〇〇	〇〇	同右	
萬能銑床	二部	三,五〇〇	〇〇	八七,五〇〇	〇〇	七,〇〇〇	〇〇	一七五,〇〇〇	〇〇	同右	

14-1

鍘床	一部	二〇〇〇	〇〇	五〇〇〇〇	〇〇	二〇〇〇	〇〇	五〇〇〇〇	〇〇	工具所
鑽床	一部	一五〇〇	〇〇	三七五〇〇	〇〇	一五〇〇	〇〇	三七五〇〇	〇〇	同右
元磨床	一部	四〇〇〇	〇〇	一〇〇〇〇〇	〇〇	四〇〇〇	〇〇	一〇〇〇〇〇	〇〇	同右
螺絲元磨床	一部	七五〇〇	〇〇	一八七五〇〇	〇〇	七五〇〇	〇〇	一八七五〇〇	〇〇	同右
平面磨床	一部	三〇〇〇	〇〇	七五〇〇〇	〇〇	三〇〇〇	〇〇	七五〇〇〇	〇〇	同右
工具磨床	三部	六〇〇	〇〇	一五〇〇〇	〇〇	一八〇〇	〇〇	四五〇〇〇	〇〇	同右
擋床	一部	四〇〇〇	〇〇	一〇〇〇〇〇	〇〇	四〇〇〇	〇〇	一〇〇〇〇〇	〇〇	同右
各種工具						五〇〇〇〇		一二五〇〇〇〇	〇〇	同右
銅帶压機	一部	三〇〇〇	〇〇	七五〇〇〇	〇〇	三〇〇〇	〇〇	七五〇〇〇	〇〇	彈夾所
車毛胚機	一部	一〇〇〇〇	〇〇	二五〇〇〇〇	〇〇	一〇〇〇〇	〇〇	二五〇〇〇〇	〇〇	同右

• 0015

鏇底機	[illegible]部	七、五〇〇	〇〇	一八七、五〇〇	〇〇	七、五〇〇	〇〇	一八七、五〇〇	〇〇	同右
車床	五部	二、〇〇〇	〇〇	五〇、〇〇〇	〇〇	一〇、〇〇〇	〇〇	二五〇、〇〇〇	〇〇	同右
小型車床	六部	九〇〇	〇〇	二二、五〇〇	〇〇	五、四〇〇	〇〇	一三五、〇〇〇	〇〇	樣板所
小型磨床	四部	二、〇〇〇	〇〇	五〇、〇〇〇	〇〇	八、〇〇〇	〇〇	二〇〇、〇〇〇	〇〇	同右
螺絲公與鋼板磨床	一部	五〇〇	〇〇	一二、五〇〇	〇〇	五〇〇	〇〇	一二、五〇〇	〇〇	同右
中心磨床	一部	一、五〇〇	〇〇	三七、五〇〇	〇〇	一、五〇〇	〇〇	三七、五〇〇	〇〇	同右
小型螺絲車床	一部	五、〇〇〇	〇〇	一二五、〇〇〇	〇〇	五、〇〇〇	〇〇	一二五、〇〇〇	〇〇	同右
小型鑽床	六部	八〇〇	〇〇	二〇、〇〇〇	〇〇	四、八〇〇	〇〇	一二〇、〇〇〇	〇〇	同右
小型鉋床	二部	三五〇	〇〇	八、七五〇	〇〇	七〇〇	〇〇	一七、五〇〇	〇〇	同右
刻字機	二部	一、五〇〇	〇〇	三七、五〇〇	〇〇	三、〇〇〇	〇〇	七五、〇〇〇	〇〇	同右

15-1

平面磨床	二部	二五〇〇	〇〇	六二五〇〇	〇〇	五〇〇〇	〇〇	一二五〇〇〇	〇〇	同右
光學樣模磨床	一部	一二〇〇〇	〇〇	三〇〇〇〇〇	〇〇	一二〇〇〇	〇〇	三〇〇〇〇〇	〇〇	同右
自動錐形機	一部	四〇〇〇	〇〇	一〇〇〇〇〇	〇〇	四〇〇〇	〇〇	一〇〇〇〇〇	〇〇	同右
光學工具 測微儀	一部	一〇〇〇〇	〇〇	二五〇〇〇〇	〇〇	一〇〇〇〇	〇〇	二五〇〇〇〇	〇〇	同右
各種儀器						一八一二〇	〇〇	二九五三〇〇〇〇	〇〇	精確研究室 附詳表二張
總計		全美		四四〇七二〇	〇〇	國幣		二〇一八〇〇〇〇	〇〇	

0016

第五十二厰三十年度電氣设備預算表

品稱	數量	單價 美金	單價 國幣	總價 美金	總價 國幣	用途	備攷
7/7 裸銅線	一一、六〇〇磅	〇.五〇	一二.五〇	五、八〇〇.〇〇	一四五、〇〇〇.〇〇	高壓輸電線	廠房用
7/11 裸銅線	四〇〇〇磅	〇.五〇	一二.五〇	二、〇〇〇.〇〇	五〇、〇〇〇.〇〇	同右	廠房及住宅區用
7/14 裸銅線	五〇〇〇磅	〇.五〇	一二.五〇	二、五〇〇.〇〇	六二、五〇〇.〇〇	同右	廠房住宅區及宿舍用
1/6 裸銅線	一六〇〇磅	〇.五〇	一二.五〇	八〇〇.〇〇	二〇、〇〇〇.〇〇	同右	住宅區用
1/8 裸銅線	三〇〇〇磅	〇.五〇	一二.五〇	一、五〇〇.〇〇	三七、五〇〇.〇〇	同右	住宅區用
1/14 皮線	一五〇卷	二.二〇	五五.〇〇	三三〇.〇〇	八、二五〇.〇〇	接電用	
1/16 皮線	二〇〇卷	二.〇〇	五〇.〇〇	四〇〇.〇〇	一〇、〇〇〇.〇〇	接電用	
1/18 皮線	五〇〇卷	一.三〇	三二.五〇	六五〇.〇〇	一六、二五〇.〇〇	装灯用	

16-1

花線	五〇〇卷	一五〇	三七五〇	七五〇〇〇	一八、七五〇〇〇	裝灯用
50KVA 變壓器	二部	二五〇〇〇	六、二五〇〇〇	五〇〇〇〇	一二、五〇〇〇〇	廠房及住宅區用
12KVA 變壓器	四部	一〇〇〇〇	二、五〇〇〇〇	四〇〇〇〇	一〇、〇〇〇〇〇	点焊机用
150门 共電式電話交換機	一部	三、五〇〇〇〇	八七、五〇〇〇〇	三、五〇〇〇〇	八七、五〇〇〇〇	本廠電話用
共電式電話桌機	一五〇架	三〇〇〇	七五〇〇〇	四、五〇〇〇〇	一一二、五〇〇〇〇	同右
各種鍍鋅鐵線	一〇、〇〇〇斤	〇三〇	七五〇	三、〇〇〇〇〇	七五、〇〇〇〇〇	裝置電線路用
各種杉木桿	一、〇〇〇根		一五〇〇		一五、〇〇〇〇〇	作電桿用
4000V 針式磁碗	一、〇〇〇个	二〇〇	五〇〇〇	二、〇〇〇〇〇	五〇、〇〇〇〇〇	高压電線用
500V 針式磁碗	二〇〇〇个	〇五〇	一二五〇	一、〇〇〇〇〇	二五、〇〇〇〇〇	低压電線用
4000V 拉線磁碗	三〇〇个	五〇〇	一二五〇〇	一、五〇〇〇〇	三七、五〇〇〇〇	高低压電線用

0017

避雷器	一五个	五〇〇〇	一、二五〇〇	七五〇〇〇	八、七五〇〇〇	架空線用
配電間設備	一〇副			七五〇〇〇	八〇、五〇〇〇〇	廠房配電用
各種保險及開關				二、〇〇〇〇	五〇、〇〇〇〇〇	配電板及馬達用
給水裝置				一〇、〇〇〇〇〇	三五、〇〇〇〇〇	廠房給水用自來水管開閘及接頭等
各種阻力線	三〇〇磅	一〇〇	二五〇〇	三〇〇〇〇	七、五〇〇〇〇	修理馬達用
各種漆色線	五〇〇磅	〇四〇	一〇〇〇	二〇〇〇〇	五、〇〇〇〇〇	修理開關用
各種絲色漆色線	一〇〇〇磅	〇六〇	五〇〇	六〇〇〇〇	五〇、〇〇〇〇〇	修理馬達用
各種紗色漆色線	一〇〇〇磅	〇四〇	一〇〇〇	四〇〇〇〇	一〇、〇〇〇〇〇	同右
各種絕緣布及紙				三五〇〇〇	八七五〇〇〇	同右
各種絕緣膠	八〇〇磅	一〇〇	二五〇〇	八〇〇〇〇	二〇、〇〇〇〇〇	同右

17-1

三相感應馬達	四七六馬力	二〇〇〇	五〇〇〇〇	九、五二〇〇〇	三三八〇八〇〇	各所机器係馬達相加之馬力用
各種燈泡	六〇〇个		五〇〇		三〇、〇〇〇〇〇	電燈用
120AH 蓄電池	二〇个	三〇〇〇	七五〇〇〇	六〇〇〇〇	五、〇〇〇〇〇	電話用
285KVA 同期電動機	一部		五、〇〇〇〇〇〇	一〇、〇〇〇〇〇〇	二五〇〇〇〇〇〇	校正電力因數用
汽輪發電所配製機件					一〇〇〇〇〇〇〇	裝置汽輪配電所用 給水櫃烟囱水管及損壞與已遺失之机件
各種電氣工具					五、〇〇〇〇〇	水電所用
各種電氣儀器				五〇〇〇〇〇	三五、〇〇〇〇〇	水電所用
總計		美金	七九、一五〇〇〇	國幣	二二二八七五〇〇〇	

军政部兵工署第五十工厂为报送一九四一年度建设费追加预算表致兵工署的呈（一九四〇年十二月十一日）

附：兵工署第五十工厂一九四一年度建设费追加预算表

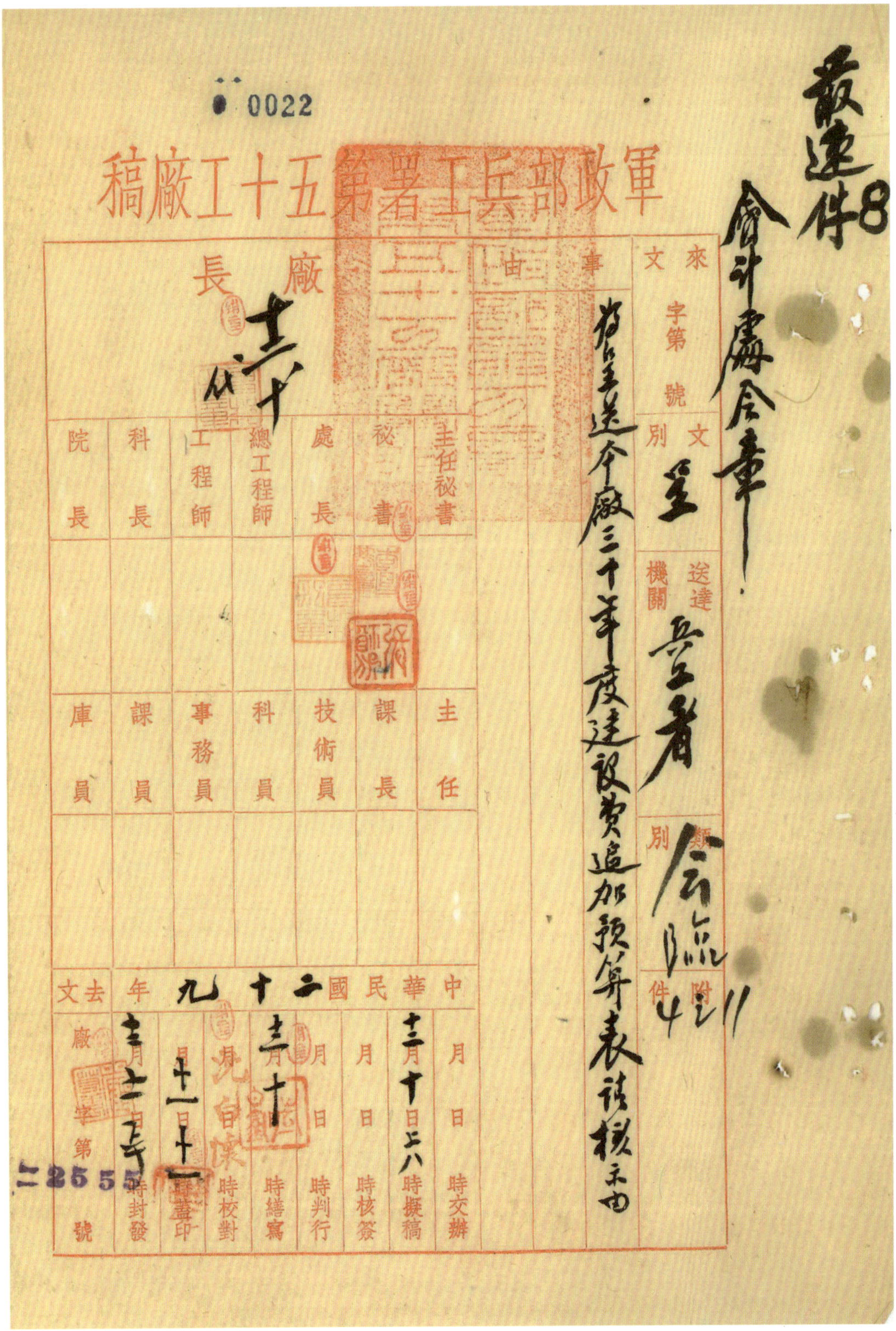
0022
軍政部兵工署第五十工廠稿
最速件 8
事由 呈送本廠三十年度建設費追加預算表請核示由
文別 呈
送達機關 署長
中華民國二十九年去文

22-1

呈

查本廠三十年度建設費所需數目，前經估計為國幣壹千伍百壹拾七萬餘元，並於本年四月廿五日編就概算表，以廠(完)發字第九二三號呈文，呈請
鈞署察核在案。近准
鈞署製造司五月宥代電，以本廠三十年度建設費，業已核定為國幣壹千萬元。核與實需數目，相差甚鉅。茲經參照各部份送來三十年度建築設備等費所需款項切實估計，共為國幣壹千捌百叁拾捌萬元。除已以核定數（即壹千萬元）為標準，就其中急要者，

0030

先列入三十年度建設費預算分配表案呈報外，其不敷之數百叁拾捌萬元，擬請

鈞署准予追加，以資應用！是否可行！理合繕具追加預算表備文呈明，仰祈

鑒核示遵！

謹呈

署長俞

附呈三十年度建設費追加預算表三份

第五十工廠廠長江〇

0024

軍政部兵工署第五十工廠民國三十年度建設費追加預算表

品稱	數量	單價 美金	單價 國幣	總價 美金	總價 國幣	用途	備考
車床	二十部	二,〇〇〇.〇〇	五〇,〇〇〇.〇〇	四〇,〇〇〇.〇〇	一,〇〇〇,〇〇〇.〇〇	工具所	
平面磨床	一部	三,〇〇〇.〇〇	七五,〇〇〇.〇〇	三,〇〇〇.〇〇	七五,〇〇〇.〇〇	工具所	
各種工具				三五,〇〇〇.〇〇	八七五,〇〇〇.〇〇	工具所	
各種儀器				七五,六〇〇.〇〇	一,八九〇,〇〇〇.〇〇	精確研究室	附明細表乙份
輕便小鐵軌	一〇〇公里		五〇,〇〇〇.〇〇		五,〇〇〇,〇〇〇.〇〇	運輸科	
合計					四,三四〇,〇〇〇.〇〇		

军政部兵工署第五十工厂为报送一九四〇年度建设事业进行状况及经费收支报告表致兵工署制造司的代电（一九四一年三月三日）

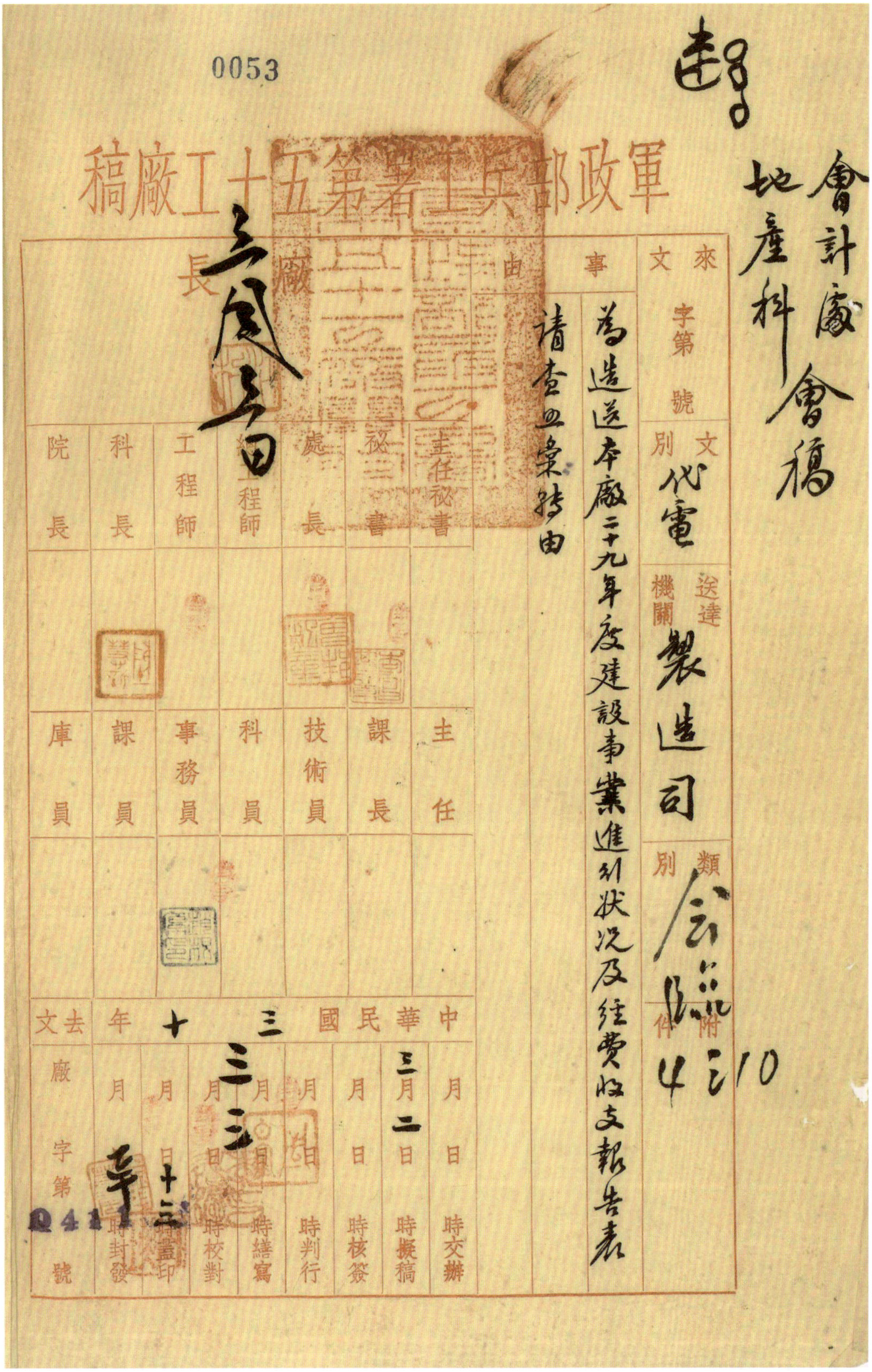
0053

軍政部兵工署第五十工廠稿

會計處 地產科 會稿

來文字第號

文別 代電

送達機關 製造司

類別 會計

附件

事由 為造送本廠二十九年度建設事業進行狀況及經費收支報告表請查照彙轉由

廠長

院長　科長　工程師　工程師　處長　秘書　主任秘書

庫員　課員　事務員　科員　技術員　課長　主任

中華民國三十年三月

交辦 月 日 時　擬稿 三月二日 時　核簽 月 日 時　判行 月 日 時　繕寫 月 日 時　校對 月 日 時　蓋印 月 日 時　封發 月 日 時

去文廠字第 號

代電

兵工署製造司楊司長勛鑒：案准貴司渝製（卅）丙字第1551號真代電，囑將二十九年度事業進行狀況及經費收支情形詳細具報，以便彙轉等由，自應照辦。茲特造具本廠二十九年度建築工程及建設費收支情形報告表暨附表，代電送達，即希查照彙轉為荷。

第五十二廠廠長江〇（叁）蘇

附送建築工程報告表一份、建設費收支情形報告表一份、附表（一）（二）（三）各一份

民國二十七年在造工程 附表一

工程編號	工程摘要	金額	工程編號	工程摘要	金額
1之1	臨時機器庫四座	1,583.52	9之[illegible]	山洞一座	3,341.00
1.2	警衛隊住棚四座	1,003.63	[illegible]	[illegible]山洞之橫挖護坡	3,388.00
1.3	庫房一座	[illegible]	[illegible]	[illegible]未完成之防空山洞	1,920.00
1.4	〃	[illegible]	11.1	[illegible]條石護土墻16處	38,145.97
1.5	臨時工場及鍛工房	3,332.12	11.2	〃 〃	31,350.00
1.7	庫房兩座	[illegible]	[illegible]	[illegible]水壩聯絡土坡填築工程	4,517.00
1.8	〃	[illegible]	[illegible]	[illegible]第3之1未土石方一部份	1,393.00
1.12	〃	453.62	14.1	濾水壩一座	9,080.00
1.13	〃	627.18	14.2	水閘橋兩邊水溝底片石護坡及作填土方	1,630.00
1.16	拆卸庫房一座搭蓋竹泥瓦棚房三座	332.34	15.1	大興場機械士住宅地盤土石方	1,193.20
1.21	鍛工所打鐵房一座	563.02	19.1	柴油發電機通天山洞地基土石方	3,833.64
2.1	廠中路第一段土石方及涵洞	15,017.44	19.2	〃 〃 廠房一座	12,290.80
2.2	〃 二 〃	3,194.96	19.3	〃 〃 填土余土墻工程	7,349.90
2.3	〃 三 〃	6,268.00	19.4	造機房磨石子地台	599.00
2.4	接廠中路第一段未完成工程	6,380.00	22.1	石礅木橋基礎一座	5,474.04
2.6	廠東路第一段土石方及涵洞工程	12,900.00	22.2	〃 聯絡便路	1,283.00
2.9	土壩馬路填土工程	2,520.00	22.3	〃 橋兩一座抽水房一間	436.90
3.1	木棚地基31座	51,393.87	23.1	廠房水泥混凝土地台大座及地溝工程	4,258.25
3.2	食堂地基盤一座	1,205.05	23.2	〃 〃 22座	33,450.00
4.1	木棚31座	106,812.59	24.1	路基片石護坡工程	604.56
4.2	木棚12座	66,150.00	25.1	竹架瓦頂翻砂廠1座	2,022.09
4.3	編造竹批灰泥墻31座	9,227.00	28.1	竹頂竹批灰墻廠室間二間	410.00
4.4	廠房竹批灰泥間壁工程	333.25	1.10	漆工所二座	557.87
4.5	木棚內木樓房31座	878.77	揚家崗零星工程		136.97
5之1	機械士宿舍八座	26,227.34	裕川零星工程		204.67
8.1	山洞兩座	6,867.85	鑄工所銅爐房工程		1,153.00
8.2	〃	7,961.05			
8.3	[illegible]四座	14,266.00			
8.3	鑿拓紫竹林山洞前[illegible]度施[illegible]	4,570.89			
8.4	〃 〃 山洞外之明崖	594.00			
9.1	山洞兩座	5,544.71	合計		¥523,779.88

附表二

民國三十六年在建工程

工程編號	工程摘要	金額	工程編號	工程摘要	金額
1之16	竹架竹瓦草棚11座	60[illegible] 15			
1之17	食堂廚房各二座盥洗及儲水室二座	20,[illegible] [illegible]			
1之20	楠竹晒衣架16座	[illegible] 00			
2之6	廠中路北展線廠西路1小段	[illegible] 00			
2之12	敷設6公里碎石路面	20,74[illegible] [illegible]			
2之13	廠西路一段土石方工程	[illegible]			
2之14	擠築廠中路路基	1,832 40			
2之15	鋪築河沙路面1段	420 00			
4之5(二)	廠房續築木棧滷12座	6,276 53			
8之5	案竹林山洞四座內部結構工程	20,990 65			
8之8	〃三座及新1號內部結構工程	29,168 24			
8之10	建築紫竹林山洞木棧橋16座	6,897 40			
9之5	防空山洞一座	3,337 85			
9之6	〃	1,595 00			
9之7	接#9之6未完工程	1,314 00			
9之9	防空山洞內部結構工程	13,821 00			
10之1	機器基礎土石方	186 83			
10之2	廠房內水泥混凝土機器基礎九座	1,716 66			
12之1	開掘水池一座及節制井蓋一座	780 04			
12之2	柴油機水池結構工程	3,068 11			
16〃1	職員宿舍八座及木棚四座	41,678 59			
17之1	工人宿舍八座洗盥室四座	26,724 40			
26之1	竹架竹頂稽查室四座	2,079 00			
27之1	竹瓦竹架汽車棚兩座	1,386 52			
27之2	大火場汽車房一座之水泥台	1,367 50			
29之1	合作社及附設浴室共一座	26,586 00			
31之1	射击場土石方	247 51			
40之1	石墩木橋一座箱形涵洞七座	2,114 00			
9之5(二)	#9之5增加兩納關掘支洞兩座	4,432 00			
合計		263932 19			

附表三

民國二十九年度營造工程

軍政部兵工署第五十工廠籌備處關防

工程編號	工程摘要	金額	工程編號	工程摘要	金額
1之23	第二三中隊增加兵棚兩座一為竹瓦頂一為竹架稻草頂	[illegible]	[illegible]	挖掘山洞進口道平水高度以上之土石方	1,360.10
1.24	搭蓋竹瓦棚架二座	[illegible]	[illegible]	大興場防空地基七座及馬路土石方	11,259.00
1.25	建造竹棚三座	[illegible]	[illegible]	挖掘地盤土石方及馬路土石方	2,882.00
1.26	運輸工人住宅地盤土石方	[illegible]	[illegible]	開鑿山洞洞外土石方	3,630.00
1.28	修理竹棚六座及舖床地台一座	[illegible]	[illegible]	竹棚五座	2,368.00
1.29	搭蓋竹瓦竹批擋棚一座竹架竹蓆圍壁兩座	[illegible]	[illegible]	(1)廠房地盤土石方 (2)竹馬路支綫路基	430.10
8.9	開鑿3號至13號及新2號洞進口洞十座連結洞8座	[illegible]	[illegible]	竹架篾蓆房頂竹棚三座	1,321.87
8.11	新1號至7號山洞前面之堆存片石及房屋堆在屋前之片石移至洞邊指定地點	2,251.00	49.1	磚砌谷倉底座五座	1,835.73
9.3	東溪山洞石廠山洞異及其支洞內部結砌工程	3,613.00	新蜀零星工程	飯堂地台工程	50.00
9.11(一)	大興場防空山洞一座	598.30	運輸煤肩		12,685.38
9.11(二)	續打1.2.3防空山洞轉洞五座支洞四座	4,630.00	1之27	土瓦竹架棚五座及山洞篾蓆竹架防水棚一座	3,139.73
9.12	大興場防空山洞座	1,363.00	6.1	天字住宅一座下房一座	4,809.45
9.14	山洞內清道及挖掘堂之公尺之整路	898.00	6.2	化糞池蓄水井集水井等工程	271.04
9.15	〃 〃	604.00	7.1	地字住宅十所玄字住宅十所	55,055.45
9.16	結砌1:3石灰沙漿片石防疫牆兩處	833.54	7.2	〃 五所 〃 十所	75,827.10
15.3(二)	土牆瓦頂平房工人住宅25幢	75,082.30	15.2	大興場機械士住宅一座(竹架草頂)	11,458.93
15.3(三)	瓦頂平房機械士住宅25幢	70,857.62	15.3	〃 〃 2座(土牆瓦頂)	11,300.27
10.3	建水泥三合土磚輸鍋爐熱氣爐1座	539.00	20.1	遠平機動力廠地盤土石方	6,692.00
15.4	黃字住宅25座地盤土石方	5,020.00	20.2	接20之1工程未完土石方	12,680.82
15.5	〃 〃	8,640.00	20.2B	接20之2A工程 〃	1,986.00
18.1	西人宿舍土牆草頂特種木棚等工程	19,231.28	20.2D	〃 20之2B 〃	18,827.36
18.2	西人宿舍木棚地盤基礎兩座附土石方	1,868.62			
18.28	特種木棚及道路土石方	2,498.00			
25.3	竹瓦棚架一座	279.27			
25.4	開鑿石方157.57方	1,272.38			
29.2	建築水泥等工程及地盤土石方	1,417.62			
29.2(一)	開挖水池水庫等工程地盤土石方	3,805.36			
29.2(三)	水池水庫等所有結砌麻石工程	4,304.00			
34.1	土牆木架瓦頂平房7座及地盤土石方	2,735.21			
35.1	竹架草頂廠工所一座及附屬小房一座	741.97			
35.12	水池一座(製砲所廠房附屬工程)	433.21	合計		354,445.46

0055

军政部兵工署第五十工厂江杓任内（一九三七年六月一日至一九四一年三月二十四日）制造费移交总册（一九四一年三月二十四日）

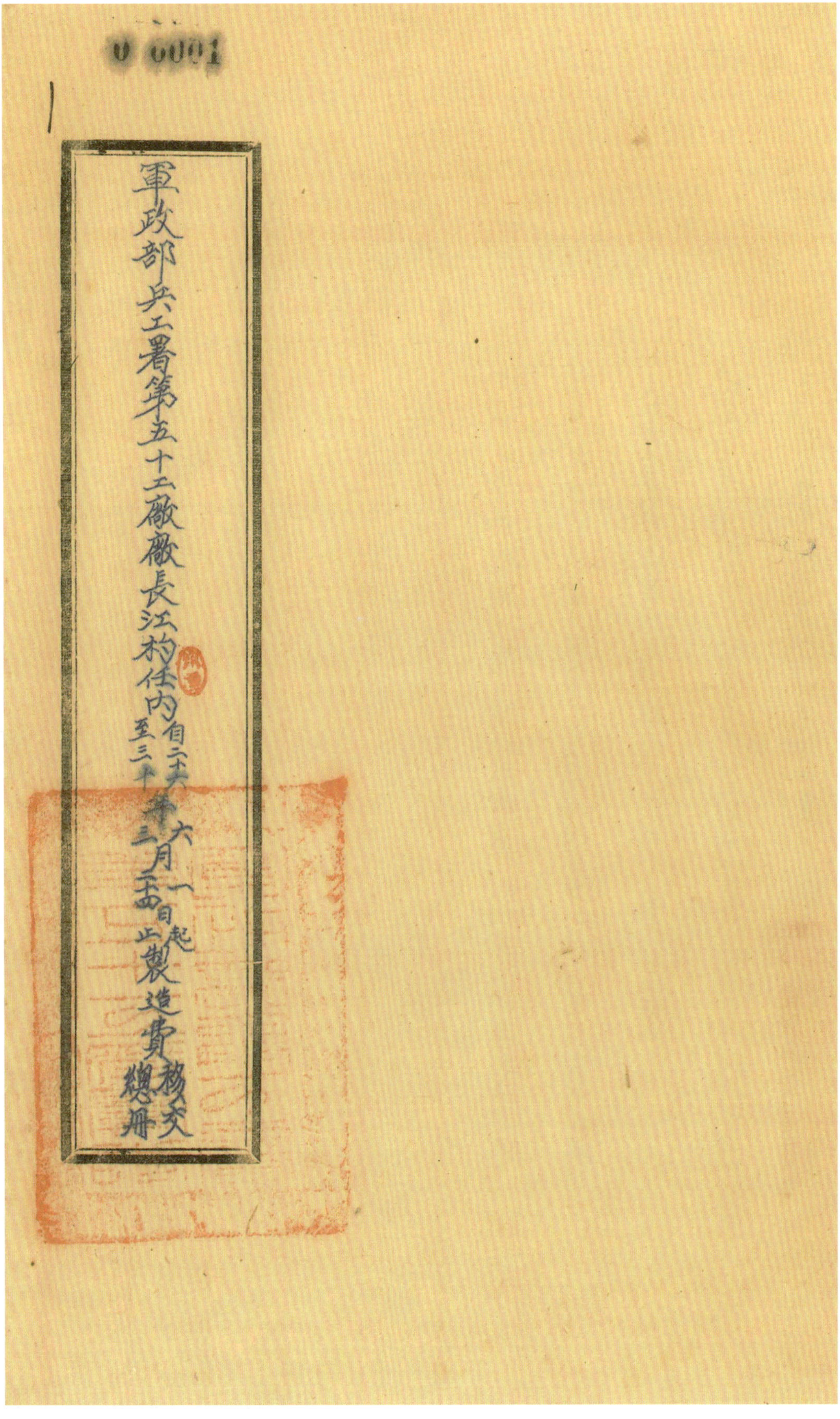
0 0001

軍政部兵工署第五十工廠廠長江杓任內自二十六年六月一日起至三十年三月二十四日止製造費移交總冊

0 0002

2

軍政部兵工署第五十工廠廠長江杓任內自二十六年六月一日起至三十年三月十五日止製造費移交總冊

計開

舊管

無

新收

一、收二十八年度製造費計國幣陸拾萬零玖仟捌佰壹拾捌圓壹角捌分。

一、收二十九年度製造費計國幣貳佰貳拾陸萬肆仟伍佰零叁圓肆角玖分。

一、收三十年度製造費計國幣肆仟零柒拾壹圓柒角伍分。

一、收琴絃製造費（二十八年十二月至三十年三月）計國幣玖拾伍萬壹仟捌佰陸拾捌圓整。

一、二十八年十二月底止利息收入共計國幣壹萬玖仟零零伍圓零叁分。

乙-1

一、租金收入計國幣壹萬玖仟伍佰壹拾伍圓捌角柒分。
一、變價收入計國幣壹拾玖萬柒仟伍佰圓零零捌角柒分。
一、收公積金計國幣柒仟零陸拾伍圓陸角陸分。
一、收保管款計國幣叁萬叁仟陸佰叁拾伍圓捌角肆分。（即軍人儲蓄及團體儲蓄）
一、收暫收款計國幣捌萬叁仟捌佰壹拾貳圓伍角捌分。
一、收兵工署往來計國幣叁佰柒拾捌萬零伍仟陸佰玖拾伍圓捌角陸分。
一、收應付帳款計國幣叁萬玖仟柒佰捌拾圓零玖角伍分。
一、收應付薪工計國幣肆仟玖佰壹拾伍圓伍角肆分。
一、收借移建設費計國幣柒拾肆萬捌仟叁佰壹拾玖圓肆角陸分。

以上壹拾肆柱共計國幣捌佰陸拾捌萬玖仟伍佰零玖圓零捌分。

0 6083

開除

一、支二十八年度材料費計國幣叁拾貳萬柒仟伍佰肆拾捌圓肆角整。

一、支二十九年度材料費計國幣貳佰叁拾陸萬玖仟壹佰肆拾伍圓肆角叁分。

一、支三十年度材料費計國幣柒拾貳萬捌仟壹佰壹拾捌圓捌角壹分。

一、支二十八年度工資計國幣捌萬柒仟柒佰玖拾捌圓肆角肆分。

一、支二十九年度工資計國幣柒拾玖萬陸仟壹佰捌拾捌圓叁角叁分。

一、支三十年度工資計國幣壹拾捌萬玖仟陸佰玖拾捌圓玖角貳分。

一、支二十八年度製造費用計國幣貳萬肆仟捌佰叁拾壹圓陸角伍分。

一、支二十九年度製造費計國幣柒拾伍萬貳仟伍佰貳拾玖圓零貳分。

一、支三十年度製造費計國幣壹拾伍萬捌仟捌佰壹拾圓零玖角柒分。

3-1

一、支琴絃製造費計國幣捌拾叁萬貳仟伍佰壹拾陸圓玖角柒分。

一、支糧食費計國幣貳拾捌萬叁仟肆佰伍拾叁圓伍角整。

一、支預付貨款計國幣柒拾叁萬玖仟玖佰零柒圓零柒分。

一、支預付費用計國幣肆拾伍圓整。

一、支各部分借支備用金計國幣叁萬柒仟肆佰陸拾圓玖角陸分。

一、支暫付款計國幣叁拾陸萬陸仟叁佰柒拾叁圓玖角捌分。

一、支存出保証金計國幣貳仟貳佰捌拾貳圓壹角伍分。

一、支合作社往來款計國幣伍萬陸仟柒佰伍拾叁圓肆角柒分。

一、支營藝技往來款計國幣陸拾伍萬壹仟柒佰伍拾貳圓捌角壹分。

一、支特種借支計國幣捌仟叁佰貳拾伍圓整。

4
0 0004

一、支職工借支計國幣捌萬叁仟玖佰肆拾肆圓玖角叁分。
一、支應收帳款計國幣叁萬壹仟肆佰捌拾叁圓玖角玖分。
以上貳拾壹柱共計開除國幣捌佰伍拾貳萬捌仟玖佰陸拾玖圓捌角整。
實在
實存國幣壹拾陸萬零伍佰叁拾玖圓貳角捌分。（內計（一）庫存現金叁萬伍仟伍佰玖拾肆元肆角肆分。（二）銀行存款柒萬捌仟叁佰壹拾貳圓陸角捌分。（三）中央信託局存款計國幣肆萬陸仟陸佰叁拾貳圓壹角陸分。）業於三十年三月二十四日移交新任接收清楚呈報有案。

0 0065

軍政部兵工署第五十工廠廠長江杓任內民國二十八年度製造費收入移交分冊

摘要	金額	備註
額造品	四八七,二〇〇.〇〇	
加造品	六二,五一六.六四	
代造品	四〇,八二一.三四	未奉署飭造令僅由各機關函託修造品之收入在內
修械	一九,二九〇.二〇	
合計	六〇九,八二八.一八	

軍政部兵工署第五十工廠廠長江杓任內民國二十九年度製造費收入移交分冊

摘要	金額	備註
額造品	一，〇九五，五〇〇〇〇	
加造品	一，二二，五九九八七	
代造品	二，五〇三三二	未奉署飭造令僅由各機關函託修造品之收入在內
修械	二四，九〇一三〇	
合計	二，二六四，五〇三四九	

0007

軍政部兵工署第五十工廠廠長江杓任内民國三十年度製造費收入移交分册

摘要	金額	備註
代造品	四,〇七一七五	未奉署飭造令僅由各機關函託修造品之收入
合計	四,〇七一七五	

8 0 0008

軍政部兵工署第五十工廠廠長江杓任內公積金移交分册

收入之部 摘要	金額	支出之部 摘要	金額	結餘數	備攷
銀行存息	八一一二 七四	救濟費	二三二 五八		
利息收入	五八三五 〇六	火維杯用費	一四四六 二八		
賠償收入	四〇四一 六四	低級職員生活津貼	二八二七八 二三		
租項收入	八三六一 一六	旅費津貼	四八一 五八		
罰款收入	一五三九 一四	招待費	六三五 一五		
職公罰款	一四三 五九				
合計	三八〇三九 三八		三〇九七三 六七	七〇六五 六六	

0 0019

軍政部兵工署第五十二廠廠長江杓任內暫收款移交分冊

科目	金額		備攷
國元輪票款	三、三三三	三三	
職工伙食	三〇、〇〇九	五七	
所得稅	一五八〇九	六四	
庶務室伙食費	五八	〇〇	
代收隊費	四三八	〇〇	
照相費	一、一九〇	八一	
押金	八〇五	一〇	
農場產品售價	五、四三四	一六	

待發儲金	六六〇三一
工程罰款	三〇九九六四
永慶十六號工程費	五七七四四
未領撫卹金	七八五一
柴油関稅	二〇四〇〇〇
灑江鄉公所未款	一〇二〇〇
寒衣捐款	八四五
待還飛機捐	二四〇五
駐第二廠士兵着裝	二六四〇
印花	一八九六〇

0 0010

代收義校所得稅	一〇八九
民衆輸贈款	二〇〇〇
士兵購米款	二〇〇
代扣工款	一五〇〇
備修工程費	二,〇〇〇〇
未付搬運費	二一九四
待領薪餉	一九六叁
党費	五〇四一一
糧食售價	一七,六二五四七
職校子弟書籍費	一六五一〇

10-1

林和仲領米折價款	四五四〇
宴賓領米折價款	五〇〇〇
合計	八三、八二三 五八

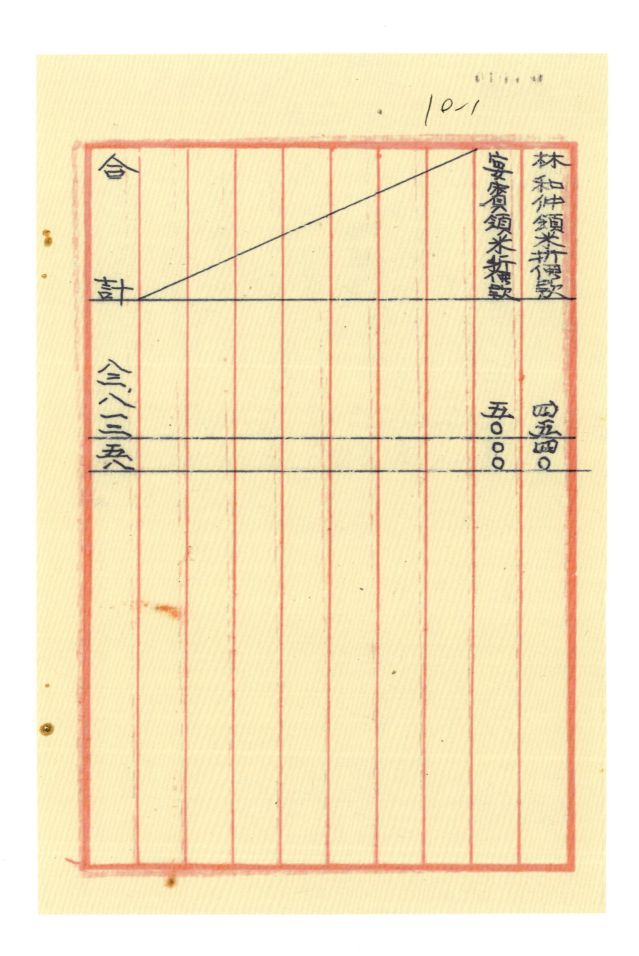

軍政部兵工署第五十工廠廠長江杓任內兵工署往來移交分冊

戶名	摘要	借方	貸方	貸方餘額	備攷
借入購料週轉金	購料週轉金		二五〇〇〇〇〇〇		
應領加造費	署令加造品價款	一〇六八三〇九			署令加字#924 #925 #960 #975
借墊款	署代廠墊付款		一七九七八八七		
預領加造費	預領加造費		五〇〇〇〇〇		署令加字#1017 #1018
預領額造費	預領額造費		一〇〇〇〇〇〇〇		署令額字#1118 #1129 #1120
應領修械費	署令修造品價款	二三九八二八一			署令修字#602 #606 #786 #815 #846 #862 #1008
應領代造費	署令代造品及技術司託造品價款	九四二七一一 ~~[illegible]~~			署令代字#776 #330 #389
合計		四四〇九三〇一	三七二九七八八七	三七〇五六九五八六	

軍政部兵工署第五十工廠廠長江杓任内應付未款移交分册

户名	金額	備攷
駐港辦事處	一〇四三四七七	
第二十二工廠	一〇〇〇〇	
軍政部會計處	七〇〇〇〇	
航空兵器技術研究處	二七七二六九	
和記商行	一〇四九五四九	
濟川鍊焦公司	五〇八〇〇〇	
合計	三九七八〇九五	

軍政部兵工署第五十工廠廠長江杓任内民國三十年三月二十四日止預付貨款移交之冊

機關或商號	貨名及數量	金額		備攷
中央電瓷製造廠	各項電料	一、九九九	七一	詳情參閱合同
重慶西門子洋行	絕緣電料及馬達油	一八一	六一	仝右
四川水泥公司	水泥六千桶	六〇、〇〇〇	〇〇	仝右
渝鑫鋼鐵廠	鑄鋼元鉄等款	二二〇、八〇一	九五	仝右
裕森木廠	杉木圓桿三九五〇根	六三、五〇八	九六	仝右
大鑫火磚廠	火泥火磚	四七三三	一八	仝右
富華貿易公司	生鉄	二三八、三二九	五六	仝右 生鉄因受空襲下焚毀業經函交貨署請予核銷在案
中央電工器材廠	馬達3/4及感應電動機四部款	一二九、二一六	一〇	仝右

13-1

濟川煉焦公司	焦炭及運費貨款	三六〇二六〇〇	仝右
燃料管理處	代墊船户余萬和款	一二〇〇〇	
人和鐵廠	定生鐵一千噸貨款	三六〇〇〇〇〇	詳情參閱合仝
合計		七三九九〇廿〇七	

0 0014

14

軍政部兵工署第五十工廠廠長江杓任内三十年三月二十四日止備用金移交分冊

户名	摘要	金額	備考
梁步雲備用金	採購備用餘款	一四五三〇二	
王有夔備用金	運輸備用餘款	七二〇〇〇〇	
農場備用金	購種籽借用款	六〇三八五	
寓所備用金	赴昆明公幹借備金	四八三三〇〇	
大興鄉山洞工程備用金		六四〇〇	多收待發還
土堤填土工程備用金	地產科經借	四〇〇〇	
張君照備用金	備修電線工匠出差費	五〇〇〇	
西人宿舍工程備用金	地產科經借	一〇二五八八六	

14-1

大维杯球赛备用金 福利处经借 七三四二三

合计 三七四六〇九六八

0 0015

15

軍政部兵工署第五十工廠廠長任內暫付款移交分冊

科目	金額	備考
區分部用費	六一六〇〇	墊付本廠黨部幹事薪津
特別辦公費	二五〇〇	此係发給第一技校教官王蕙、景毅兩員之津貼，已奉 諭改在本廠公積金項下開支、
歐送政	七〇〇〇	
陳玉合	三〇〇〇	
兵工署西安辦事處	五〇〇〇〇〇〇	招考技工訓練班生徒用
鄢甄泰	四〇〇〇〇〇〇	同右
閻武烈	三〇〇〇	
暫墊喪葬費	五六〇〇〇	

5-1

墊購糧食	九七五四七二〇	
墊付夏新哥旅運費	一二〇〇	
駐港辦事處	九九五六四	港幣往來戶折成國幣數
三七机料	一七五九二四	
合計	三六六八三七三二九八	

0 0016

16

軍政部兵工署第五十工廠廠長江杓移交合作社往來移交分册

戶名	摘要	借方金額	貸方金額	借方餘額	備註
社採包商食米			七一、六三四、六三		
廠購布款		一九、八二五、〇〇			
廠採購油款		一五、八七九、五四			
廠採購米款		一一五、三八七、九〇			
廠採購雜貨款		三、四〇八、四〇			
社領週轉金			二六、五一二、五四		
	合計	一五四、五〇〇、八四	九七、七四七、三七	五六、七五三、四七	

0 0017

軍政部兵工署第五十工廠廠長江杓任內蓄藝校往來移交分冊

户名	摘要	借方金額	貸方金額	借方餘額	備註
廠墊校方薪餉		四四〇〇八			
廠墊校方補助金		一三七〇〇			
廠滙經臨費		一、五六四、八七三九〇			
校佃廠員工薪餉			六〇七九五		
校墊廠員津貼			四五〇〇		
校報員工津貼			六、六三三四八		
校報員工補助金			四、五五九六三		
校報二十九年經常費			一〇七、七七六九八		

17-1

校報二十九年開辦費		二七〇、二六五九五
校報白药廠開辦費		三三、三九四〇八
校報桑田開辦費		一、八七四七〇
校報筹辦迫砲彈開辦費		二二、八五三六七
校報琴絃製造費		四五九、三五七二四
校報額外人員薪		六八一四〇〇
校報額外人員津貼		七〇四〇〇
代收付款		二、八二九四六
廠個校方津貼	八〇〇〇	
校報加工益薪		六二一〇

0 0018

18

合計	一、五六五、五三〇 九八	九一三、七七八 一七	六五一、七五二 八一

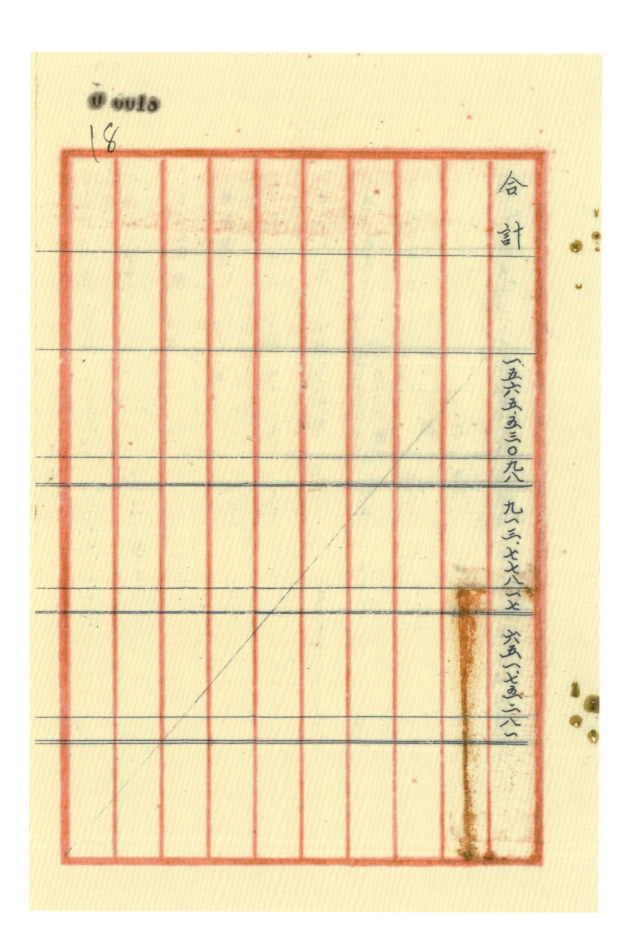

0 0019

19

軍政部兵工署第五十工廠廠長江杓任內三十年三月二十四日止應收賬款核交分册

户名	摘要	金額	備攷
第二十工廠	柴油机汽缸及樣板等款	四一二四 一六	
兵工署技術司	代造26面具接頭螺絲檢查器等價款	二三八 一九	承上年度欠數
張樹堂	扣存硝礦款	一四〇五〇 〇〇	扣存該商所領製火藥用之硝礦價款
華西公司	生鐵一萬公斤價款	五四〇〇 〇〇	
中國興業公司	代造鋼錠模等價款	二九三二 一八	
民生机器廠	領鐵板除交鋼板價款抵欠等	六一八 五六	
砲兵技術研究處	各式傳爆管附件價款	五五三 四三	
第二十三工廠	鹽酸三種價款	一二八 八六	

14-1

第二中一工厰 樣板琴鋸等款 二八五七六六一

合計 三四八三九九

0 0020

20

接任軍政部兵工署第五十五廠廠長丁天雄

卸軍政部兵工署第五十五廠廠長江杓

經收人

經交人曾邦熙

監盤委員兵工署科長馬維軌

中華民國三十年三月二十四日

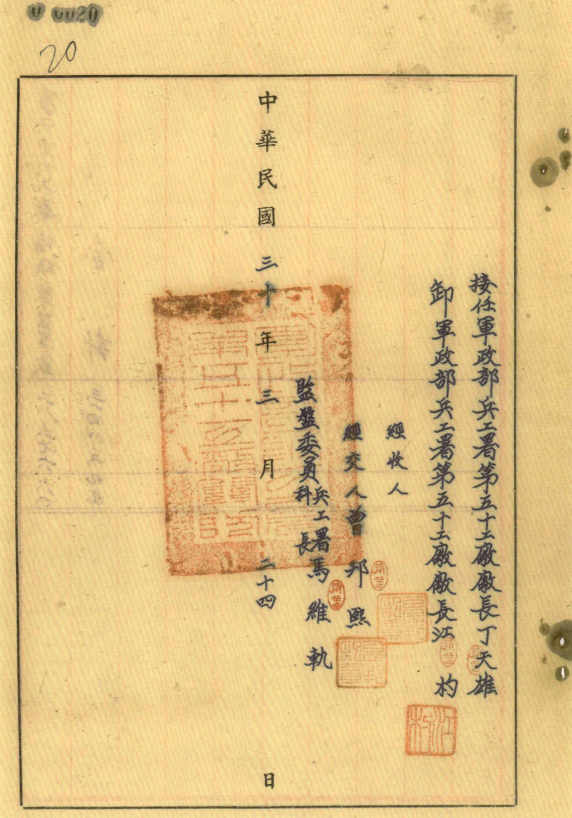

军政部兵工署第五十工厂一九四〇年度经费概况表（建设费之部）（一九四一年四月）

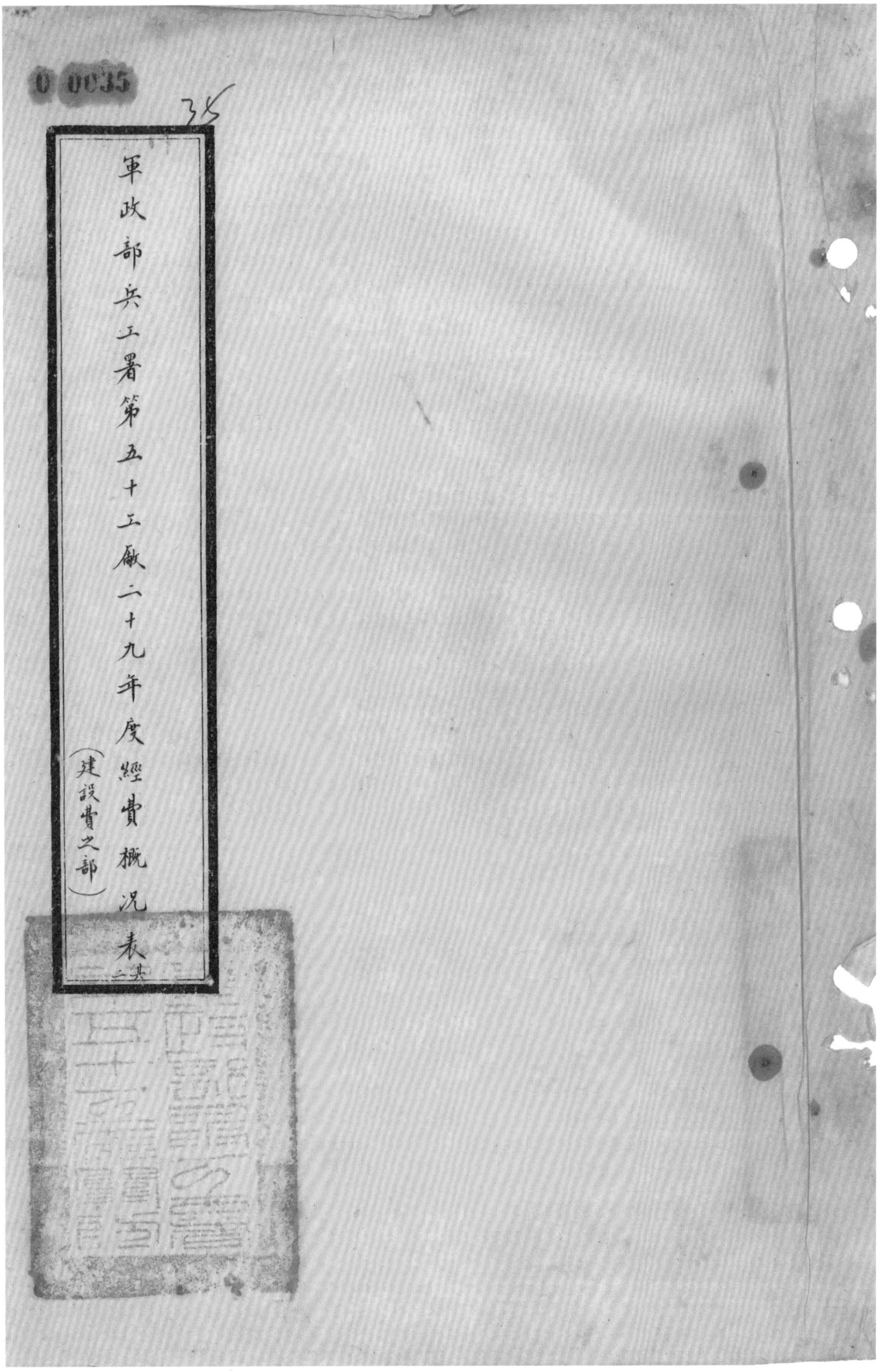
0 0035

35

軍政部兵工署第五十工廠二十九年度經費概況表 其二

（建設費之部）

軍政部兵工署第五十工廠

二十九年度經費概況表　0 0036　36

建設費(包括各項事業經費及經常費)之部　29年12月31日

經費別	說明	收入：廿九年以前收入數	收入：廿九年收入數	收入：合計	支出：廿九年以前支出數	支出：廿九年支出數	支出：合計	比較：不足	比較：剩餘	備註
廿六年度　經常費	剩餘數轉來	28.019 19		28.019 19		01	01		28.019 18	支出.01係指轉帳更正數
〃　建設費	同年度之購置材料等費在內	105.000 00		105.000 00	84.645 27	9.470 93	94.116 20		10.883 80	
廿七年度　經常費	廿七年7-12月份經常費	236.081 60		236.081 60	169.485 32	7.678 30	177.163 62		58.917 98	支出數係奉准撥充前百水[illegible]研究所27年9-12月職員俸給費
〃　建設費	建築設備等費均在內	1.232.355 00		1.232.355 00	881.844 52	116.135 95	997.980 47		234.374 53	支出數包括撥充本廠搬遷費#95356.23在內
廿八年度　李王兩員赴歐旅費	李廠長式白王技術員運豐奉派赴德採購三七平射砲機料	23.833 90		23.833 90	11.803 56		11.803 56		12.030 34	
〃　建設費	建築設備等費均在內	1.650.000 00	600.918 07	2.250.918 07	1.237.426 74	166.128 63	1.403.555 47		847.362 60	支出數包括同年度經常費在其節餘項下開支之各項[illegible]
〃　技工訓練班開辦費	奉國防工業委員會命令辦理		250.000 00	250.000 00					250.000 00	
〃　經常費	〃		67.000 00	67.000 00					67.000 00	
廿九年度　建設費	建築設備等費均在內		2.400.000 00	2.400.000 00		2.029.862 93	2.029.862 93		370.137 07	支出數包括預付工程
〃　第一技工學校各項作業開辦費	包括廿九年1-7月技校修繕機器房屋等費以及白鶴廠開辦費桑田開辦費均在內					237.266 09	237.266 09	237.266 09		
〃　各項工程米貼	動力廠土石方及防空洞工程米貼					11.730 15	11.730 15	11.730 15		
價讓建築材料收入	依合約價讓各承包商之水泥火磚等材料		126.616 35	126.616 35					126.616 35	
收存入工程保証金	依合約收存各承包商之工程保証金		33.040 00	33.040 00					33.040 00	
墊付製造費	製造費因一時不敷週轉故暫向建設費挪用					1.745.009 45	1.745.009 45	1.745.009 45		
	總計	3275289 69	3477574 42	6752864 11	2385205 51	4323282 44	6708487 95		44376 16	

0 0037 37

中華民國三十年四月　日

計

准內奉及
費在內經業只

費在內

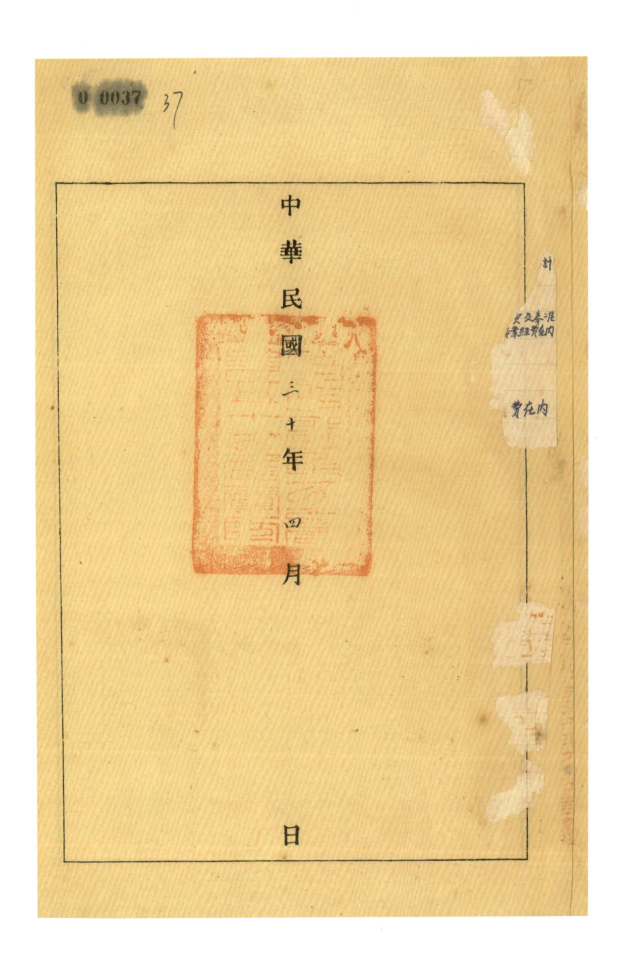

军政部兵工署第五十工厂一九四〇年度经费概况表（制造费之部）（一九四一年四月）

0 0038

38

軍政部兵工署第五十工廠二十九年度經費概況表

（製造費之部）（其一）

军政部兵工署第五十工厂

廿九年度经费概况表

製造費之部

35

0039

29年12月31日

科目	摘要	收入：廿九年以前收入数	收入：廿九年收入数	收入：合计	支出：廿九年以前支出数	支出：廿九年支出数	支出：合计	结余
成品解缴	订造、加造、代造、及修械费	714.715 35	1.288.287 22	2.003.002 57				
艺校解缴品	琴弦		564.368 00	564.368 00				
利息收入	结至廿八年12月份止经费存息	19.005 03		19.005 03				
租金收入	房地租收入均在内	5.407 77	11.381 60	16.789 37				
罚款收入			16 53	16 53				
赔偿收入			585 41	585 41				
杂项收入			406 14	406 14				
变价收入			128.131 78	128.131 78				
公积金	指廿九年年底止除开支外余存数		1.183 58	1.183 58				
暂收款	廿九年年底止余存额		60.856 32	60.856 32				
保管款	〃		33.981 81	33.981 81				
应付帐款	〃		2.031 39	2.031 39				
应付薪工	廿九年年底止余存额		4.162 13	4.162 13				
兵工署往来	廿九年年底止结欠兵工署款		3.503.983 80	3.503.983 80				
借移建设费	製造费不敷周转暂向建设费挪用		1.745.009 45	1.745.009 45				
材料	外购材料				711.416 83	3.106.684 75	3.818.101 58	
工资	机械士、长伕、小工工资均在内				87.796 44	757.621 08	845.417 52	
製造费用	包括于运费、特别办公费、主食费、补助金及加工出薪等费在内				24.831 65	381.844 53	406.676 18	
艺校製造费	琴弦製造费					373.159 73	373.159 73	
预付价款	廿九年年底止未收精数					1.013.081 79	1.013.081 79	
预付费用	〃					135 00	135 00	
应收帐款	〃					92.951 98	92.951 98	
蓉艺校往来	〃					964.873 90	964.873 90	
暂付款	〃					118.911 01	118.911 01	
存出保证金	存出房屋押租电表押金等					2.211 15	2.211 15	
备用金	各部份领备采购及其他支用					61.212 52	61.212 52	
中信局存款	存该局之军人储蓄等项					42.487 26	42.487 26	
员工借支	结至廿九年年底止未收回数					221.772 77	221.772 77	
总计		739.128 15	7.344.385 56	8.083.513 71	824.044 92	7.136.947 47	7.960.992 39	122.521 32

0 0040

40

中華民國三十年四月　　日

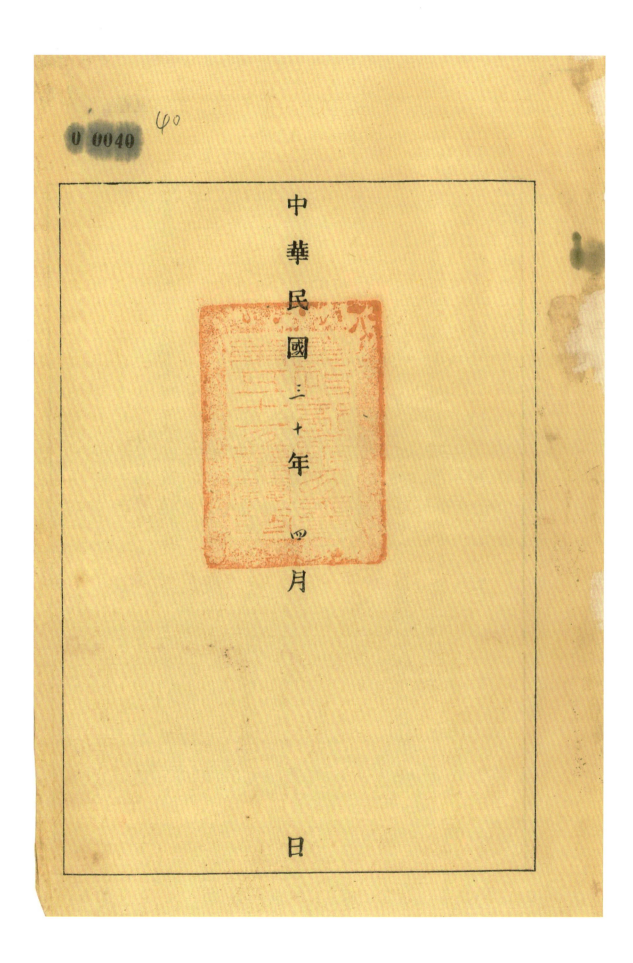

军政部兵工署为核复第五十工厂一九三八年度搬运费支出计算书的指令（一九四一年七月二十二日）

23668

224

军政部兵工署 指令

事由：據呈該廠廿七年度搬運費支出計算書經轉奉部令核示令仰知照由

中華民國三十年七月廿二日 渝 字第 號

令第五十工廠

二十九年九月廿七日廠（元）發字第二〇二五號呈一件，為造送二十七年度搬運費預計算書類，請鑒賜存轉准予核銷由。

呈件均悉。經轉奉

軍政部會（卅）審渝字第四二二九四號指令開：

「呈件均悉。據報列支國幣貳拾捌萬伍仟叁百伍拾陸元捌角叁分，審核完發尚屬相符，姑准如數列報，除轉咨審計部核復外，仰即知照，附件存轉。」

等因。茲抄發原件，仰即知照。此令。

附發審核書一件

署長 俞大維

監印 楊揚熙

8183

205

軍政部

各機關部隊支出計算書類審核書

字第　號（　）

民國　年　月　日

附存件　送件　件

機關部隊名稱	兵工署第五十工廠
主官姓名	江杓
案由	搬運費計算書

年度	月份	費別	轉入數	領入數	預算數	原報數	結存數	剔除數	准報數	備考
二七		搬運		九〇〇〇〇.〇〇		二八五三五六.八三	九五三五六.八三		二八五三五六.八三	[illegible]
合計										

審核事項

核與相符，准予列報國幣貳拾捌萬五千叁百五拾陸元捌角叁分。

注意事項

二十七年度計算案于卅年度始行報核，殊屬不合，嗣後注意為要。

（收文　字　號）

军政部兵工署第五十工厂为报送一九四二年度迁建支出概算书表致杨继曾的代电（一九四一年十二月二日）

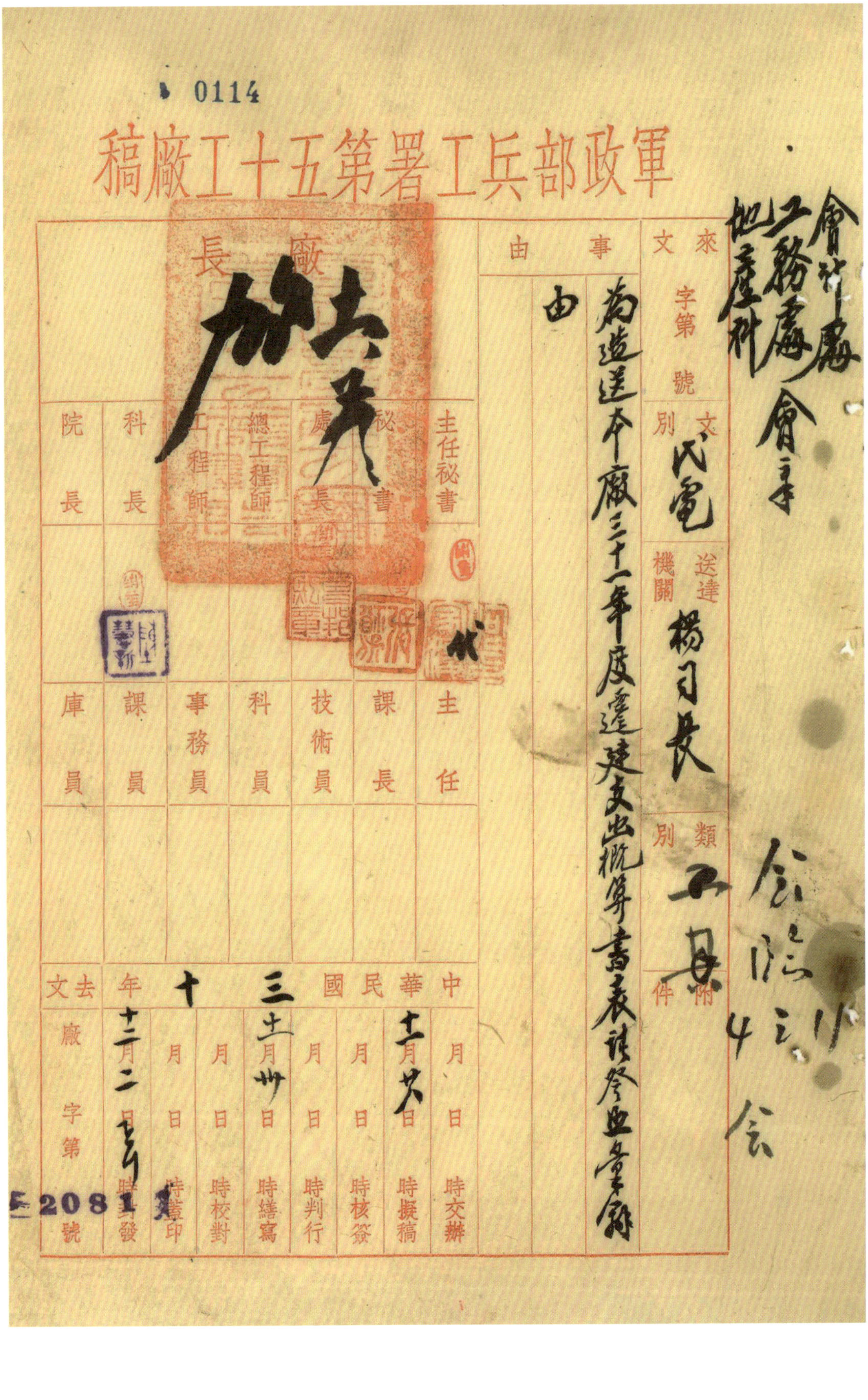
0114

軍政部兵工署第五十工廠稿

來文 字第 號

文別 代電

送達機關 楊司長

類別 附件 一具

事由 為遞送本廠三十一年度遷建支出概算書表請察照由

廠長

主任秘書 秘書 處長 總工程師 工程師 科長 院長

主任 課長 技術員 科員 事務員 課員 庫員

中華民國 三十 年

交辦 月 日 時

擬稿 十二月廿六日 時

核簽 月 日 時

判行 月 日 時

繕寫 十二月卅日 時

校對 月 日 時

蓋印 月 日 時

封發 十二月二日 時

去文 廠 字第 20811 號

114-1

代電

重慶兵工署楊司長君毅兄勛鑒：渝製(卅)丙字第10891號艷代電奉悉，茲將本廠三十一年度遷建費支出概算書、計劃進度及概算對照表、遷建計劃配合計算表、建築進行計劃表分別編造完竣，相應檢同原書表，隨電送達，希即鑒照，惠予彙轉為荷。弟丁○○陷印

附送本廠三十一年度遷建費支出概算書

計劃進度及概算對照表

遷建計劃配合計算表

0115

建築進行計劃表

以上書表各十一份

稿

兵工署第五十工廠

三十一年度遷建費支出概算書

0116

款	項	目	科目	概算數	備註
1			本廠遷建費	38,500,000.00	
	1		建築費	25,000,000.00	
		1	製砲所山洞廠房開鑿工程	3,500,000.00	
		2	製砲所山洞廠房結砌工程	3,500,000.00	
		3	遷平機動力廠第一類工程	400,000.00	十一份
		4	遷平機動力廠第二、三、四類工程	900,000.00	
		5	精確室及山洞器材庫山洞結砌工程	1,000,000.00	
		6	工具所增建山洞廠房工程	150,000.00	
		7	改造鑄工所第一廠房增建熔銅房及廁所	500,000.00	
		8	遷平機欄河堤第二期護灘及下水道工程	600,000.00	
		9	第三批職員住宅及道路涵洞工程	2,500,000.00	
		10	銅鑼峽第四機械士食堂及分診所	440,000.00	
		11	銅鑼峽工務處工程師室檢驗科辦公室	300,000.00	
		12	第三批職員住宅區防空山洞及器材庫	900,000.00	
		13	鑼旗寺宿舍區增加防空洞	550,000.00	
		14	銅鑼峽機械士宿舍工程	650,000.00	
		15	郭家沱保管料庫房	300,000.00	
		16	鍛工所銅鑼峽山洞廠房	600,000.00	
		17	彈夾所大興場山洞廠房開鑿工程	3,500,000.00	
		18	彈夾所大興場山洞廠房結砌工程	3,500,000.00	
		19	火工所大興場新建廠房及碼頭道路	750,000.00	
		20	其他	460,000.00	
	2		設備費	13,500,000.00	
		1	製砲所添配機件費	4,018,125.00	
		2	工具所添配機件費	1,972,500.00	
		3	精確研究室添配儀器費	3,835,000.00	
		4	水電設備費	1,564,050.00	
		5	運輸器材及設備	1,351,200.00	
		6	其他及臨時設備費	1,759,125.00	

廠長　　　　會計處長

編製日期：[illegible]年11月18日

附（二）军政部兵工署第五十工厂一九四二年度计划进度及概算对照表

0121

稿

軍政部兵工署第五十工廠三十一年度計劃進度及概算對照表

計劃類別	計劃項目	分期進度	國庫負擔每期支出合計（歲出預算科目）	金額	每項支出合計（歲出預算科目）	金額	每類支出合計（歲出預算科目）	金額
遷建	製砲所山洞廠房開鑿工程	上半年全部完成	第一款第一項第一目	三、五〇〇、〇〇〇元				
	製砲所山洞廠房繼續工程	上半年完成百分之三十	第一款第一項第二目	一、〇五〇、〇〇〇				
	仝右	下半年完成百分之七十	仝右	二、四五〇、〇〇〇				
	遷平機動山廠廠房	上半年完成廠房工程	第一款第一項第三目	四〇〇、〇〇〇				
	仝右	下半年完成護土牆及防炸構造	第一款第一項第四目	九〇〇、〇〇〇				
	精礎室及山洞器材庫山洞繼續工程	上半年完成百分之二十	第一款第一項第五目	二〇〇、〇〇〇				
	仝右	下半年完成百分之八十	仝右	八〇〇、〇〇〇				

計劃部份　　概算部份

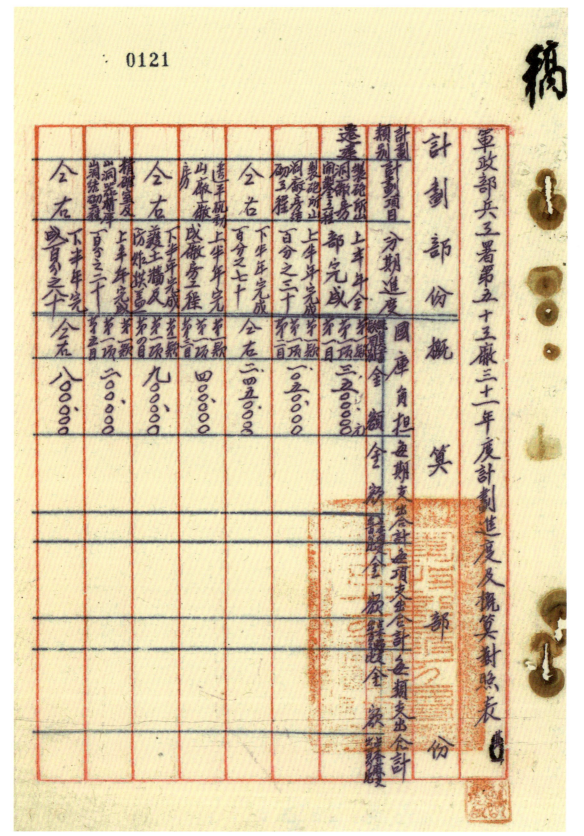

121-1

工具贮山洞厂房工程	下半年全部完成	第一款第一项第六目	一五〇、〇〇〇
改造锅炉及建造烟囱发电厂房及厕所工程	下半年全部完成	第一款第一项第七目	五〇〇、〇〇〇
逐年栽植河堤护滩及下水道工程	上半年完成	第一款第一项第八目	六〇、〇〇〇
第三批职员住宅及道路、涵洞工程	上半年全部完成	第一款第一项第九目	二、五〇〇、〇〇〇
修理锻[illegible]机械士食堂及[illegible]所	上半年完成百分之二十五	第一款第一项第十目	一一〇、〇〇〇
仝右	下半年完成百分之七十五	仝右	三三〇、〇〇〇
铜锣山[illegible]工程师[illegible]公[illegible]	下半年全部完成	第一款第一项第十一目	三〇〇、〇〇〇
第二批职员住宅及防空洞及器材库	上半年完成百分之六十	第一款第一项第十二目	五四〇、〇〇〇
仝右	下半年完成百分之四十	仝右	三六〇、〇〇〇
[illegible]防空洞工程	上半年完成百分之六十	第一款第一项第十三目	三三〇、〇〇〇

0122

鍛樣手營窑增加防空洞工程	下半年完成百分之四十	第一款第一項第十三目	三〇〇,〇〇〇
銅罐峽機械土窑全工程	上半年完成百分之二十五	第一款第一項第十四目	一六二,五〇〇
仝右	下半年完成百分之七十五	仝右	四七,五〇〇
郭家沱碼頭營料屋等	下半年全部完成	第一款第一項第十五目	五〇〇,〇〇〇
鍛工所銅罐峽山洞廠房等	下半年全部完成	第一款第一項第十六目	六〇〇,〇〇〇
彈夾所大興場山洞廠房開鑿工程	上半年全部完成	第一款第一項第十七目	三,五〇〇,〇〇〇
彈夾所大興場山洞廠房結構工程	上半年完成百分之二十五	第一款第一項第十八目	八,七五〇,〇〇〇
仝右	下半年完成百分之七十五	仝右	六,一六二,五〇〇
火工所大興場廠房及碼頭道路	下半年全部完成	第一款第一項第十九目	七五〇,〇〇〇
其他雜項工程	上半年完成百分之六十	第一款第一項第廿目	二七六,〇〇

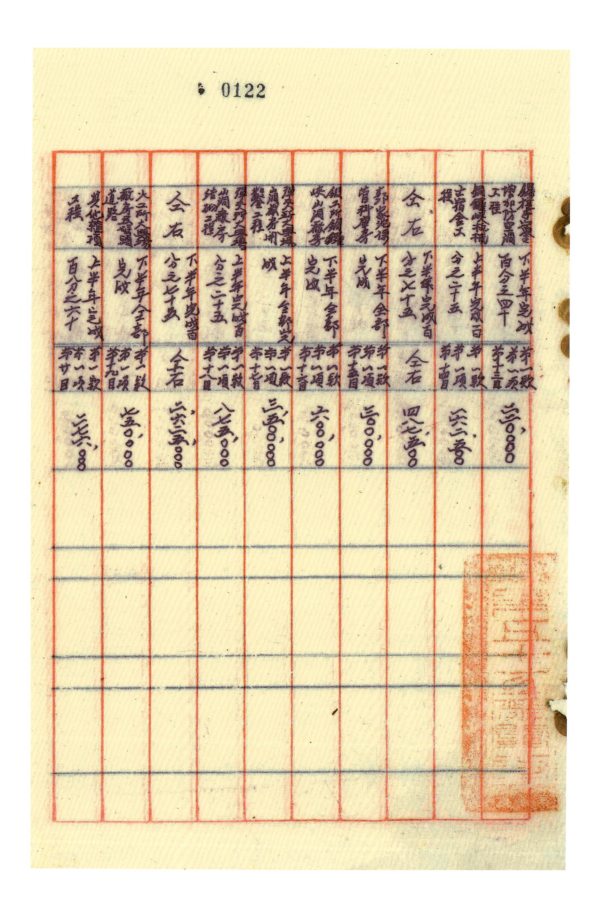

122-1

名稱	說明	科目	金額	小計	共計
其他雜項工程	下半年完成百分之四十	第一款第八項第廿目	八,四〇〇		
	第一項上半年節（第一期）支出合計			四,四四三,五〇〇 56.17%	
	第一項下半年節（第二期）支出合計			三,四五六,五〇〇 43.83%	
	第一項支出共計				壹,〇〇〇,〇〇〇 64.94%
製配所添配機件	上半年添配各式車鉄刨床約四部	第一款第六項第八目	三,五〇九,四三五		
仝右	下半年添配砂輪機及八寸虎鉗鋼銼等件	仝右	五〇八,五八〇		
工具所添配機件	上半年添配各式車鉄磨鑽床約五部及各種工具	第一款第六項第六目	一,九七二,五〇〇		
精研所添配儀器	上半年添配長度角度螺絲齒輪及各種測量儀器等件	第一款第六項第三目	六,八三五,〇〇〇		
水電設備	上半年添配各式電線電纜等件	第一款第六項第四目	四六九,六一五		
仝右	下半年添配各種電動機及給水裝置等件	仝右	一,〇九四,八三五		

0123

運輸器材及設備	上半年購備汽船一艘及木駁十艘	第一款第二項第五目	二七〇,四四〇						
仝右	下半年購備輕便鐵軌起重机及膠輪大車等件	仝右	一,〇一〇,九八〇						
其他臨時設備	下半年購備繪圖儀器印刷机計算机等件	第一款第二項第六目	一,七四九,一五〇						
	第二項上半年(即第一期)支出合計			九,〇五六,五〇〇	67.09%				
	第二項下半年(即第二期)支出合計			四,四四三,五〇〇	32.91%				
	第二項支出共計					一三,五〇〇,〇〇〇	35.06%		
	本類支出總計							三八,五〇〇,〇〇〇	20.1%

稿

0117

軍政部兵工署第五十工廠三十一年度遷建計劃配合計算表

甲、預定限度：1. 續建各製造所及山洞廠房及員工宿舍
2. 添配製造械彈及工作樣板之機器工具及儀器
3. 完成供電、供水及運輸設備

乙、計劃限度：與預定限度同

必備條件		預定數字：質	預定數字：量	已有數字：數字	已有數字：供給機關	可得數字：數字	可得數字：供給機關	決定數字
人	工程師		二七人	二〇人	本廠及各營造廠	七	臨時僱用	
	監工		五〇人	二五	仝右	二五	仝右	
員	工人		一二五〇人	七〇〇	各營造廠	五五〇	仝右	
經費	國幣		三八五〇〇,〇〇〇	三八五〇〇,〇〇〇	在本廠遷建費預算內支用			
物	鋼筋		五〇噸	無		五〇噸	第二十四[illegible]廠	

軍政部兵工署第五十工廠公文紙

117-1

水泥	五,000桶	無		五,000桶	四川水泥公司
水灰	五00噸	〃		五00噸	建成水灰廠
石灰	二,000噸	〃		二,000噸	臨時採購
木料	一0,000立方公尺	〃		一0,000立方公尺	〃
磚	一00,000塊	〃		一00,000塊	〃
瓦	一,000,000疋	〃		一,000,000疋	〃
鉄钉	二五噸	〃		二五噸	〃
河沙	一0,000立公	〃		一0,000立公	就地採運
条石	五0,000条	〃		五0,000条	〃
石料	二0,000立公	〃		二0,000立公	

0118

車床	二〇部	無		二〇部	
中型立銑	一〇部	〃		一〇部	
臥銑	五部	〃		五部	〃
小刨床	五部	〃		五部	〃
大萊横銑	四部	〃		四部	〃
砂輪機	一部	〃		一部	〃
分度刻綫機	一部	〃		一部	〃
元車床	一〇部	〃		一〇部	〃
鏇齒車床	一部	〃		一部	〃
萬能銑床	一部	〃		一部	〃

軍政部兵工署第五十工廠公文紙

在國內或國外購置

118-1

鑽床	一部	無		一部	在國內或國外購買
工具磨床	一部	〃		一部	〃
萬能立銑床	一部	〃		一部	〃
輕便鉄軌	一〇公里	〃		一〇公里	〃
平車	六部	〃		六部	在國內購買
膠輪大車	一〇部	〃		一〇公里部	〃
電汽絞車	一部	〃		一部	〃
汽船	二艘	〃		一艘	〃
木駁	一〇艘	〃		一〇艘	〃
小噸起重機	二副	〃		二副	〃

料					時間
一寸鉛絲	四分鉛絲	水雷設備材料	各式精確測量儀器	其他雜料	
四〇〇公尺	四〇〇公尺	約一〇噸	約一〇〇公斤	約一〇〇噸	一年（分上下兩期）
無	〃	〃	〃	〃	〃
四〇〇公尺	四〇〇公尺	約一〇噸	約一〇〇公斤	約一〇〇噸	
在國內採購		〃	〃	〃	

軍政部兵工署第五十工廠公文紙

附（四）军政部兵工署第五十工厂建筑进行计划表

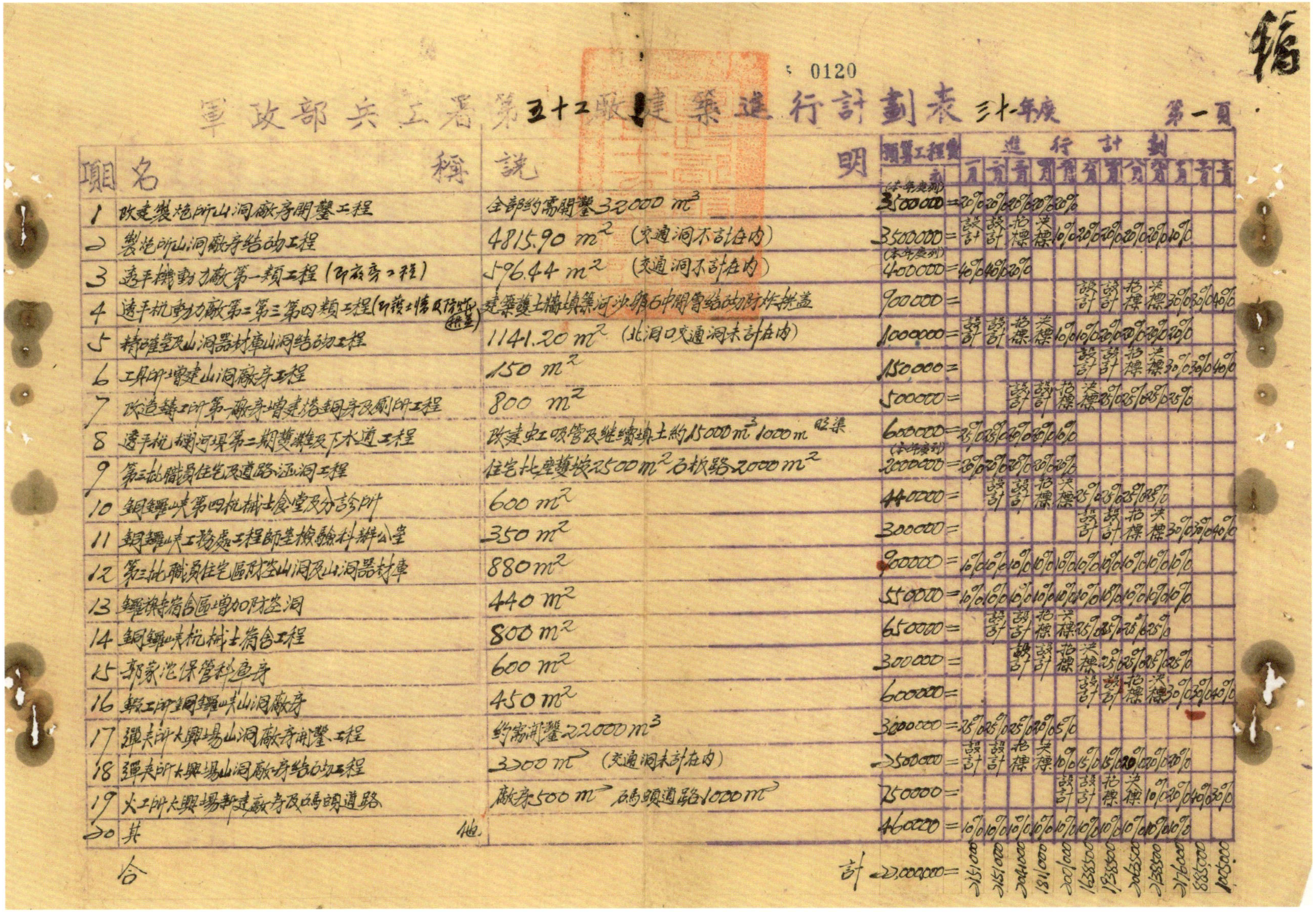

0120

軍政部兵工署第五十工廠建築進行計劃表 三十一年度 第一頁

項	名稱	說明	預算工程費（元）	一月	二月	三月	四月	五月	六月	七月	八月	九月	十月	十一月	十二月
1	改建製炮所山洞廠房開鑿工程	全部約需開鑿32000 m³	（本年度列）3500000=	20%	20%	20%	20%	20%							
2	製炮所山洞廠房結砌工程	4815.90 m²（交通洞不計在內）	3500000=	設計	設計	招標	決標	10%	20%	20%	20%	20%	10%		
3	透平機動力廠第一類工程（即石方工程）	596.44 m²（交通洞不計在內）	（本年度列）400000=	40%	40%	20%									
4	透平機動力廠第二第三第四類工程（即護土牆及防炸設施）	建築護土牆填築河沙卵石中間豎結石加防炸設施	900000=						設計	設計	招標	決標	30%	30%	40%
5	精確室及山洞器材庫山洞結砌工程	1141.20 m²（北洞口交通洞未計在內）	1000000=	設計	設計	招標	決標	10%	10%	20%	20%	20%	20%		
6	工具所增建山洞廠房工程	150 m²	150000=						設計	設計	招標	決標	30%	30%	40%
7	改造鑄工所第一廠房增建熔銅房及廁所工程	800 m²	500000=			設計	設計	招標	決標	25%	25%	25%	25%		
8	透平機攔河堤第二期護堤及下水道工程	改建虹吸管及繼續填土約15000 m³ 1000 m 明渠	600000=	25%	25%	20%	20%	10%							
9	第三批職員住宅及道路添洞工程	住宅地基護坡2500 m² 石板路2000 m²	（本年度列）2000000=	20%	20%	20%	20%	20%							
10	銅鑼峽第四批械士食堂及分診所	600 m²	440000=		設計	設計	招標	決標	25%	25%	25%	25%			
11	銅鑼峽工務處工程師室檢驗科辦公室	350 m²	300000=						設計	設計	招標	決標	30%	30%	40%
12	第三批職員住宅區防空山洞及山洞器材庫	880 m²	900000=	10%	10%	10%	10%	10%	10%	10%	10%	10%	10%		
13	鐘旗宿舍區增加防空洞	440 m²	550000=	10%	10%	10%	10%	10%	10%	10%	10%	10%	10%		
14	銅鑼峽械士宿舍工程	800 m²	650000=		設計	設計	招標	決標	25%	25%	25%	25%			
15	郭家沱保管科庫房	600 m²	300000=			設計	設計	招標	決標	25%	25%	25%	25%		
16	鍛工所銅鑼峽山洞廠房	450 m²	600000=						設計	設計	招標	決標	30%	30%	40%
17	彈夫所大興場山洞廠房開鑿工程	約需開鑿22000 m³	3000000=	25%	25%	25%	20%	5%							
18	彈夫所大興場山洞廠房結砌工程	3200 m²（交通洞未計在內）	2500000=	設計	設計	招標	決標	10%	15%	15%	20%	20%	20%		
19	火工所大興場新建廠房及碼頭道路	廠房500 m² 碼頭道路1000 m²	250000=					設計	設計	招標	決標	10%	20%	40%	30%
20	其他		460000=	10%	10%	10%	10%	10%	10%	10%	10%	10%	10%		
	合計		22,000,000=	2151000	2151000	2041000	1811000	2001000	1638500	1938500	2063500	2138500	2176000	885000	1005000

稿

军政部兵工署第五十工厂为报送一九四二年度迁建费支出概算书等致兵工署制造司的代电
（一九四二年一月三十一日）

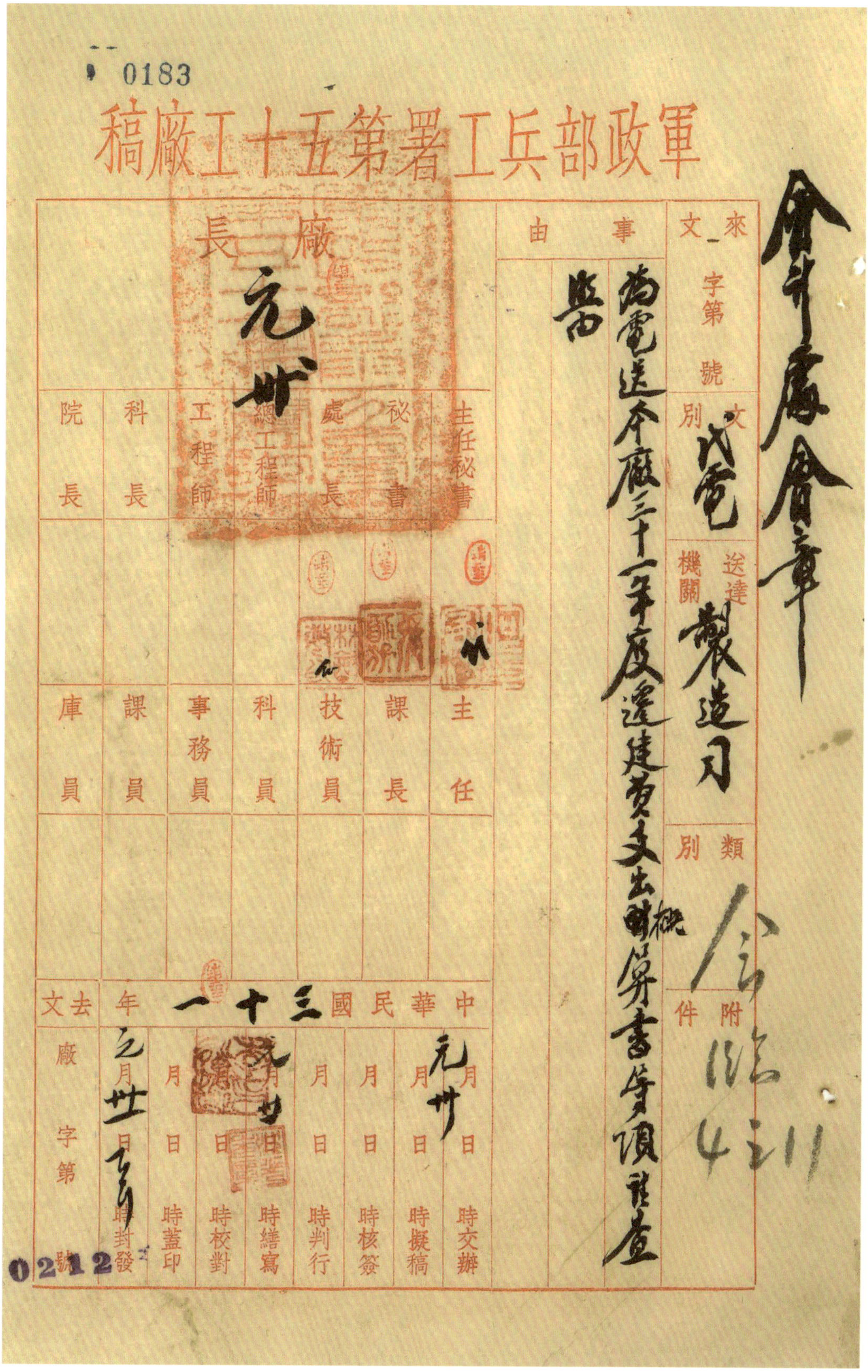
0183

軍政部兵工署第五十工廠稿

來文字第號

文別 代電

送達機關 製造司

類別

附件

事由 為電送本廠三十一年度遷建費支出概算書等項請查照

廠長 元卅

院長 科長 工程師 總工程師 處長 秘書 主任秘書

庫員 課員 事務員 科員 技術員 課長 主任

中華民國三十一年

去文 廠字第 號

0212

184

代電

兵工署製造司楊司長〔繼曾〕鈞鑒：渝製(卅)丙字第13199號卅代電暨表均奉悉。查本廠三十一年度遷建費支出概算書及遷建計劃配合計算表暨計劃進度及概算對照表現經編造齊全，相應電請鑒查。並至建設費月份分配表六份業經編就呈 署核，合併敘明。五廠丁〇〇 卅印

附送三十一年度遷建費支出概算書十一份

又 遷建計劃配合計算表十一份

又 計劃進度及概算對照表十一份

0189

兵工署第五十工廠
三十一年度遷建費支出概算書

款	項	目	科目	概算數	備考
1			本廠遷建費	30,000,000.00	
	1		建築費	20,750,000.00	
		1	砲所山洞開鑿工程	3,500,000.00	
		2	〃 結砌	3,500,000.00	
		3	透平機動力廠〃〃工程	400,000.00	
		4	〃 二、三、四 〃	900,000.00	
		5	精研室及器材庫山洞結砌	1,000,000.00	
		6	工具所增建山洞廠房	150,000.00	
		7	鑄工所第一廠房增建熔銅房及廁所	500,000.00	
		8	透平機攔河壩二期護灘及下水道工程	600,000.00	
		9	第三批職員住宅及道路涵洞工程	2,500,000.00	
		10	銅鑼峽第四機械士食堂及分診所	440,000.00	
		11	〃 工務處工程師室、檢驗科辦公室	300,000.00	
		12	第三批職員住宅區防空山洞及器材庫	900,000.00	
		13	羅旗寺宿舍區增加防空洞	550,000.00	
		14	銅鑼峽機械士宿舍工程	650,000.00	
		15	郭家沱保管科庫房	300,000.00	
		16	鍛工所銅鑼峽山洞廠房	600,000.00	
		17	彈夾所大具場山洞廠房開鑿工程	3,500,000.00	
		18	其他	460,000.00	
	2		設備費	9,250,000.00	
		1	砲所添配機件費	2,678,750.00	
		2	工具所 〃	1,315,000.00	
		3	精研室 〃 儀器費	1,890,000.00	
		4	水電設備費	1,042,700.00	
		5	運輸器材及設備費	900,800.00	
		6	其他及臨時 〃	1,422,750.00	

廠長　　會計處長　　編製日期：31年1月　日

附（二）军政部兵工署第五十工厂建筑进行计划表

0190

军政部兵工署第五十工厂建築進行計劃表 卅一年度　第一頁

項目	名稱	說明	預算工程費（元）		一月	二月	三月	四月	五月	六月	七月	八月	九月	十月	十一月	十二月
1.	改建製炮所山洞廠房開鑿工程	全部約需開鑿32000 m^3	（本年度列）3500000	=	20%	20%	20%	20%	20%							
2.	製炮所山洞廠房結砌工程	4815.90 m^2（交通洞不計在内）	3500000	=	設計	設計	招標	決標	10%	20%	20%	20%	20%	10%		
3.	遠平機動力廠第一類工程	596.44 m^2（交通洞不計在内）	（本年度列）400000	=	40%	40%	20%									
4.	遠平機動力廠第二第三第四類工程	建築雙土牆填築河沙卵石中間層結砌防炸洪蓋	900000	=						設計	設計	招標	決標	30%	30%	40%
5	精確室及山洞器材庫山洞結砌工程	1141.20 m^2（北進口交通洞未計在内）	1000000	=	設計	設計	招標	決標	10%	10%	20%	20%	20%	20%		
6	工具所增建山洞廠房工程	150 m^2	150000	=						設計	設計	招標	決標	30%	30%	40%
7.	改造鑄工所第一廠房增建熔銅房及廁所工程	800 m^2	500000	=			設計	設計	招標	決標	25%	25%	25%	25%		
8	遠平機械河填第二期護灘及下水道工程	改建虹吸管及繼續填土約15000 m^3，1000 m明渠	600000	=	25%	25%	20%	10%	10%							
9	第三批職員住宅及道路涵洞工程	住宅北座雙坡2500 m^2石板路2000 m^2	（本年度列）250000	=	10%	20%	20%	25%	25%							
10	銅鑼峡第四機械士食堂及分診所	600 m^2	440000	=		設計	設計	招標	決標	25%	25%	25%	25%			
11	銅鑼峡工務處工程師室檢驗科辦公室	350 m^2	300000	=						設計	設計	招標	決標	30%	30%	40%
12	第三批職員住宅區防空山洞及山洞器材庫	880 m^2	900000	=	10%	10%	10%	10%	10%	10%	10%	10%	10%	10%		
13	羅漢寺宿舍區增加防空洞	440 m^2	550000	=	10%	10%	10%	10%	10%	10%	10%	10%	10%	10%		
14	銅鑼峡機械士宿舍工程	800 m^2	650000	=		設計	設計	招標	決標	25%	25%	25%	25%			
15	郭家沱保管科庫房	600 m^2	300000	=			設計	設計	招標	決標	25%	25%	25%	25%		
16	鍛工所銅鑼峡山洞廠房（淬火部附）	450 m^2	600000	=						設計	設計	招標	決標	30%	30%	40%
17	彈夾所大興場山洞廠房開鑿工程	約需開鑿22000 m^3	3500000	=	25%	25%	25%	20%	5%							
18	其他		460000	=	10%	10%	10%	10%	10%	10%	10%	10%	10%	10%		
	合計		20950000	=												

附（三）军政部兵工署第五十工厂一九四二年度计划进度及概算表

0191

軍政部兵工署第五十工廠三十一年度計劃進度及概算表

計劃部份概算

計劃類別	計劃項目	分期進度	國庫負擔 預算書款項別	國庫負擔 金額	每期支出金額	[illegible]	[illegible]
遷建	砲彈廠山洞廠房開鑿工程	上半年全部完成	第一款第一項第一目	3,500,000元			
	砲彈廠山洞廠房砌結工程	上半年完成百分之三十	第一款第一項第二目	1,500,000			
	仝右	下半年完成百分之七十	仝右	2,450,000			
	遷平動力廠一類工程	上半年全部完成	第一款第二項第三目	400,000			
	遷平動力廠二三四類工程	下半年全部完成	第一款第一項第四目	900,000			
	精研室及宗材庫山洞砌結	上半年完成百分之二十	第一款第一項第五目	200,000			
	仝右	下半年完成百分之八十	仝右	800,000			

軍政部兵工署第五十工廠

181-1

工具所增建山洞廠房	下半年全部完成	第一款第一項第六目	一五〇,〇〇〇
鑄工所第一廠房、增熔銅房及廁所	下半年全部完成	第一款第一項第七目	五〇〇,〇〇〇
透平抗攔河堤三期護灘及下水道工程	上半年全部完成	第一款第一項第八目	六〇〇,〇〇〇
第三批職員住宅及道路涵洞工程	上半年全部完成	第一款第一項第九目	二五〇〇,〇〇〇
銅鑼峽第四机械士宿舍及分診所	上半年完成百分之二十五	第一款第一項第十目	一一〇,〇〇〇
仝右	下半年完成百分之七十五	仝右	三三〇,〇〇〇
銅鑼峽工務處工程室模驗料辦公室	上半年全部完成	第一款第一項第十一目	三〇〇,〇〇〇
第三批職員住宅區防空山洞及器材庫	上半年完成百分之六十	第一款第一項第十二目	五四〇,〇〇〇
仝右	下半年完成百分之四十	仝右	三六〇,〇〇〇
鑼旗寺宿舍區增加防空洞	上半年完成百分之六十	第一款第一項第十三目	三二〇,〇〇〇

軍政部兵工署第五十工廠

0192

	仝右	下半年完成百分之四十	仝右	二〇,〇〇〇	
	銅鏴峽機械士宿舍工程	上半年完成百分之二十五	第一款第一項第一四目	一六二,五〇〇	
	仝右	下半年完成百分之七十五	仝右	四八七,五〇〇	
	郭家沱保管料庫房	下半年全部完成	第一款第一項第一三目	三〇〇,〇〇〇	
	鐵工所銅鏴峽山洞廠房	下半年全部完成	第一款第一項第一六目	六〇〇,〇〇〇	
	彈夾所大丹場山洞廠房開鑿工程	上半年全部完成	第一款第一項第一五目	三五〇,〇〇〇	
	其他	上半年完成百分之六十	第一款第一項第一八目	二七六,〇〇〇	
	仝右	下半年完成百分之四十	仝右	一八四,〇〇〇	
		第一項上半年（即第一期）支出合計			一,三四六,八五〇	64.91%
		第一項下半年（即第二期）支出合計			七二八,一五〇	3509

軍政部兵工署第五十工廠

1P2-1

設備			
製炮所添配機件	上半年添配各式車床約四十四部	第一款第二項第一目	二三〇〇〇〇
仝右	下半年添配砂輪機及分度劃線機等件	仝右	三七八七五〇
工具所添配機件費	上半年添配各式車銑磨鑽床約15部及金鑄真	第一款第二項第二目	一三一五〇〇〇
精研室添配儀器	上半年添配長度潤度導線輪齒	第一款第二項第三目	一三五〇〇〇
仝右	下半年添配特種測量儀器	仝右	五四〇〇〇〇
水電設備	上半年添各式電線電纜等件電動機及給水裝置等件	第一款第二項第四目	一〇四二七〇〇
運輸器材及設備	上半年購備汽船一艘及木船十艘	第一款第二項第五目	五五〇〇〇
仝右	下半年購備輕便鐵軌起重機及膠輪大車	仝右	三五〇八七〇
其他及臨時設備	上半年購備繪圖校儀器印刷及建築等材料	第一款第二項第六目	二七三八〇〇
第一項支出共計			一〇七五〇〇〇
			69.17%

軍政部兵工署第五十工廠

仝右	下半年購備傢具及建築材料等	仝右 一二四八九五〇
第二項上半年（即第一期）支出合計	六八三一五〇〇	73.85%
第二項下半年（即第二期）支出合計	二四一八五〇〇	26.15%
第二項支出共計	九二五〇〇〇〇	30.83%
本類支出總計	三〇〇〇〇〇〇〇	

附（四）军政部兵工署第五十工厂一九四二年度迁建计划配合计算表

0194

軍政部兵工署第五十工廠三十一年度遷建計劃配合計算表

甲、預定限度：

1.續建各製造所之山洞廠房及員工宿舍

2.添配製造械彈及工作樣板之機器工具及儀器

3.完成供電、供水及運輸設備

乙、計劃限度：與預定限度同

必備條件	質	量（預定數字）	配合數字：已有數字	配合數字：已有數字供給機關	配合數字：可得數字	配合數字：可得數字供給機關	決定數字
人員	工程師	二七人	二〇人	本廠及各營造廠	七人	臨時僱用	
	監工	五〇人	二五人	〃	二五人	〃	
	工人	一三五〇人	七〇〇人	各營造廠	五五〇人	〃	
經費	國幣	三〇,〇〇〇,〇〇〇元	三〇,〇〇〇,〇〇〇元	在本廠遷建費預算內支用			
物	鋼筋	五〇噸	無		五〇噸	第二十四工廠	

軍政部兵工署第五十工廠

18K-1

水泥	五,〇〇〇桶	無		五,〇〇〇桶	四川水泥公司
水灰	五〇〇噸	〃		五〇〇噸	建成水灰廠
石灰	二,〇〇〇噸	〃		二,〇〇〇噸	臨時採購
木料	一〇,〇〇〇立方公尺	〃		一〇,〇〇〇立方公尺	〃
磚	一〇〇,〇〇〇塊	〃		一〇〇,〇〇〇塊	〃
瓦	一,〇〇〇,〇〇〇尺	〃		一,〇〇〇,〇〇〇尺	〃
鐵釘	二五噸	〃		二五噸	〃
河沙	一〇,〇〇〇立公	〃		一〇,〇〇〇立公	就地採運
条石	五〇,〇〇〇条	〃		五〇,〇〇〇条	〃
石料	二〇,〇〇〇立公	〃		二〇,〇〇〇立公	〃

軍政部兵工署第五十工廠

0195

車床	二〇部	無		二〇部	在國內或國外購置
中型立銑	一〇部	〃		一〇部	〃
臥銑	五部	〃		五部	〃
小刨床	五部	〃		五部	〃
大萊模銑	四部	〃		四部	〃
砂輪機	一部	〃		一部	〃
分度刻綫機	一部	〃		一部	〃
元車床	一〇部	〃		一〇部	〃
鏇齒車床	一部	〃		一部	〃
萬能銑床	一部	〃		一部	〃

軍政部兵工署第五十工廠

1PJ二,

鑽床	一部	無		一部	在國內或國外購置
工具磨床	一部	〃		一部	〃
萬能立銑床	一部	〃		一部	〃
輕便鐵軌	一百公里	〃		一百公里	〃
平車	六部	〃		六部	在國內購置
膠輪大車	一百部	〃		一百部	〃
電汽絞車	一部	〃		一部	〃
汽船	一艘	〃		一艘	〃
木駁	一百艘	〃		一百艘	〃
二十噸起重機	二副	〃		二副	〃

軍政部兵工署第五十工廠

0196

料						
一寸鋁絲	四〇〇公尺	無		四〇〇公尺在國內採購		
四分鋁絲	四〇〇公尺	〃		四〇〇公尺		
水電設備材料	約一〇噸	〃		約一〇噸	〃	
各式精確測量儀器	約一〇〇公斤	〃		約一〇〇公斤	〃	
其他雜料	約一〇〇噸	〃		約一〇〇噸	〃	
時間	一年（分上下兩期）					

軍政部兵工署第五十工廠

0197

軍政部兵工署第五十工廠建築進行計劃表 卅一年度　　第一頁

項目	名稱	說明	預算工程費（元）	一月	二月	三月	四月	五月	六月	七月	八月	九月	十月	十一月	十二月
1	改建製炮所山洞廠房開鑿工程	全部約需開鑿32000 m³	（本年度列）3500000	20%	20%	20%	20%	20%							
2	製炮所山洞廠房結砌工程	4815.90 m³（交通洞不計在內）	3500000	設計	設計	招標	決標	10%	20%	20%	20%	20%	10%		
3	遮平機動力廠第一類工程	596.44 m³（交通洞不計在內）	（本年度列）400000	40%	40%	20%									
4	遮平機動力廠第二第三第四類工程	建築黄土墻填築河沙卵石中間層結砌防炸拱蓋	900000						設計	設計	招標	決標	30%	30%	40%
5	精確室及山洞器材庫山洞結砌工程	1141.20 m³（北壯口交通洞未計在內）	1000000	設計	設計	招標	決標	10%	10%	20%	20%	20%	20%		
6	工具所增建山洞廠房工程	150 m³	150000						設計	設計	招標	決標	30%	30%	40%
7	改造鑄工所第一廠房增建熔銅房及廁所工程	800 m³	500000			設計	設計	招標	決標	25%	25%	25%	25%		
8	遮平機攔河堤第二期剪灘及下水道工程	改建虹吸管及繼續填土約15000 m³ 1000m明渠	600000	25%	25%	20%	20%	10%							
9	第三批職員住宅及道路涵洞工程	住宅十七座剪坡2500 m³ 石板路2010 m³	（本年度列）2500000	20%	20%	20%	20%	20%							
10	銅鑼峽第四機械士食堂及分診所	600 m³	440000		設計	設計	招標	決標	25%	25%	25%	25%			
11	銅鑼峽工務處工程師室檢驗料辦公室	350 m³	300000						設計	設計	招標	決標	30%	30%	40%
12	第三批職員住宅區防空山洞及山洞器材庫	880 m³	900000	10%	10%	10%	10%	10%	10%	10%	10%	10%	10%		
13	鑼旗寺宿舍區增加防空洞	440 m³	550000	10%	10%	10%	10%	10%	10%	10%	10%	10%	10%		
14	銅鑼峽機械士宿舍工程	800 m³	650000		設計	設計	招標	決標	25%	25%	25%	25%			
15	郭家沱保管料庫房	600 m³	300000			設計	設計	招標	決標	25%	25%	25%	25%		
16	鍛工所銅鑼峽山洞廠房（淬火部份）	450 m³	600000						設計	設計	招標	決標	30%	30%	40%
17	彈夹所大興場山洞廠開鑿工程	約需開鑿22000 m³	3500000	25%	25%	25%	20%	5%							
18	其他		460000	10%	10%	10%	10%	10%	10%	10%	10%	10%	10%		
	合計		20750000												

军政部兵工署第五十工厂为报送一九四三年度建设费预算分配表致兵工署的呈（一九四二年八月二十六日）

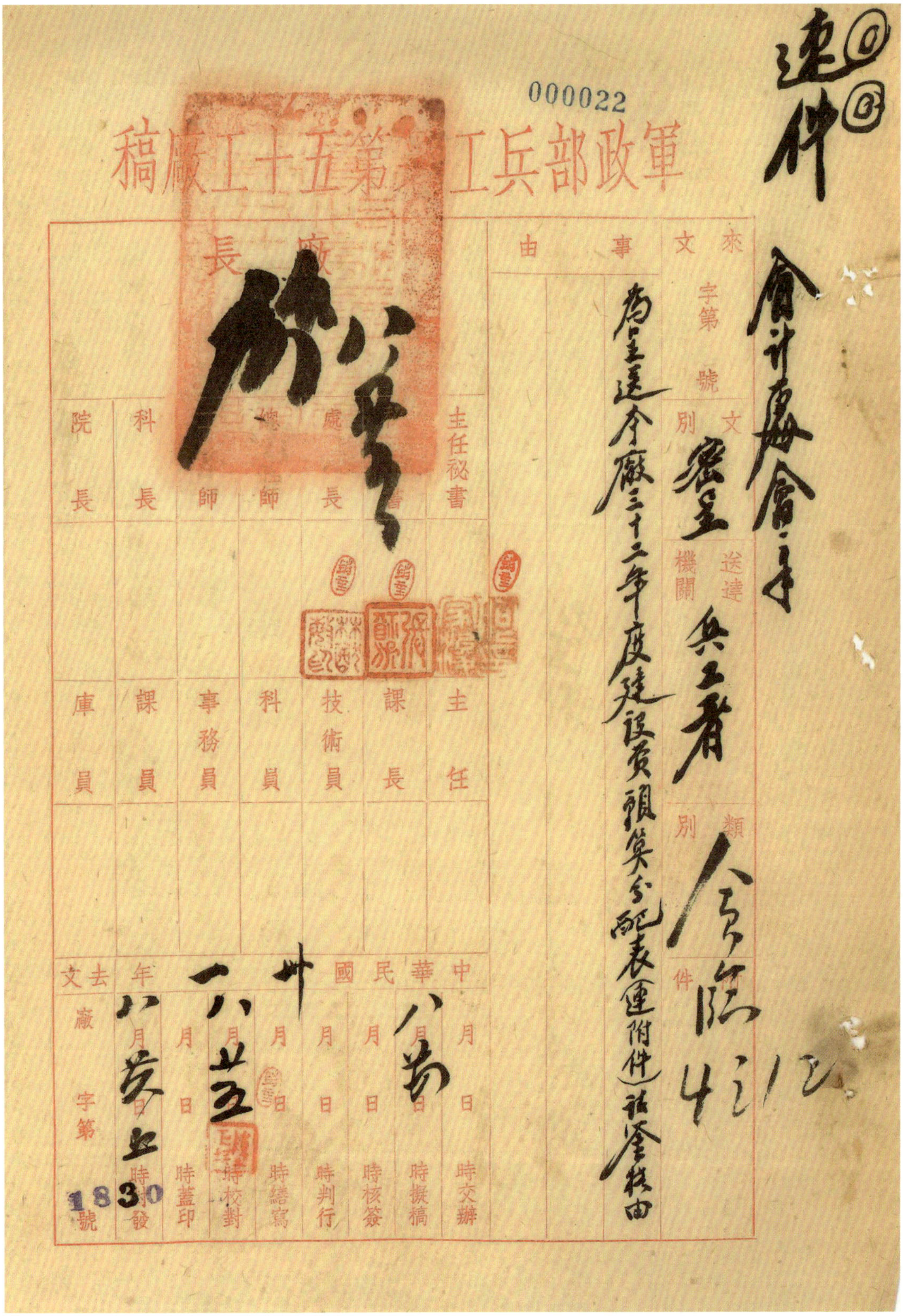

72-1

案奉

鈞署八月九日渝造(31)丙字第9256號訓令，為令

仰速照文列要點，編擬卅二年度建設計劃暨概

算十二份於文到二個月內呈核等因，奉此，

遵經依照規定預算數額，并參照本廠實

際需要情形，編造三十二年度建設費預算

分配表、計畫進度及概算對照表、建設計

畫配合計算表三種，理合備文呈送，仰祈

鑒核！

謹呈

000023

署長俞

計呈送本廠三十二年度建設費預算分配表十二份

三十二年度計畫進度及概算對照表十二份

三十二年度營建計畫配合計算表十二份

第五十工廠廠長丁〇〇

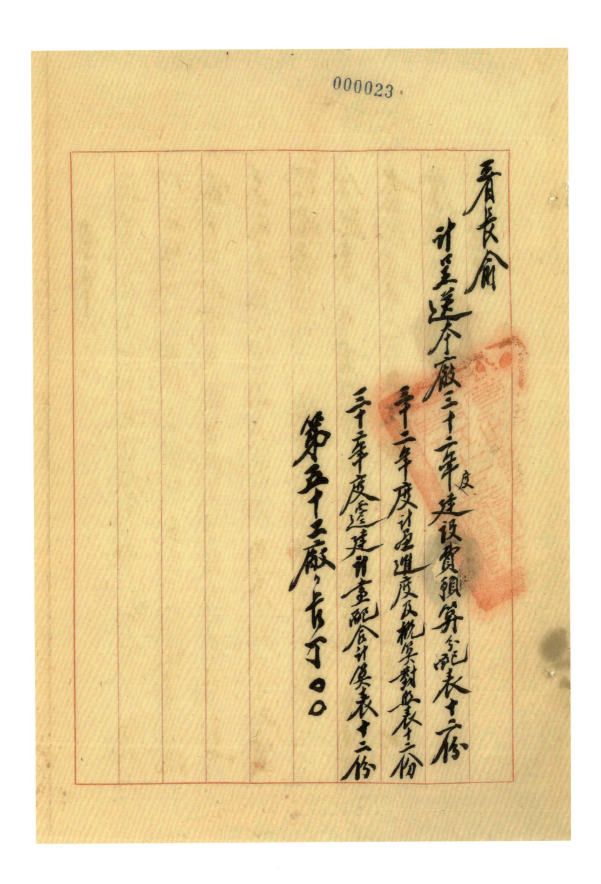

附（一）军政部兵工署第五十工厂一九四三年度建设费预算分配表

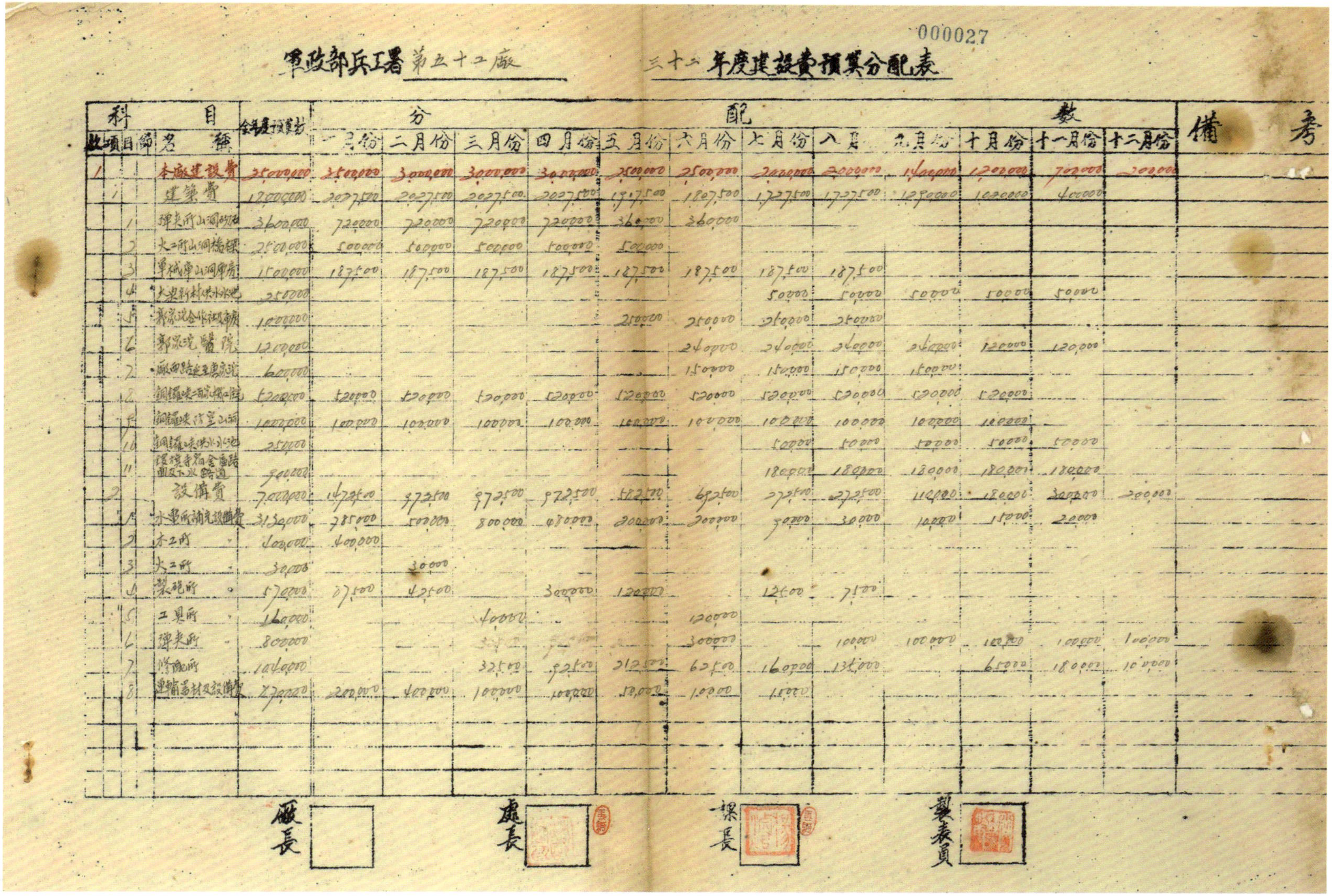

000027

軍政部兵工署第五十工廠　三十二年度建設費預算分配表

款	項	目	節	名稱	全年度預算數	一月份	二月份	三月份	四月份	五月份	六月份	七月份	八月份	九月份	十月份	十一月份	十二月份	備考
1				本廠建設費	25,000,000	2,500,000	3,000,000	3,000,000	3,000,000	2,500,000	2,500,000	2,000,000	2,000,000	1,400,000	1,200,000	700,000	200,000	
	1			建築費	17,000,000	2,027,500	2,027,500	2,027,500	2,027,500	1,917,500	1,807,500	1,727,500	1,727,500	1,290,000	1,020,000	400,000		
		1		彈夾所山洞防治	3,600,000	720,000	720,000	720,000	720,000	360,000	360,000							
		2		大工所山洞橋樑	2,500,000	500,000	500,000	500,000	500,000	500,000								
		3		軍械庫山洞庫房	1,500,000	187,500	187,500	187,500	187,500	187,500	187,500	187,500	187,500					
		4		大興新村供水水池	250,000							50,000	50,000	50,000	50,000	50,000		
		5		郭家沱合作社及庫房	1,000,000					250,000	250,000	250,000	250,000					
		6		郭家沱醫院	1,200,000						240,000	240,000	240,000	240,000	120,000	120,000		
		7		廠西路至惠家沱	600,000						150,000	150,000	150,000	150,000				
		8		銅鑼峽二車間機工廠	5,200,000	520,000	520,000	520,000	520,000	520,000	520,000	520,000	520,000	520,000	520,000			
		9		銅鑼峽防空山洞	1,000,000	100,000	100,000	100,000	100,000	100,000	100,000	100,000	100,000	100,000	100,000			
		10		銅鑼峽供水水池	250,000							50,000	50,000	50,000	50,000	50,000		
		11		深填寺宿舍區路面及下水路道	900,000							180,000	180,000	180,000	180,000	180,000		
	2			設備費	7,000,000	1,472,500	972,500	972,500	972,500	512,500	692,500	272,500	272,500	110,000	180,000	300,000	200,000	
		1		水壓所補充設備費	3,130,000	785,000	500,000	800,000	480,000	200,000	200,000	30,000	30,000	10,000	15,000	20,000		
		2		木工所	400,000	400,000												
		3		火工所	30,000		30,000											
		4		製砲所	570,000	27,500	42,500		300,000	120,000		12,500	7,500					
		5		工具所	160,000			40,000			120,000							
		6		彈夾所	800,000			[illegible]	[illegible]		300,000		100,000	100,000	100,000	100,000	100,000	
		7		修配所	1,040,000			32,500	92,500	212,500	62,500	160,000	135,000		65,000	180,000	100,000	
		8		運輸器材及設備費	2,720,000	200,000	400,000	100,000	100,000	50,000	10,000	15,000						

廠長　處長　課長　製表員

附（二）军政部兵工署第五十工厂一九四三年度计划进度及概算对照表

000034

已另發

軍政部兵工署第五十工廠三十二年度計劃進度及概算對照表

計劃部份			概算部份				
計劃類別	計劃項目	分期進度	概算書款項目	國庫負擔金額	每期支出合計金額	每項支出合計金額	每類支出合計金額
建築	彈夾廠山洞砌結工程	上半年全部完成	第一款第一項第一目	三六0,000			
	火工所山洞廠房及通道隧道工程	上半年全部完成	第一款第一項第二目	三五0,000			
	大渠新村供水水池工程	下半年全部完成	第一款第一項第三目	一五0,000			
	新廠泥合作機器廠房	上半年完成百分之五十	第一款第一項第四目	五00,000			
	仝右	下半年完成百分之五十	仝右	五00,000			
	廠內路延長至唐家院工程	上半年完成百分之二十五	第一款第一項第五目	一五0,000			
	仝右	下半年完成百分之七十五	仝右	四五0,000			

軍政部兵工署第五十工廠

34-1

工程	說明	預算科目	金額	小計	百分比	合計	百分比
銅鑼峽大中泉机工住宅工程	下半年全部完成	第一款第二項第[illegible]目	〡〦〇,〇〇〇元				
銅鑼峽[illegible]室山洞工程	上半年完成百分之六十	第一款第二項第[illegible]目	〣〦〇,〇〇〇				
仝右	下半年完成百分之四十	仝右	〢〤〇,〇〇〇				
銅鑼峽[illegible]水池工程	下半年全部完成	第一款第二項第八目	〢〥〇,〇〇〇				
	第八項上半年(第一期)支出合計			〥〦〦〇,〇〇〇	71.1%		
	第八項下半年(第二期)支出合計			〥〢〩〇,〇〇〇	28.9%		
	第八項支出合計					〨〇〇,〇〇〇元	75%
設備 水電所補充設備費	上半年添置[illegible]銅[illegible]及花線并[illegible]發電机	第一款第一項第一目	〨〢〤〥〇,〇〇〇				
仝右	下半年添置電話機[illegible]	第二款第二項第八目	〦〤〇,〇〇〇				

軍政部兵工署第五十工廠

000035

木工所補充機器及設備費	上半年添置排鋸機八部	第一款第三項第二目	四〇〇，〇〇〇
火工所添配機件	上半年添置手搖壓機二部	第一款第三項第三目	六〇，〇〇〇
製衣煉所添配機件	上半年添置車床等九部	第一款第三項第四目	五三七，〇〇〇
仝右	下半年添置砂輪機八部	仝右	六六，〇〇〇
工具所添置機件	上半年添置車床銑床及各種工具	第一款第三項第五目	八六〇，〇〇〇
彈夾所添配熔銅爐等	上半年添置軋銅機二部	第一款第三項第六目	四六〇，〇〇〇
仝右	下半年添造熔銅爐八坐	仝右	六七〇，〇〇〇
修配所添置機件	上半年添置車床十一部	第一款第三項第七目	八一六，〇〇〇
仝右	下半年添置鑽床銑床等	仝右	六六七〇〇〇
運輸器材及設備	上半年添置汽船駁船划船二年板車	第一款第三項第八目	四七〇，〇〇〇

軍政部兵工署第五十工廠

J5-1

第二項上半年(四至九月)支出合計	四〇九〇,〇〇〇	81.8%
第二項下半年(十至三月)支出合計	九一〇,〇〇〇	18.2%
第二項支出合計	五〇〇〇,〇〇〇	25.0%
本(八)二項支出總計	二〇,〇〇〇,〇〇〇	

軍政部兵工署第五十工廠

附（三）军政部兵工署第五十工厂一九四三年度迁建计划配合计算表

000036

已阅

軍政部兵工署第五十工廠三十二年度遷建計劃配合計算表

甲 預定限度：1.砌結各製造所之山洞廠房……2.添配製造機彈之機……3.運輸器材及設備

乙 計劃限度：與預定限度同

條件		預定數字	已有數字	供給機關	可得數字	供給機關
沙倫條件	貨	貨				
人	工程師	六〇人	八五	本廠及各營造廠	五	臨時僱用
	監工	三五人	二〇	仝右	一五	仝右
員	工人	一〇〇〇人	七〇〇	各營造廠	叁〇〇	仝右
經費	國幣	叁〇〇〇,〇〇〇〇元	八叁〇〇,〇〇〇〇元	在各廠遷建費預算內開		
物	鋼筋	三〇噸	無		三〇噸	第二廠

軍政部兵工署第五十工廠

36-1

水泥	小灰	石灰	木料	磚	瓦	鉄釘	河沙	条石	石料
三〇〇〇桶	三〇〇噸	一五〇〇噸	七〇〇〇立方公尺	六〇〇〇〇塊	五〇〇〇〇〇疋	六〇噸	五〇〇〇立方公尺	四〇〇〇〇条	六〇〇〇〇立方公尺
無	〃	〃	〃	〃	〃	〃	〃	〃	〃
三〇〇〇	三〇〇	一五〇〇	七〇〇〇	六〇〇〇〇	五〇〇〇〇〇	六〇	五〇〇〇	四〇〇〇〇	六〇〇〇〇
四川水泥公司	建成水灰廠	臨時採購	〃	〃	〃	〃	就地採運	〃	〃

軍政部兵工署第五十工廠

000037

排鋸	一套	無	一套	在國內或國外購置
手板壓機	二部	〃	二部	〃
六角車床	四部	〃	四部	〃
六尺車床	五部	〃	五部	〃
八尺車床	一部	〃	一部	〃
砂輪機	一部	〃	一部	〃
電焊機	一部	〃	一部	〃
雙頭六尺車床	七部	〃	七部	〃
鉋床	二部	〃	二部	〃
熔鋼爐	一座	〃	一座	〃

軍政部兵工署第五十工廠

37-1

軋鋼機	二部	〃	二部	〃
雙橫八尺車床	二部	〃	二部	〃
雙橫四尺車床	二部	〃	二部	〃
萬能銑床	一部	〃	一部	〃
立銑床	一部	〃	一部	〃
臥銑床	一部	〃	一部	〃
水電設備材料	約一百噸	〃	約百噸	〃
裸銅線	六公噸	〃	六公噸	〃
皮線及花線	二五〇卷	〃	二五〇卷	〃
4000V高壓電纜	一〇〇〇公尺	〃	一〇〇〇公尺	〃

軍政部兵工署第五十工廠

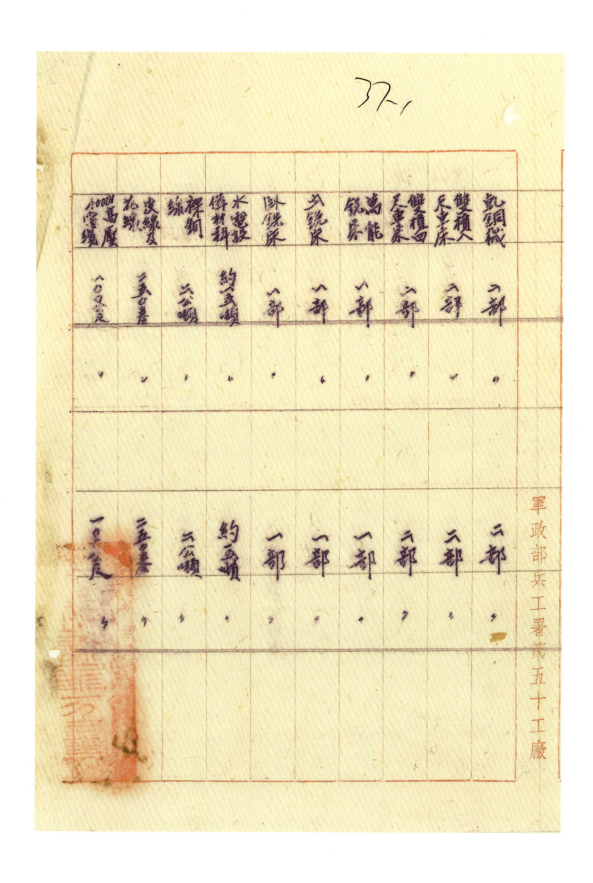

000038

料	時間　一年（分上下兩期）			
磁石式電話機	一〇架	〃	六〇架	在國內或國外購置
杉木杆	四〇〇根	〃	六〇〇根	在國內購置
各種磁瓶	三〇〇〇個	〃	六〇〇〇個	〃
給水業真材料	約五噸	〃	約五噸	〃
木帆船	二艘	〃	六艘	在國內購置
木駁	一〇艘	〃	一〇艘	〃
木划	六〇艘	〃	一〇艘	〃
膠輪單板車	六〇艘	〃	六〇艘	〃

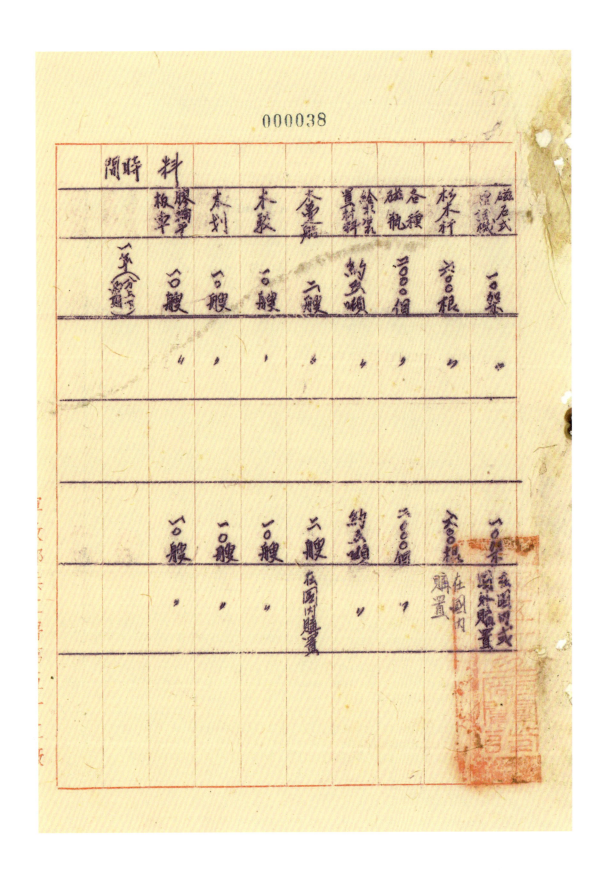

军政部兵工署第五十工厂为报一九四四年度建设经费支出概算书致兵工署的代电（一九四三年六月二十九日）

附：军政部兵工署第五十工厂一九四四年度建设经费支出概算书

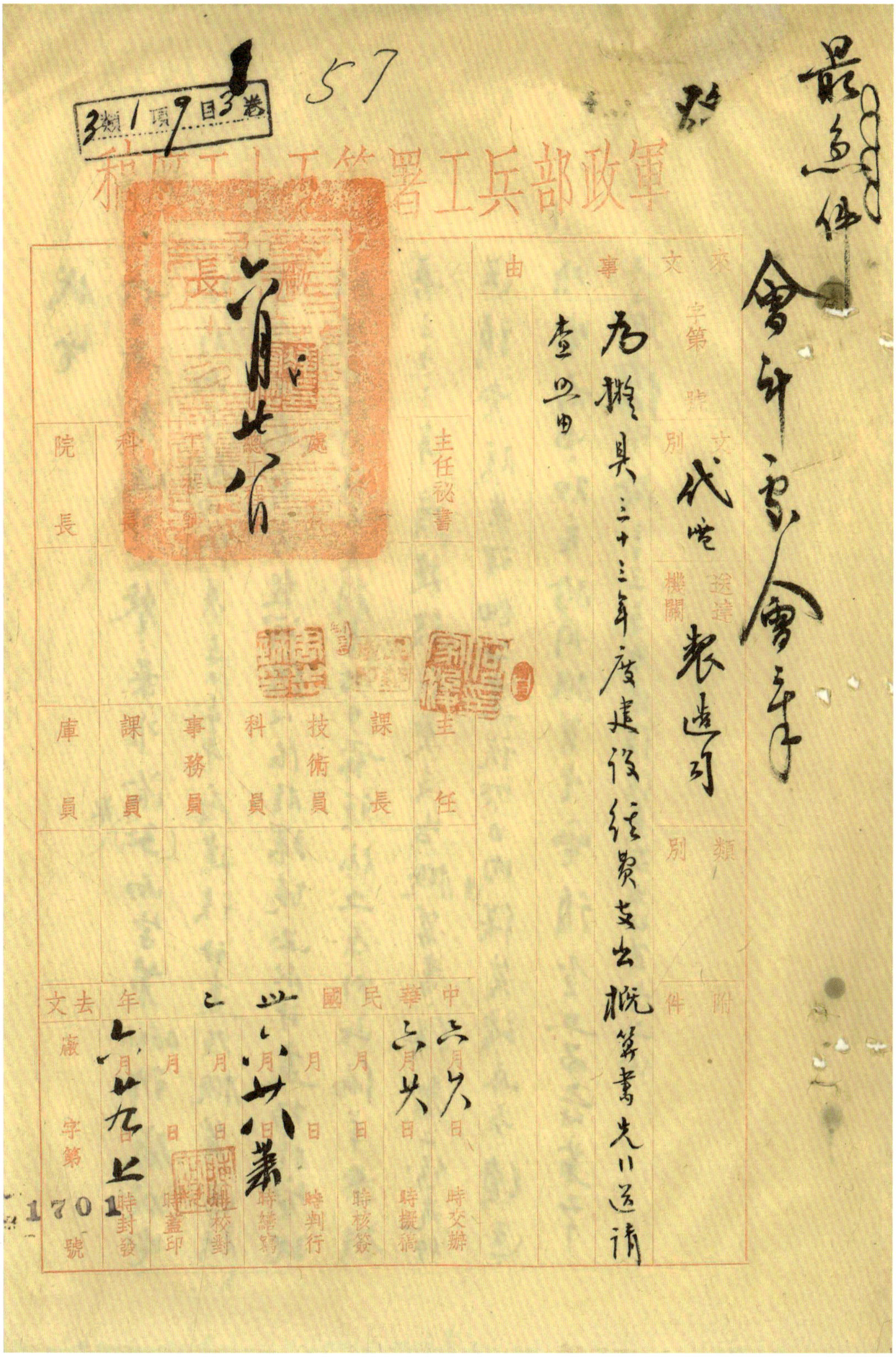
軍政部兵工署第五十工廠稿

最速件

會計處會計

代電 報造司

為擬具三十三年度建設經費支出概算書先行送請
查照由

58

代電

兵工署製造司公鑒：案准渝(32)製兩字第06411號代電，囑於兩星期內擬具三十三年度建設計畫及概算送核，等由；奉此，自應趕辦。惟以限於環境，必求計畫切於實現，顧慮自須周詳，不免稍費時日。茲謹依照原則編纂案擬具三十三年度建設經費支出概算書，繕製二份，先行送請彙核，其詳細計畫說明，日內造繕完竣，再予續送。准電前由，相應檢同概算書，電請查照為荷。第五十工廠儉印。附三十三年度建設經費支出計算書二份

59

此件附卷備查

軍政部兵工署第五十工廠三十三年度建設經費支出概算書

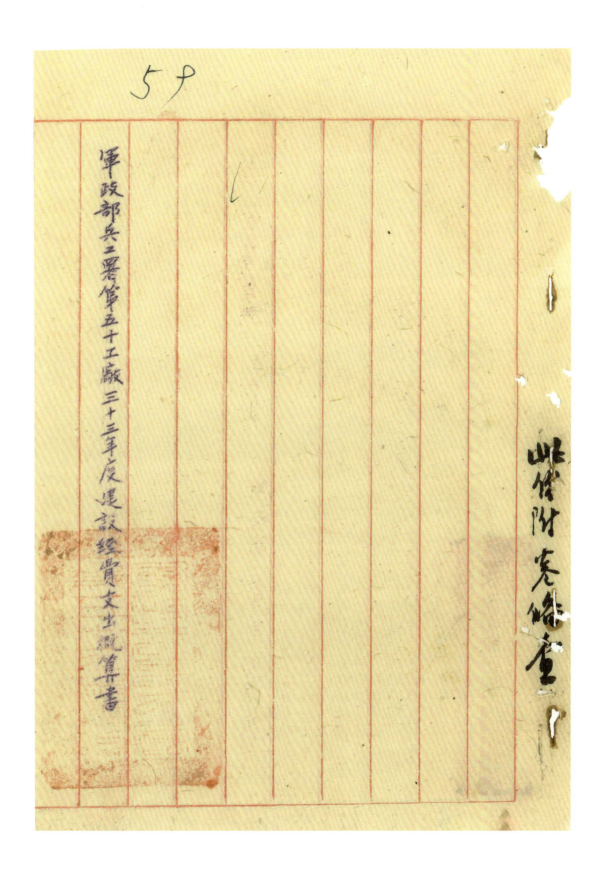

軍政部兵工署第五十工廠卅三年度建設經費支出概算書

建設經費支出總計國幣壹萬萬陸仟伍佰玖拾萬零壹千元整

科目	卅三年度概算總額	備考
第一款 建設費	一六五,九〇一,〇〇〇.〇〇	
第一項 建築工程	一三八,六七〇,〇〇〇.〇〇	
第一目 山洞及襯砌工程	五五,六〇〇,〇〇〇.〇〇	包括本廠已整[illegible]山洞廠房鋼筋庫洞及銅鑼峽防空洞等襯砌工程約計[illegible]
第二目 房屋建築	五三,七六〇,〇〇〇.〇〇	包括地面廠房倉庫辦公廳營房校舍中山室食堂及職工住宅宿舍等約計[illegible]
第三目 道路橋涵工程	七,四六〇,〇〇〇.〇〇	包括大興場道路碼頭下水道郭家沱碼頭及銅鑼峽洛面橋涵大溪口行人橋等約計[illegible]。
第四目 其他附屬建築	一五,五〇〇,〇〇〇.〇〇	包括新廈廠偽裝設備卸煤建築給水工程及全廠公共廁所等各種零星工程。
第二項 添置設備	三三,二五五,〇〇〇.〇〇	

60

60-1

第一目 儀器添置	一〇、八九五、〇〇〇 〇〇	參照卅二年度購置價格增列百分之五十約計之
第二目 水電設備	四、三一〇、〇〇〇 〇〇	參照卅三年一月間中央電工器材廠規定價格約計之
第三目 運輸器材設備	一七、一五〇、〇〇〇 〇〇	按照目前最低市價估計如上數。
第三項 旅運費	六六〇、〇〇〇 〇〇	按照卅三年度一月至五月份支出數額統計。
第一目 旅費	六〇、〇〇〇 〇〇	每月約需五仟元合計如上數。
第二目 運費	六〇〇、〇〇〇 〇〇	每月約需伍萬元合計如上數。
第四項 臨時人員薪工	八、二六〇、〇〇〇 〇〇	按照卅三年度一月至五月份實有員工人數支給薪津及工資照全年比例計核。
第一目 職員薪津	一、五六〇、〇〇〇 〇〇	每月約需壹萬叁仟元合計如上數。
第二目 工人工資津貼	九六〇、〇〇〇 〇〇	每月約需捌萬元合計如上數

(一)概算第二項建築工程係參照卅三年五月間一般物價及招商承包單價呈准數目

軍政部兵工署第五十工廠

61

價格當折計算之，另根據本廠實需要並奉令籌造卜福斯山砲擴充之設備及卅年度未完成之

須繼續籌為原則。

(二)本概算第二項為本廠奉令卅一年度補充籌造卜福斯山砲設備，擬添置應用機器，及為

謀廠內運輸之改良、完備兵器部工具，以期減省人力，並為新建廠各所電廠、運煤設備等均亟待添

備而核列之。

(三)本廠概算書建築工程添置設備各種明細名稱、單價另詳附表。

(四)本概算書所列概算數額，均按照目前或參照過去之價格估計，必要時擬准予

呈請流用之。

軍政部兵工署第五十二廠三十三年度概算書第一項附屬明細表

32.5.30. 共一頁

項目名稱	說明	數量	單位	單價	總價	附註
1. 製硝酸山洞廠房襯砌工程	混凝土及条石襯墻磚拱襯水泥地鋼樓木樓等項及地下通風道等	4000	M^2	10,000.00	4,000. 萬元	共約5000 M^2 該本年度可做約1,000 M^2
2. 梯恩梯精製硝酸料山洞襯砌工程	混凝土及条石襯墻磚拱襯水泥地鋼樓及特種設備等	1200	M^2	10,000.00	1,200.	〃
3. 各部地面廠房工程	瓦頂磚柱土墻灰土地	2100	M^2	2,400.00	504.	〃
4. 新皂廠堡壘防炸工程	全部用条石結砌內部填沙計条石約7000 M^3 砂土約5000 M^3	7000 5000	M^3	1000.00 100.00	750.	〃
5. 新電廠鍋爐工程碼頭及其裝卸等附屬工程設備等	条石及鋼筋混凝土建築条石混凝土其他	1,200 500	M^3	1000.00 500.00	萬元 400.	〃	附近土地路面在內
6. 郭家沱合作社及其附屬倉庫等工程	瓦頂木架單竹編墻粉灰灰土地	1500	M^2	2000.00	300.	〃
7. 保管科及各房庫房工程	瓦頂磚柱土墻灰地木架	500	M^2	2000.00	100	〃
8. 給水工程（銅鑼峽在內）	銅鑼峽沙濾池二個木州1處沉淀池一個混凝地一個清水池一個 清水池一個約長200公尺用条石砌				200	〃	包括水泵房等附屬工程
9. 職員住宅工程	瓦頂木架土墻灰土地全廠約需八十家每家以65 M^2 計	5200.	M^2	3000.00	1560	〃
10. 工人住宅工程	瓦頂木架單竹編墻粉灰灰土地全廠約需200家每家以32 M^2 計	6400	M^2	2400.00	1536	〃
11 工人宿舍工程	瓦頂木架單竹編墻粉灰土地	1000	M^2	2400.00	240	〃
12. 工務室及檢驗科等辦公室工程	瓦頂木架土墻灰平頂地板	1000	M^2	3000.00	300	〃	新電廠鍋爐檢驗室等辦公室包括在內
13 全廠公共廁所工程	瓦頂木架單竹編墻石板坑灰土地	40	座	5000.00	200	〃
14. 銅鑼峽公路往渡石板路及油橋工程	開挖石方鋪碎石路面及石砌橋涵	2500	M	1200.00	300	〃
15 大洪河道路及碼頭工程	全部石板鋪築及条石結砌	3,000 400	M M^3	200.00 1000.00	100	〃
16. 郭家沱碼頭工程	塊石路基碎石路面澆漿輾壓	300	M	1,500.00	45	〃
17. 銅鑼峽防空洞工程	開炸石方条石襯砌石板地	300	M	6000.00	180.	〃
18. 中山堂工程	瓦頂木架磚柱土墻水泥地	700	M^2	3500.00	245	〃
19. 運輸科汽車房工具房及待修室等工程	瓦頂木架竹編墻煤灰土地	500	M^2	2000.00	100.	〃
20 警衛隊營房及哨所等工程	仝 上	250	M^2	2000.00	50.	〃
21 軍械庫銅鑼峽庫洞襯砌工程	開炸石方条石襯砌	120	M	1000.00	120	〃
22. 仝 上	条石墻磚拱石板地	150	M^2	4000.00	60.	〃
23 檢驗料視察所	瓦頂木架土墻竹編墻粉灰灰土地木樓板	60	M^2	3500.00	21	〃
24 大溪口行人橋	条石墩木桁梁及橋面板	120.00	M	8000.00	96	〃
25. 銅鑼峽合作社及庫房	瓦頂木架竹編墻粉灰灰土地	500	M^2	2000.00	100	〃
26 銅鑼峽浴室食堂及俱樂部	仝 上	600	M^2	2000.00	120	〃
27. 大興場住宅區路面及下水道	塊石路基碎石路面条石涵洞水溝	2000.00	M	800.00	160	〃
以上合計韻林國幣					12187	〃

63

軍政部兵工署第五十工廠卅三年度建設經費預算書第二號第一目附屬明細表

名稱	需要數量	數量單位	單價（國幣）	總價（國幣）	備考
刨木機	一	部	二五〇〇〇〇	二五〇〇〇〇	刨光木料用
截木機	一	〃	二五〇〇〇〇	二五〇〇〇〇	截鋸木料用
小型空氣錘	三	〃	三六〇〇〇〇	一〇八〇〇〇〇	鍛製各種零件用
熔炉	四	座	一五〇〇〇〇〇	六〇〇〇〇〇〇	熔[illegible]大件用
六角車床	五	部	九〇〇〇〇〇	四五〇〇〇〇〇	車製引信零件用
立銑床	五	〃	一三五〇〇〇〇	六七五〇〇〇〇	車製瞄準具用
六尺車床	十	〃	一二五〇〇〇〇	一二五〇〇〇〇〇	製造[illegible]斯車用
八尺車床	十	〃	一三五〇〇〇〇	一三五〇〇〇〇〇	〃

63-1

平銑床	八	部	一八〇,〇〇〇〇〇	一四四〇,〇〇〇〇〇		台面200×1600 m/m 製造卜福斯專用
靠模銑	一	〃	二二五,〇〇〇〇〇	二二五,〇〇〇〇〇		台面200×1600 m/m 製造卜福斯專用
靠模銑	四	〃	一八〇,〇〇〇〇〇	七二〇,〇〇〇〇〇		台面600×2200 m/m 製造卜福斯專用
牛頭刨床	六	〃	三〇,〇〇〇〇〇	一八〇,〇〇〇〇〇		製造卜福斯專用
萬能銑床	二	〃	二七〇,〇〇〇〇〇	五四〇,〇〇〇〇〇	製造各種刀具夾具用	
鑽床	一	部	二七〇,〇〇〇〇〇	二七〇,〇〇〇〇〇		
偏心壓機	五	部	四五,〇〇〇〇〇	二二五,〇〇〇〇〇	沖壓火帽件雷管用	
軋銅機	二	部	三七五,〇〇〇〇〇	七五〇,〇〇〇〇〇	軋砲彈銅板用	
六角車床	二	〃	九〇,〇〇〇〇〇	一八〇,〇〇〇〇〇	修配砲件及機件用	
卧銑床	一	部	一三五,〇〇〇〇〇	一三五,〇〇〇〇〇		

軍政部兵工署第五十工廠

64

龍門銑床	二	部	一五〇、〇〇〇	三〇〇、〇〇〇
鉋床	一	部	三〇、〇〇〇	三〇、〇〇〇
電焊機	一	〃	七五、〇〇〇	七五、〇〇〇
電鑽	一	〃	一〇五、〇〇〇	一〇五、〇〇〇

合計國幣壹佰零捌拾玖萬伍仟圓整

65

軍政部兵工署第五十工廠建設費概算書第二項第一目內容明細表

名稱	需要數 數量	需要數 單位	單價（國幣）	總價（國幣）	用途	備考
裸銅線	一〇	公噸	一六〇,〇〇〇.〇〇	一,六〇〇,〇〇〇.〇〇	高壓輸電用	
五十門磁石式電話總機	二	個	八〇,〇〇〇.〇〇	一六〇,〇〇〇.〇〇	廠內外通訊用	
磁石式電話分機	七〇	〃	三,〇〇〇.〇〇	二一〇,〇〇〇.〇〇	〃	
鍍鋅鐵線	一〇	公噸	一〇〇,〇〇〇.〇〇	一,〇〇〇,〇〇〇.〇〇	擴充電話線路用	
電動機	一二〇〇	碼	八〇〇.〇〇	二四〇,〇〇〇.〇〇	工作機用	係各電動機相加之總馬力
給水裝置			一,〇〇〇,〇〇〇.〇〇	一,〇〇〇,〇〇〇.〇〇	廠房及住宅區給水用	自來水管、閘底及擋頭等

合計國幣肆佰貳拾壹萬圓正

66

軍政部兵工署第五十二廠卅年度建設經費概算第十三節第二項第三目附屬明細表

名稱	數量	所需單價	合計總價	備考
拖輪	一艘	四〇〇〇〇〇〇〇	四〇〇,〇〇〇〇〇	
囤船	二艘	一五〇,〇〇〇〇〇	三〇〇,〇〇〇〇〇	銅鑼峽、落旗亭各一艘
木船	四艘	八〇,〇〇〇〇〇	三二〇,〇〇〇〇〇	
木划	十艘	二〇,〇〇〇〇〇	二〇〇,〇〇〇〇〇	
膠輪大車	五——十輛	一〇,〇〇〇〇〇	一〇〇,〇〇〇〇〇	
鋼絲繩	一根	每磅三〇〇〇	一八〇,〇〇〇〇〇	五分或六分鋼絲五十丈六尺(最長)約重一六〇〇磅
輕便鐵道	[illegible]		一三五〇,〇〇〇〇〇	一五〇〇〇〇〇〇斤裝運廠每日需搬八十噸用人工運輸費時費
枕木、道釘、鋼道			一三〇〇,〇〇〇〇〇	三球不經濟故擬造煤車五十輛需動機車二部及軌

煤車	容量一t 20輛		五〇〇、〇〇〇〇〇	鉄道一条約長三百公尺除土木工程部份外預計如上數
6分鋼絲繩	600m 2 600kg		二五〇、〇〇〇〇〇	
30KW馬達及開関	一只		七〇〇、〇〇〇〇〇	
馬達減速器	一只		三五〇、〇〇〇〇〇	
馬達換向器	一只		三五〇、〇〇〇〇〇	
傳動設備及絞車			四五〇、〇〇〇〇〇	
昇降運煤器			一三〇、〇〇〇〇〇	
2KW馬達及減速器			三〇〇、〇〇〇〇〇	
螺絲分煤器			六〇〇、〇〇〇〇〇	
1KW馬達及減速器			三〇〇、〇〇〇〇〇	

軍政部兵工署第五十工廠

67

合計國幣壹仟柒佰壹拾伍萬圓整

68

第五十工廠廠　長丁天雄

兼代會計處處　長周志誠

中華民國三十二年六月　　日

军政部兵工署第五十工厂为造送一九四四年度建设费预算书表致兵工署的代电（一九四四年四月十一日）

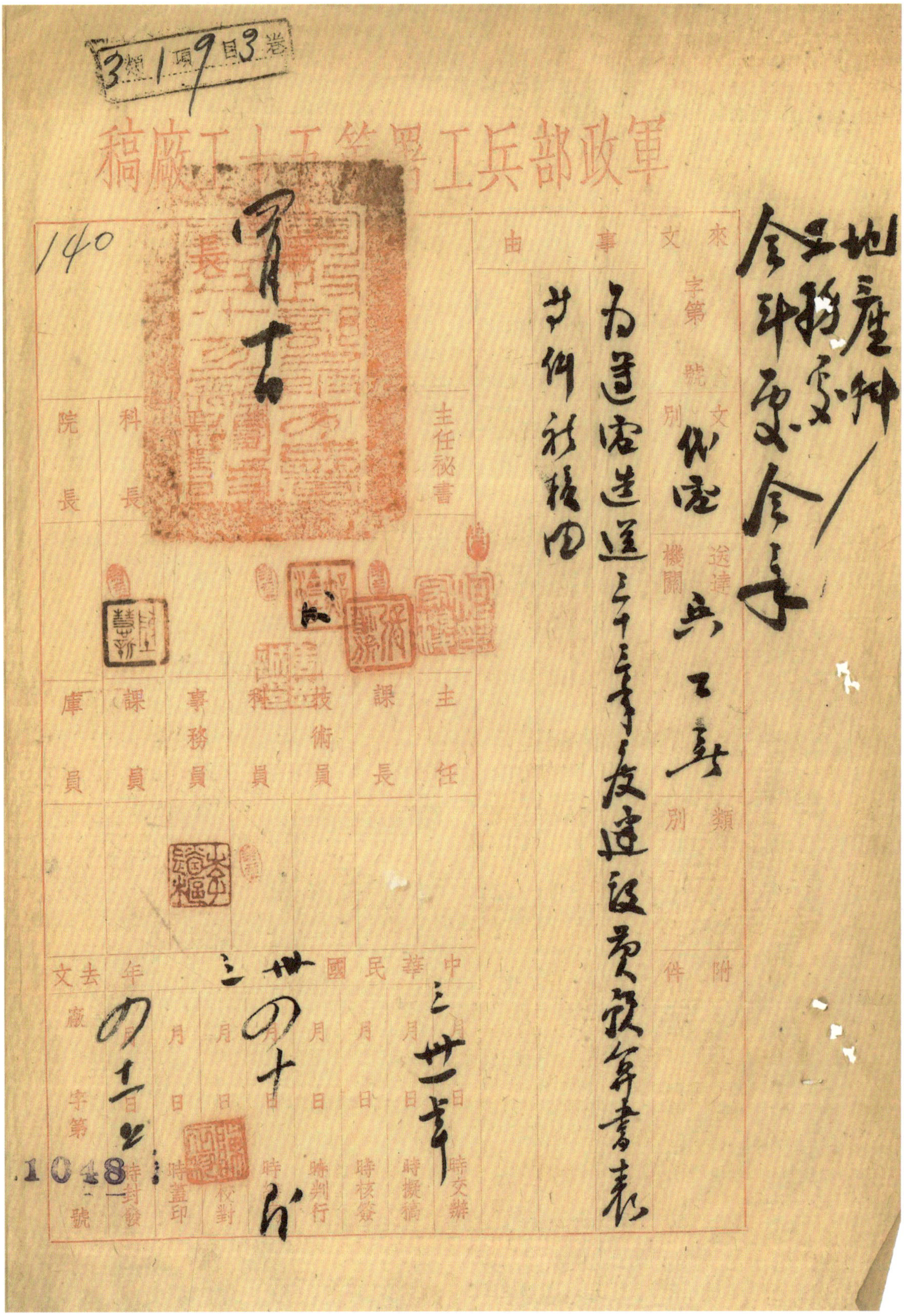

141

代電

兵工署長俞鈞鑒：渝造(33)丙字第3122號寅馬代電奉悉。本廠本年度重新核定建設費（國幣壹千伍佰萬元正）所需各項書表業經編造齊全，謹電呈新舍核示，計卅三年度（建設計劃概要十二份）建設經費預算書十七份、每月分配預算表十七份、計劃簡明表及中心目標表各十七份。

第五十二廠廠長丁〇〇叩

公　月　日造發預算計劃表

144

軍政部兵工署第五十工廠三十三年度建設計劃說明書

(一)運煤器材設備

本廠發電廠之三二五〇瓩汽輪發電機每日需煤八十噸，如用人工運輸，費時費工，殊不經濟，故擬建造長約三百公尺之單軌鐵道一條，用電動絞車拖運煤車至貯煤場，以節省人力，而期迅捷。

是項運煤設備之材料費用，以現時市價估計，機械部份約需壹仟柒百餘萬元，土木部份約需柒百餘萬元，合共需款貳仟伍百餘萬元。茲本廠本年度建設費一再奉令核減為壹仟萬元，兩數相較，不敷甚巨，是則本設備本年內當不能全部完成，擬儘此購辦一部份材料，並先裝置自碼頭至煤機之一段設備，及暫採用人工搬運之法，其所需之材料，計每公尺重八公斤之輕便鐵

144-1

軌十二噸，三英寸高四英寸寬枕木一千塊，道釘五百公斤，魚尾板二百公斤及魚尾螺絲三百公斤，絞車一部，5/8"鋼絲繩七百五十公尺等項。其餘自煤樓至煤斗一段及一部份材料，如馬達、開關、換向器、減速器、昇降運煤器、傳動設備及剎車、螺絲分煤器等等，擬俟下年核定建設費數內陸續完成。

至本設備所需人員，概就本廠原有技術員工抽派擔任，不另聘雇。

145

軍政部兵工署第五十工廠卅[illegible]年度運爆設備費每月分配預算表

月份 \ 項目	設備費 運爆設備	附註
2	50% $5000000.00	本分配預算表月份分配數額均係按照工作分月進度預定計劃表所擬工作進行詳劃百分比核列並以向商定購材料依約須提前付款故將全部預算分列如左
3	30% $3000000.00	
4	20% $2000000.00	
合計	$10000000.00	

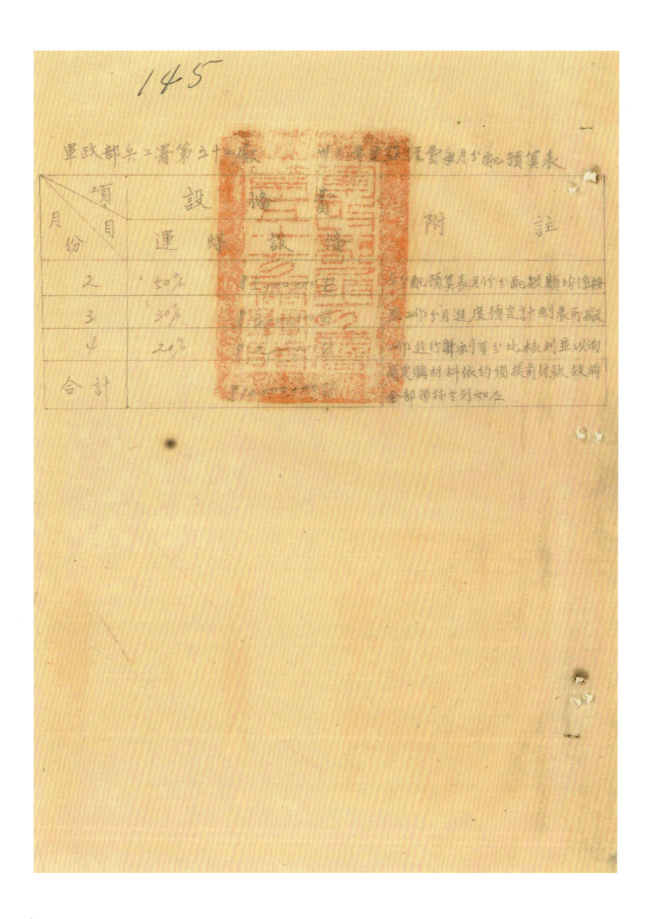

146

軍政部兵工署第五十工廠卅三年度建設經費預算書

147

軍政部兵工署第五十工廠民國卅三年建設經費支付預算書

建設經費支出總計國幣壹仟萬元正

科目		金額	備考
第一款	建設費	一〇,〇〇〇,〇〇〇.〇〇	
第一項	設備費	一〇,〇〇〇,〇〇〇.〇〇	
第一目	運煤設備	一〇,〇〇〇,〇〇〇.〇〇	

第五十二廠廠長　丁天雄

兼代會計處處長　周志誠

中華民國三十三年　月　日

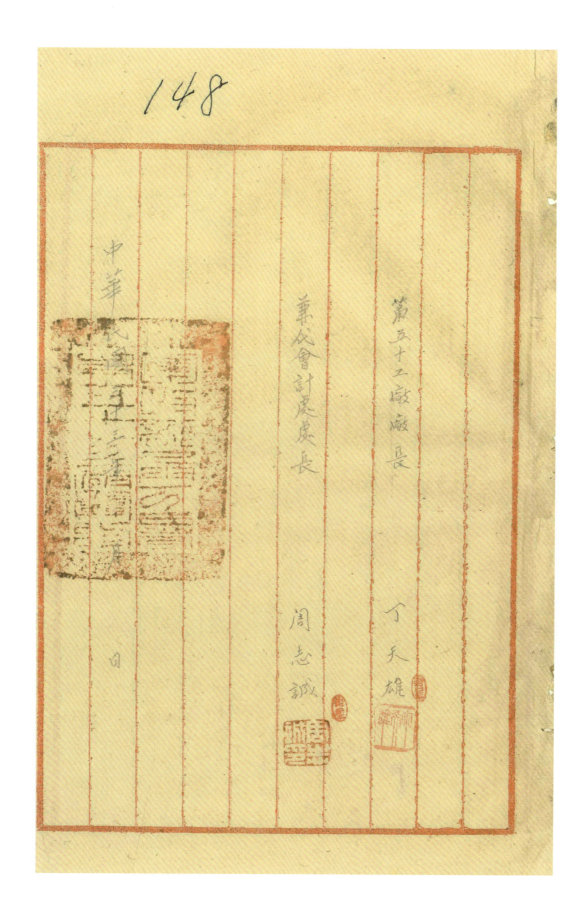

军政部兵工署第五十厂一九四二年度结帐报告（一九四四年九月十一日）

41

軍政部兵工署第五十工廠卅一年度結帳報告

審核委員

審計部

卅一年九月十一審核

軍政部

兵工署

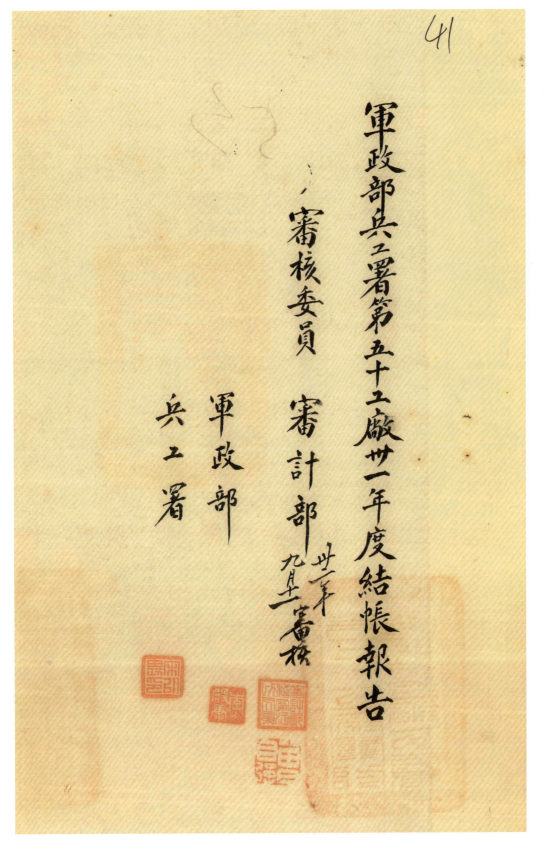

42

軍政部兵工署第五十工廠

結賬報告

中華民國31年度

目錄

43

軍政部兵工署第五十二廠

試算表

中華民國31年12月31日

金額（千百十万千百十元角分）	科目	金額（千百十万千百十元角分）
59,358.45	機器及工場設備	
160,000.00	運輸工程及設備	
14,604.51	工具儀器樣板	
106,518.51	傢具及辦公用具	
1,349,860.59	現金	
69,339.07	週轉金	
10,621.09	存出保証金	
1,630,528.48	應收帳款	
384,024.36	職工賒欠	
33,374.94	應計收益	
527,357.03	辦公用品	
500,467.54	粮食	
79,350,727.02	材料	
7,333,448.62	工資	
9,599,230.40	預付貨款	
453,767.69	在途機料	
7,798,090.30	暫付款	
13,037,051.28	分廠往來	
70,504.00	預付費用	
20,100,788.91	製造費用	
1,132,911.40	藝校製造費	
264.00	雜項損失	
7,097,920.00	解繳成本	
	成品解繳	35,422,339.98
	藝校解繳品	2,738,332.00
150,820,756.59	過次頁	38,160,671.98

廠長 會計處長 簿記課長 製表

44

軍政部兵工署第五十工廠

試算表

中華民國31年12月31日

金額	科目	金額
150820758.59	承前頁	38160671.98
	應付料款	40990948.78
	應付薪工	1239165.90
	應付帳款	5914501.71
	暫收款	15425639.64
	保管款	63430.54
	兵工署往來	46724227.90
	兵工署墊款	135049.08
	代驗械彈收入	12191.94
	變價收入	1772152.59
	水電收入	55431.33
	租金收入	28221.21
	利息收入	139382.26
	雜項收入	146843.68
	公積金	12900.25
150820758.59	合計	150820758.59

廠長　　　會計處長　　　簿記課長　　　製表

45

軍政部兵工署第五十二廠

資産負債平衡表

中華民國三十一年十二月三十一日

資産類	金額 細數	金額 小計	金額 總計
固定資産：		34048147	
機器及工場設備	5935845		
運輸工程及設備	16000000		
工具儀器模板	1460451		
傢具及辦公用具	10651851		
流動資産：		10406322079	
現金	134986059		
週轉金	6933907		
存出保証金	1062109		
應收帳款	163052848		
職工賒欠	38402436		
應計收益	3337494		
辦公用品	52735703		
粮食	50046054		
材料	3952432303		
在製品	2907468079		
預付貨款	959923040		
在途機料	453376239		
暫付款	779809030		
成都分廠往來	1303305128		
預付費用	2050400		
虧損		610216154	
本期虧損	610216154		
合計			11050586380

負債類	金額 細數	金額 小計	金額 總計
流動負債：		11050586380	
應付料款	4099094828		
應付帳款	591450121		
應付薪工	123916590		
暫收款	1542563964		
保管款	6343054		
兵工署往來	4672422390		
兵工署墊款	13504908		
公積金（已呈報請示處理）	1290025		
合計			11050586380

廠長　　會計處長　　簿記課長　　製表

46

軍政部兵工署第五十工廠

損益計算表

自民國26年6月1日至31年12月31日止

摘要	金額 細數（千百十万千百十元角分）	金額 小計（千百十万千百十元角分）	金額 合計（千百十万千百十元角分）
成品解繳			3816067198
本廠及落分廠解繳品		3542233998	
藝校解繳品		273833200	
解繳成本		7549147312	
1. 材料	3982640399		
2. 工資	733344882		
3. 製造費用	2010078891		
4. 落分廠解繳品	709792000		
5. 藝校製造費	113291140		
減：在製品期末盤存		2907466079	
製造成本			4641679233
成品解繳純損			825612035
加：代驗械肄收入	1219174		
變價收入	177215259		
水電收入	5543133		
租金收入	2622121		
利息收入	13938226		
雜項收入	14624366	215822281	
減：雜項損失		26400	215395881
本期虧損			$610216154

廠長　　會計處長　　簿記課長　　製表

（47）

軍政部兵工署第五十工廠

建設費收支對照表

中華民國三十一年度

收入金額（千百十万千百十元角分）	科目	支出金額（千百十万千百十元角分）
	收入之部	
4501471001	建設費收入	
133544116	建築材料售價	
6781342	暫收款	
9782096	經費剩餘數	
6469787	應付工程費	
	支出之部	
	二十七年新廠建設費	46527849
	二十八年二期建設費	157807857
	二十九年三期建設費	16058[illegible]118
	三十年四期建設費	178116869
	藝校作業開辦費	74933359
	二十九年技訓班開辦費	24058905
	三十年技訓班開辦費	6294479
	三十年技訓班經常費	14221241
	三十年技校經常費	19323346
	建築工程	428886795
	機器	70126085
	薪津	1221589
	工資	25177209
	運費	140519319
	旅費	177830
	設備費	160316290
	安裝費	159290626
	一期在造工程	27083747
4658048372	轉次頁	1716670515

廠長　　會計處長　　簿記課長　　製表

軍政部兵工署第五十工廠

建設費收支對照表

中華民國三十一年度

收入金額	科目	支出金額
46580483.72	承前頁	17166705.15
	二期在造工程	144927.00
	三期在造工程	84156.24
	四期在造工程	3610759.94
	31年在造工程	2558655.27
	材料	7740289.68
	預付工程費	8270853.67
	暫付款	6808338.49
¥46580483.72	合計	¥46580483.72

廠長　　會計處長　　簿記課長　　製表

军政部兵工署第五十工厂
三十一年度工资明细表

48

科目＼月份＼金额	一	二	三	四	五	六	七	八	九	十	十一	十二	合计
工務處	690815	624576	785152	461460	879702	812709	1844955	2104497	2266168	2526920	3489770	4483419	21550952
裝砲所	2706537	2868458	4192205	6248122	6860767	9292215	10267320	9525940	9710950	10316060	12061520	15152710	101570414
彈夾所	1122000	1559675	1460270	1076410	2828585	2602790	3012284	2626430	3510665	2891610	5009210	6156510	30045302
引信所	858596	1500659	1920057	1925010	2826870	2561058	4274136	2402185	2574780	2061210	4928900	4466050	29105757
木工所	705156	194201	939423	1028353	2012103	2212568	2758160	2206410	2504000	4406020	2169000	2041950	[illegible]
工具所	698120	618600	851520	1006245	1604984	1179180	1817380	1055470	1611960	1100060	1929960	2160190	17185319
水電所	1902470	634188	1824930	2272125	4515458	4413120	4559350	4260040	4691100	5219460	6724550	1569440	50495037
火工所	851135	716044	822229	1214412	2300269	2218430	2071530	2620020	2266710	2520260	2961590	4458194	24022491
鍛工所	327299	324415	280255	160405	1162525	1166498	1245590	1210090	321050	381160	1013490	1842240	12943711
半成品檢驗室	215974	199922	228216	223161	1483254	425000	681700	469770	440270	516150	587122	696690	5209588
鑄工所	1721170	1697162	2216619	2600062	4319550	1156600	4189610	4057510	4500450	5324195	6170570	7259460	49722416
鍍板所	598595	685166	762110	1230416	2068114	2090590	1178000	2112025	2141090	2101000	2442240	2496190	21932204
工具樣板室	90455	173987	217635	299664	429212	499400	552220	518610	518190	517520	1229542	615500	6131253
精確研究處	55325	62530	59190	65700	126360	172070	69050	172230	170210	244920	220852	415260	2009515
修配所		101600	85350	179400	1038850	585560	920040	1118370	1142050	1249290	745250	2595210	10235600
工料預算課					71862	142920	40430						261212
工程師室	32290	132794	152367	131101	185555	122910	218500	126280	191970	152600	219440	268520	1935463
汽車司機	106290	108000	260305	215780	402910	499160	569830	584000	524250	419410	608720	608205	5312250
船工水手	611416	426020	909591	910052	1160240	1181260	1246010	1254840	1150960	1220000	1562480	2242000	13550249
保管科	430018	417506	559190	502201	620817	621250	919150	322100	669560	705050	721460	958020	7562970
職工福利處	1529175	1111492	1860440	1970202	2583204	2589570	2095570	2711420	4910000	5149000	2661660	3309000	33402800
農林場	256712	345706	442129	432291	610048	562100	557440	550220	553110	550540	511420	109910	6160826
庶務室	157025	176944	241097	252428	296715	291940	320300	318560	255130	259530	295020	265460	3226279
稽查組	116115	112872	139701	159182	210711	190760	160820	170670	151760	165070	166130	159240	1915251
運輸科	607315	513755	174554	860463	962760	1021980	914449	1001150	1051320	1219070	1210316	1511460	11853902
辦公廳			2070										2070
成品檢驗室		8160	10880	4400	2400				49150	122650	160000	226520	607876
勞動隊												649000	649000
承上年度轉來												210572247	210572247
總計	16652645	[illegible]	[illegible]	[illegible]	[illegible]	[illegible]	[illegible]	[illegible]	[illegible]	[illegible]	[illegible]	[illegible]	[illegible]

廠長　　會計處處長　　簿記課課長　　製表員

軍政部兵工署第五十工廠
三十一年度製造費用明細表

月份／金額／科目	一	二	三	四	五	六	七	八	九	十	十一	十二	合計
俸給												37477058	137477058
特別辦公費	195000	600650	191936	225000	226129	237833	240000	245000	612800	619560	639000	1802110	5580626
郵費	9178666	613500	920190	179680	448300	576150	2735140	601960	196010	154420	446250	27822725	45175211
郵電	19416	11487	7465	113119	62405	25605	97041		23910			357821	1156167
旅費												16329731	16329731
運費												307258275	307258275
進先	6100	3655			16000	1286	58855	51255	15965	14400	10855	70018	266969
保險費												174104	174104
税捐				5100								96968	112068
租費		16000	1500		5000	1345760	2300099	1148600	859000	761000	483000	4102100	11025549
修配費												26330503	26330503
雜項購置												213478517	213478517
進費	259670	288666	447295	478170	20361227	849854	1038449	1024390	806994	820721	500854	16368162	4728[illegible]52
主食費	171507	178291	150268	125158	125569	132022	150749	147802	153081	156088	157878	6958262	8637676
伙食津貼	96600	61000	99400	3000	3000		125675	1510502	175529	326820	609172	255865	3286565
士兵副食費	87370	85107	82830	224500	231303	477644	519570	918289	923040	875472	821760	1138567	6385517
特別獎金	20000	15000	15000	10000	5000	5000	51000	51000	59000	59000	57133	812333	1159466
火作射獎金	2000		106200								91200		199800
補助金	15325371	289500	285500	290800	312250	15000	6000	2000				27166016	23369447
本代金				4454000	20860000	22349673	24197320	25325020	25628400	26208190	27139244	33528400	209751047
檢查組辦公費								5000	5000	5000	5000		20000
檢查組活動費								50000	50000	50000	50000	50000	250000
職員件工獎金								5259013	6326469	7029900	9513212	11267449	39498043
文書司錄加給費						3000	3350	600	4500	4700	4530	4394	25074
士兵件工獎金							154562	226970	288030	250410	297810	445565	1739347
中山室												3200000	3200000
冬季服裝費													[illegible]
運輸及臨時損失					516000							904779	1480779
實業教育費												4160400	4160400
木器												62181179	62181179
文具印刷												6327216	6327216
總計	25362100	2184896	2307884	6119512	24171498	1260368	11831680	[illegible]	3601327	2835725	4114092	68165094	20100789

廠長　　會計處處長　　簿記課課長　　製表員

51

軍政部兵工署第五十工廠

零用金

中華民國31年12月31日

科目	金額 小計	金額 合計	備攷
工務處食堂零用金	50000		
馬保和零用金	6063907		
周祖彭零用金	120000		
王家鼎零用金	100000		
徐鑑泉零用金	50000		
張君怡零用金	150000		
蕭鴻勲零用金	100000		
郭慕亮零用金	80000		
唐宏慶零用金	100000		
張智夫零用金	100000		
詹毫零用金	20000	$6933907	

存出保証金

中華民國31年12月31日

科目	金額 小計	金額 合計	備攷
海關押稅	11715		
房地押租	176000		
水電押金	18000		
雜項押金	500		
公攤押金	780394		
信箱押金	500		
電話保証金	75000	$1062109	

蓉分廠往來

中華民國31年12月31日

科目	小計	合計	備攷
墊校報銷經費（貸）	244661776		
代收付款（借）	29000000		
墊撥週轉金（〃）	1519366904	$1303705126	

廠長　　會計處長　　簿記課長　　製表

52

軍政部兵工署第五十工廠

應收賬款

中華民國31年12月31日

科目	金額 小計	金額 合計	備攷
鋼鉄廠遷建委員會	19900.71		
第十一廠駐渝辦事處	14000.00		
航空兵器技術研究處	20720.00		
重慶防空洞工程處	7200.00		
照空總隊修理所	11512.00		
彈道研究所	280.00		
第二工廠	79153.05		
第十工廠	352606.90		
第二十工廠	194130.21		
第二十一工廠	1800.00		
第二十五工廠	782010.00		
第四十工廠	1002.30		
中央修械廠	14000.00		
西北修械廠	10500.00		
民生機器廠	21.30		
廢品整理工廠	14000.00		
合金工廠	14000.00		
重慶電力公司	27834.60		
華西公司	5800.00		
中信局存款	58037.27		
張若萍	650.61		
張鐸銘	246.91		
雜戶	109341.52	$1630528.46	

預付費用

中華民國31年12月31日

科目	金額 小計	金額 合計	備攷
遷建會生鉄運費	50000.00		
中央電瓷廠運費	504.00		
預付修繕費	20000.00	$70504.00	

廠長　　會計處長　　簿記課長　　製表

53

軍政部兵工署第五十工廠

預付貨款

中華民國31年12月31日

科目	金額 小計	金額 合計	備攷
中國汽車製造廠華西分廠	706,668.20		
中國工業窯業原料廠	382,368.00		
中央研究院儀器廠	89,600.00		
中國機器鑄造廠	535,578.24		
中央電工器材廠	324,258.13		
中央電瓷製造廠	187,515.66		
強華木炭車製造廠	11,000.00		
震旦機器廠渝廠	55,533.33		
寶源煤礦第八分廠	1,147.30		
渝鑫鋼鉄廠	22,816.72		
五和鉄工廠	31,972.05		
華北鉄工廠	30,000.00		
順昌鉄工廠	194,000.00		
建業機器廠	39,333.00		
新民機器廠	20,000.00		
德勝窰業廠	359,598.40		
大華煉油廠	159,230.00		
聚利昇木廠	23,666.94		
隆華皮件廠	71,765.00		
海軍第一廠	470,400.00		
天勝工廠	56,676.00		
協力煤廠	581,000.00		
裕蘇木廠	40,320.10		
德信公司	21,236.00		
魯豫公司	50,000.00		
華同公司	115,550.00		
華新建築公司	161,650.00		
建成小灰公司	65,500.00		
人山煤礦公司	79,800.00		
大川實業公司	230,000.00		
江南貿易行	219,709.60		
利國貿易行	44,000.00		
轉次頁	5,390,700.69		

廠長　　會計處長　　簿記課長　　製表

54

軍政部兵工署第五十工廠

預付貨款

中華民國31年12月31日

科目	金額 小計	金額 合計	備攷
承前頁	539070869		
經濟部水泥管理委員會	103640000		
香港中央信託局	9243809		
兵工署北碚辦事處	131586006		
公益電器行	445333		
永昌板車行	26500000		
允隆貿易行	19800000		
衆清木行	23269619		
信誠木行	25395000		
葉記木行	14500000		
利川木行	51927420		
良友商行	4000000		
義記商行	628944		
裕順商行	78342000		
同德油號	47400000		
雷炎明	900000	8959923040	

保管款

中華民國31年12月31日

科目	金額 小計	金額 合計	備攷
代收藝校儲金	12300		
保証金	410732		
建築工程件工保証金	8160		
#8號之9工程保固費	672900		
#8號之11工程保固費	82475		
#28號之3工程保固費	292696		
#51號之1工程保固費	15720		
#59號之3工程保固費	60126		
#60號之1工程保固費	320254		
#70號之1工程保固費	2200000		
#78號之1工程保固費	2059687		
#73號之2工程保固費	2000000	8634305 4	

廠長　　會計處長　　簿記課長　　製表

軍政部兵工署第五十工廠

暫付款

中華民國31年12月31日

55

科目	金額 小計	金額 合計	備攷
徐鑑泉採購款	230600		
馮運復採購款	2687533		
程祥庭採購款	827904		
孫承思採購款	1132384		
陳熹澤採購款	1040904		
趙冠一採購款	3000002		
賈笑天採購款	1146992		
採購科零用金	445632961		
梁步雲零用金	3929728		
陳慧新零用金	187800		
熊科貽零用金	1000		
四人宿舍零用金	1025166		
署撥車床三部價款	953961		
墊付夏新奇旅運費	1300		
墊付張西亮喪葬費	30000		
墊付陳世仁喪葬費	137760		
墊付張鼎銘喪葬費	72300		
墊付童子文喪葬費	48000		
墊付陳　錫喪葬費	81400		
暫付招待外賓費	143200		
暫付招待來賓費	208540		
暫墊喪葬費	176524		
平價米麵款	21328528		
合作社往來	109571856		
駐昆辦事處	165814827		
福利處	11303167		
胡承志	5000000		
歐從政	2000		
陳善洲	8000000		
汪瀏	20000		
區分部用費	112350	8779809030	

廠長　　會計處長　　簿記課長　　製表

軍政部兵工署第五十工廠

應付料款

中華民國31年12月31日

科目	金額 小計	金額 合計	備攷
航空兵器技術研究處	960.00		
兵工署北碚辦事處	268,365.93		
鋼鐵廠遷建委員會	1,769,961.66		
中國汽車製造公司	89,452.58		
華新建築材料公司	21,800.00		
大川實業公司	230,000.00		
魯豫公司	127,035.00		
華同公司	18,389.00		
第一工廠	135,756.36		
第二工廠	400.00		
第二十工廠	52,000.00		
第二十一工廠	2,185,309.50		
第二十三工廠	2,010.00		
第二十四工廠	6,628.78		
第二十五工廠	280,240.00		
第二十七工廠	62,308.00		
德勝窯業廠	289,066.31		
隆華皮件廠	57,606.00		
建成水泥廠	59,652.50		
慶豐皮帶廠	108,660.30		
新民機器廠	175,000.00		
中央電工器材廠	65,000.00		
元隆貿易行	398,116.00		
公益電器行	13,360.00		
利川木行	204,930.68		
裕順商行	515,256.60		
榮記木號	277,008.00		
泉清木號	54,302.00		
同德油號	543,029.05		
順昌字號	569.00	8,030,665.24	

廠長　　會計處長　　簿記課長　　製表

軍政部兵工署第五十工廠

57

應付料款

中華民國31年12月31日

科目	金額 小計	金額 合計	備攷
同泰祥洋貨商店	15.00		
消費合作社	3559.10		
兵工署	31385133.72		
雜户	1571531.72	$32960283.54	

應付賬款

中華民國31年12月31日

科目	金額 小計	金額 合計	備攷
鋼鐵廠遷建委員會	3111126.00		
採購科銀行存息	320.00		
泰豐印刷紙號	90000.00		
建華製漆廠	1142000.00		
第一工廠	1333718.00		
第二十工廠	1315588.01		
第二工廠	4312000.00		
第二十一工廠	3298.00		
第十工廠	473629.50		
第二十三工廠	651000.00		
第二十四工廠	700000.00		
中山室經費	26042.49		
應付修理費	8131.00		
應付旅運費	15169.65		
應付製造費用	19[illegible].60		
[illegible]辦事處	5734.46		
國光油行	850000.00		
董朝鼎	3080.00	$5914501.71	

廠長　　會計處長　　簿記課長　　製表

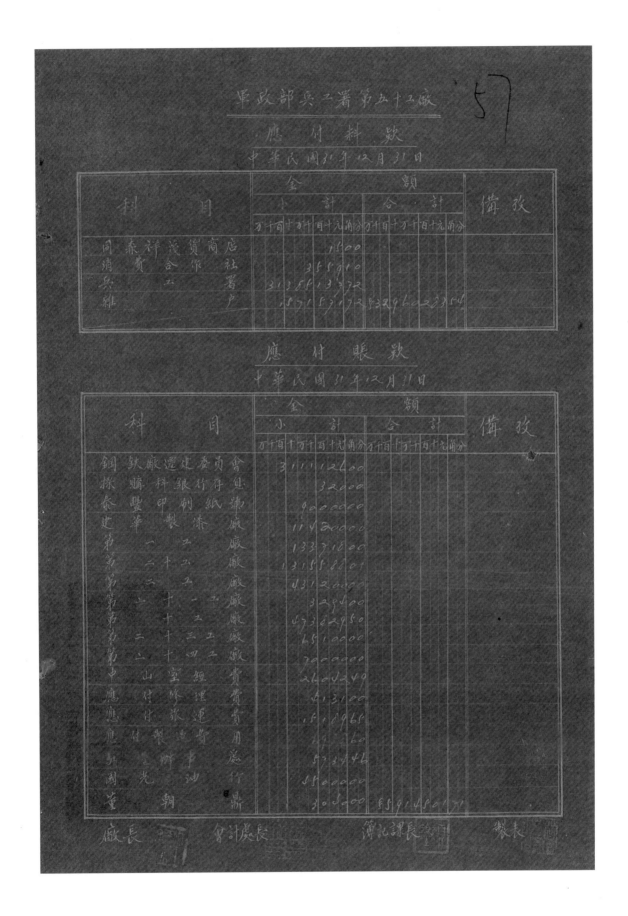

58

軍政部兵工署第五十工廠

暫收款

中華民國31年12月31日

科目	金額 小計	金額 合計	備考
借入31年建設費	1501590830		
冬季服裝費	1603200		
[illegible]收隊費	299900		
代收党費	100640		
駐昆辦事處	3956203		
兵工署	8000		
職員儲金	1571278		
工程押金	3000000		
九月份菜金	1242770		
十月份菜金	1058752		
代扣工款	81305		
陝州藍布售價款	2346000		
所得概稅	19242445		
柴油關稅	204000		
士兵儲蓄	128683		
合作社	131700		
竹戶	593650		
印花	19208		
[illegible]分廠製絲棉被售價	585360	81542563964	

廠長　　會計處長　　簿記課長　　製表

軍政部兵工署第五十工廠

保管款

中華民國31年12月31日

科目	金額 小計	金額 合計	備攷
建築工程件工保証金	8160		
代收藝校儲金	12300		
保証金	410732		
#8号之9工程保証金	672900		
#8号之11工程保証金	82475		
#28号之3工程保証金	292698		
#15号之1工程保証金	15720		
#59号之3工程保証金	60120		
#60号之1工程保証金	328254		
#70号之1工程保証金	2200000		
#78号之1工程保証金	2059687		
#73号之2工程保証金	200000	$6343056	

在途機料

中華民國31年12月31日

科目	金額 小計	金額 合計	備攷
港處代購機料案	2277374		
柏林商專處案	43090915	$45368289	

廠長　　會計處長　　簿記課長　　製表

60

兵工署第五十工廠廠長丁天雄

會計處長周志誠

簿記課長項鏗

中華民國三十三年九月十一日

军政部兵工署第五十厂一九四三年度结帐报告（一九四四年九月十一日）

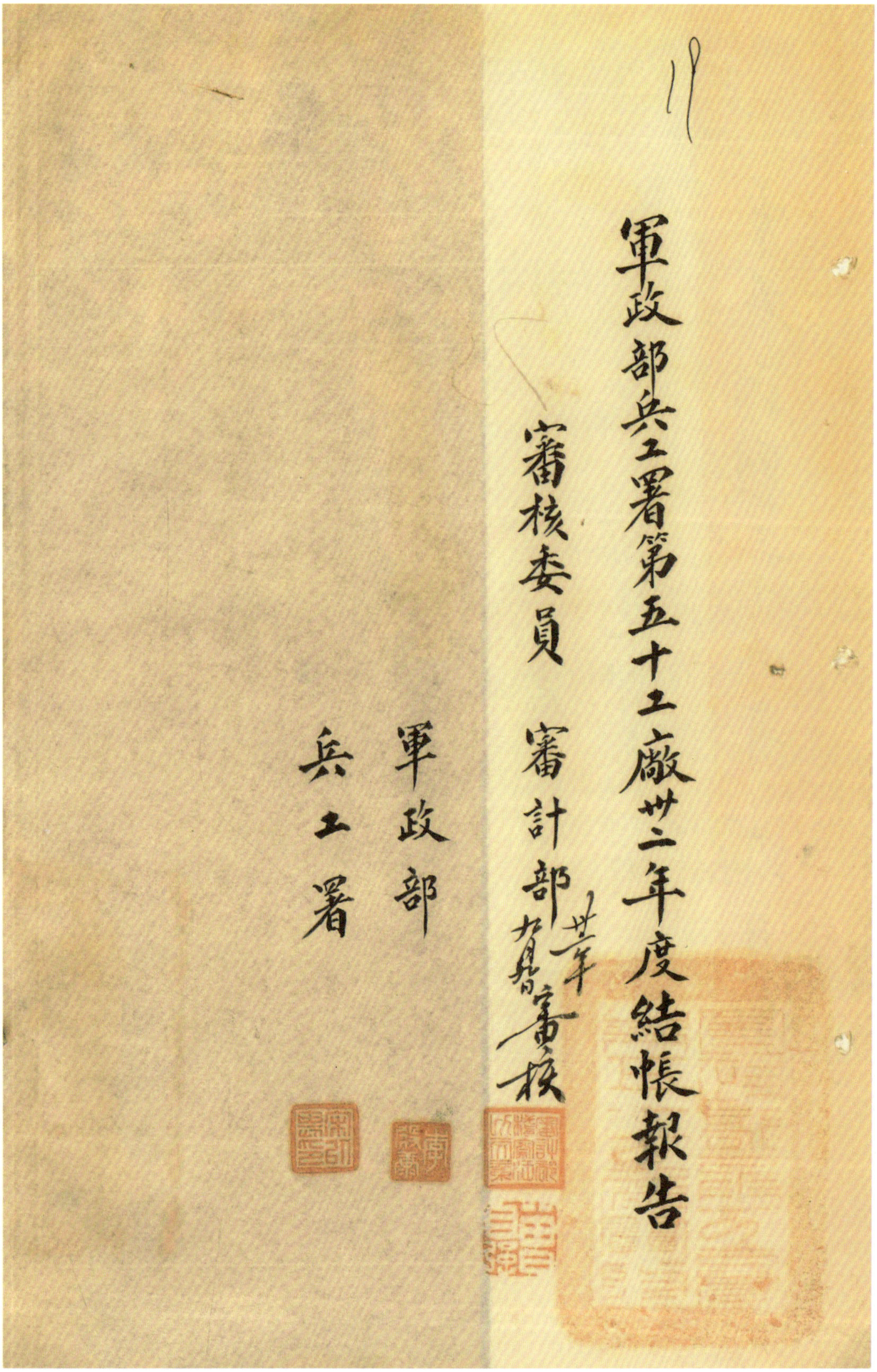
18

軍政部兵工署第五十工廠卅二年度結帳報告

審核委員 審計部 卅三年九月審核

軍政部

兵工署

軍政部兵工署第五十工廠

結賬報告

中華民國32年度

目錄

軍政部兵工署第五十工廠

試算表

中華民國32年12月31日

金額（万十百十万千百十元角分）	科目	金額（万十百十万千百十元角分）
3262216	建築及附屬裝置	
85455425	機器及工場設備	
21574610	運輸工程及設備	
9255846	水電設備	
9107718	工具儀器樣板	
5655000	警衛及防護設備	
69886300	傢具及辦公用具	
239560	書籍	
1395997764	現金	
468730000	零用金	
2686609	存出保証金	
1155000	証券	
861235550	應收帳款	
56245921	職工暫欠	
10212339	應計收益	
151821670	辦公用品	
123488705	糧食	
4036151521	材料	
2269429895	工資	
12205691172	在製品	
2306468513	預付貨款	
45376789	在途機料	
333873393	暫付款	
1179472847	各分廠往來	
18453200	墊付款	
25673132765	過次頁	

廠長　　會計處長　　簿記課長　　製表

軍政部兵工署第五十二廠

試算表

中華民國32年12月31日

金額（万十百十万千百十元角分）	科目	金額（万十百十万千百十元角分）
25673132765	承前頁	
6400000	預付費用	
610216154	上期虧損	
	應付帳款	129110631
	應付料款	7620456501
	應付薪工	512187073
	應付費用	41396827
	暫收款	1318661271
	代收款	61664322
	保管款	19916857
	兵工署往來	1530161066
	兵工署墊款	76157759
	本期盈餘	85030387
	成品解繳	23594105764
8059870850	解繳成本	
	暫估應付款差額	50002833
	成品撥售	460000
460000	撥售成本	
	變價收入	57845233
	雜項收入	1195423576
	利息	18722756
2098170683	製造費用	
	攤派製造費用	139957698
3010202	雜項損失	
36451260654	合計	36451260654

廠長　　會計處長　　簿記課長　　製表

23

軍政部兵工署第五十工廠

資產負債平衡表

中華民國32年12月31日

資產類	金額		
固定資產:			1841713188
建築及附屬裝置	3262216		
減:建築及附屬裝置折舊準備	3262222	2935994	
機器及工場設備	83455425		
減:機器及工場設備折舊準備	8545543	76909682	
運輸工程及設備	21574810		
減:運輸工程及設備折舊準備	2157481	19413329	
水電設備	9255846		
減:水電設備折舊準備	925585	8330263	
工具儀器樣板	9107318		
減:工具儀器樣板折舊準備	910732	8196946	
警衛及防護設備	5855000		
減:警衛及防護設備折舊準備	585500	5269500	
傢具及辦公用具	69886300		
減:傢具及辦公用具折舊準備	6988630	62897670	
圖書書籍	239560		
減:圖書書籍折舊準備	23956	215604	
流動資產:			16[illegible]62149020
現金		1395993764	
週轉金		468730000	
存出保證金		2286609	
證券		1155000	
應收賬款		86123550	
職工除欠		18245921	
應計收益		10212339	
辦公用品		151821670	
糧食		123468705	
材料		4036151521	
在製品		5862374203	
預付貨款		2306168513	
在途機料		11326569	
暫付款		333623393	
墊付款		18453200	
各分廠往來		1179471647	
預付費用		6400000	
合計			817046322212

負債類	金額		
流動負債:			1142682916
應付料款		5624656501	
應付賬款		129110631	
應付薪工		51218023	
應付費用		81396682	
暫收款		1318661231	
代收款		61664322	
保管款		1991695	
兵工署往來		1530161066	
兵工署墊款		26157759	
[illegible]設備折舊準備		19920529	
盈餘:			5611663926
本期盈餘		5611663926	
合計			817046322212

廠長 會計處長 簿記課長 製表

軍政部兵工署第五十工廠

損益計算表

中華民國32年1月1日起至32年12月31日止

摘要	金額：細數	金額：小計	金額：總計
成品解繳			23594105764
本廠解繳品		15534234914	
蓉分廠解繳品		8059870850	
解繳成本		24631639120	
1. 工資	2269429895		
2. 材料	12205691172		
3. 製造費用	2096649203		
4. 蓉分廠解繳品	8059870850		
減：在製品期末盤存		5862374203	
製造成本			18769264917
成品解繳純益			4824840847
加：成品撥售	460000		
暫估應付款差額	50002833		
變價收入	57845233		
雜項收入	1195423576		
利息收入	18722756		
發電廠盈餘	85030387	1407484785	
減：撥售成本	460000		
雜項損失	30102002		
上期虧損	6102216154	6136886356	7937798429
本期盈餘			85618639276

廠長 [印]　　會計處長　　簿記課長 [印]　　製表 [印]

24

25

軍政部兵工署第五十工廠

建設費收支對照表

中華民國32年12月31日止

金額（千百十万千百十元角分）	科目	金額（千百十万千百十元角分）
	收入之部	
15,000,000.00	建設費收入	
322,907.60	材料變價	
2,201.83	暫收款	
	支出之部	
	地基	29,000.00
	建築工程	150,000.00
	在造工程	2,576,445.03
	薪津	171,910.01
	工資	2,046,910.96
	材料	1,148,168.67
	運費	689,561.85
	旅費	19,578.30
	暫付款	1,555,721.31
	預付款	6,643,403.76
	現金結存數	292,412.54
￥15,325,109.43	合計	￥15,325,109.43

廠長　　會計處長　　簿記課長　　製表

26

軍政部兵工署第五十二廠

公積金收支對照表

中華民國32年12月31日

收入（千百十万千百十元角分）	科目	支出（千百十万千百十元角分）
	收入之部	
2932529	罰款收入	
1966935	利息收入	
2015875	其他收入	
	支出之部	
	雜費	5896850
	獎卹	412950
	現金結存數	631540
6943340	合計	6943340

廠長　　會計處長　　簿記課長　　製表

27

軍政部兵工署第五十工廠
三十二年度製品飭造及解繳數量明細表

共3頁第1頁

飭造命令 字	飭造命令 號	飭造品名	單價	飭造 數量	飭造 單位	飭造 總價	解繳 數量	解繳 單位	解繳 總價	三十三年度補繳 數量	三十三年度補繳 單位	三十三年度補繳 總價	欠繳 數量	欠繳 單位	欠繳 總價	備註
[illegible]	947	三七戰防砲	600,000.00	4	門	2,400,000.00	4	門	2,400,000.00							
		六公分迫擊砲	4,000.00	300	〃	1,200,000.00	300	〃	1,200,000.00							
	〃	十五公分迫砲彈	1,200.00	3,000	顆	3,600,000.00	2627	顆	3,152,400.00	373	顆	447,600.00				
	〃	六公分迫砲彈	450.00	20,000	〃	9,000,000.00	[illegible]		7,884,300.00	2146	〃	1,015,700.00				
	956	三七戰防砲	600,000.00	4	門	2,400,000.00	4	門	2,400,000.00							
	〃	十五公分迫砲彈	1,200.00	2,000	顆	2,400,000.00	2000	顆	2,400,000.00							
	〃	克式山砲彈	1,000.00	2,000	〃	2,000,000.00	2000	〃	2,000,000.00							
	〃	六公分迫砲彈	450.00	20,000	〃	9,000,000.00	20000	〃	9,000,000.00							
	940	十五公分迫砲彈	1,200.00	2,800	〃	3,360,000.00	2800	〃	3,360,000.00							
	〃	〃	2,000.00	2,800	〃	5,600,000.00	2800	〃	5,600,000.00							
	〃	〃	3,000.00	2,800	〃	8,400,000.00	2800	〃	8,400,000.00							
	〃	六公分迫砲彈	250.00	110,000	〃	27,500,000.00	110,000	〃	27,500,000.00							
	〃	十年式山砲彈	2,000.00	4,000	〃	8,000,000.00	4000	〃	8,000,000.00							
	981	三七戰防砲	600,000.00	2	門	1,200,000.00	2	門	1,200,000.00							
	〃	克式山砲彈	1,000.00	2,000	顆	2,000,000.00				2000	顆	2,000,000.00				
	986	三七戰防砲	600,000.00	12	門	7,200,000.00	12	門	7,200,000.00							
	〃	克式山砲彈	1,000.00	5,000	顆	5,000,000.00	5000	顆	5,000,000.00							
	995	三七戰防砲	600,000.00	2	門	1,200,000.00	2	門	1,200,000.00							
	〃	六公分迫擊砲	4,000.00	100	〃	400,000.00	100	〃	400,000.00							
	〃	十年式山砲彈	1,000.00	2,000	顆	2,000,000.00	2000	顆	2,000,000.00							
	1002	克式山砲彈	1,000.00	5,000	〃	5,000,000.00	3900	〃	3,900,000.00	1100	顆	1,100,000.00				
	〃	十年式山砲彈	1,000.00	5,000	〃	5,000,000.00	5000	〃	5,000,000.00							
	1027	七五德式榴彈	3,000.00	5,000	〃	15,000,000.00	5000	〃	15,000,000.00							
	1019	六公分迫擊砲	4,000.00	100	門	400,000.00	100	門	400,000.00							
	〃	十年式山砲彈	1,000.00	2,000	顆	2,000,000.00	2000	顆	2,000,000.00							
	1030	三八式野砲彈	1,400.00	5,000	〃	7,000,000.00	3000	〃	4,200,000.00	2000	顆	2,800,000.00				
	〃	十年式山砲彈	1,000.00	2,560	〃	2,560,000.00	2560	〃	2,560,000.00							

廠長　　會計處處長　　簿記課課長　　主辦員

28

軍政部兵工署第五十工廠

三十二年度製品飭造及解繳數量明細表

第2頁

飭造命令 字	號	飭造品名	單價	飭造 數量	單位	總價	解繳 數量	單位	總價	三十三年度補繳 數量	單位	總價	欠繳 數量	單位	總價	備註
覇	066	三七戰防砲	600,000.00	2	門	1,200,000.00	2	門	1,200,000.00							
	〃	六公分迫擊砲	18,000.00	100	〃	1,800,000.00							100	門	1800,000.00	欠繳100門當時因器材更換中式未行解繳
	〃	十年式山砲彈	2,000.00	2,000	顆	4,000,000.00	2,000	顆	4,000,000.00							
	1073	15公分迫砲彈斯底火及發射藥包	121.23	500	發	60,615.00	500	發	60,615.00							
	067	十年式山砲彈	3,000.00	2,500	顆	7,500,000.00	2500	顆	7,500,000.00							
	088	三七戰防砲	600,000.00	2	門	1,200,000.00	2	門	1,200,000.00							
	〃	六公分迫擊砲	18,000.00	100	〃	1,800,000.00	100	〃	1,600,000.00							
	1108	〃 〃	27,000.00	100	〃	2,700,000.00	100	〃	2,700,000.00							
	1120	〃 〃	27,000.00	100	〃	2,700,000.00	100	〃	2,700,000.00							
		十五公分迫砲彈	3,000.00	600	顆	1,800,000.00	600	顆	1,800,000.00							
		克式山砲彈	3,000.00	2,000	〃	6,000,000.00	2000	〃	6,000,000.00							
	1125	六公分迫砲彈	450.00	20,000	〃	9,000,000.00	20,000	〃	9,000,000.00							
	[illegible]	六公分迫擊砲	27,000.00	100	門	2,700,000.00				100	門	2,700,000.00				
		十五公分迫砲彈	3,000.00	3,000	顆	9,000,000.00	3,000	顆	9,000,000.00							
	1160		3,000.00	3,000	〃	9,000,000.00	200	〃	600,000.00	2,800	顆	[illegible]				
		克式山砲彈	3,000.00	2,000	〃	6,000,000.00	2000		6,000,000.00							
	1180	六公分迫擊砲	27,000.00	100	門	2,700,000.00				100	門	[illegible]				
	〃	六公分迫砲彈	450.00	30,000	顆	13,500,000.00	5000	〃	13,500,000.00							
		十五公分迫砲彈	3,000.00	3,000	〃	9,000,000.00				3000		9,000,000.00				
		克式山砲彈	3,000.00	2,000	〃	6,000,000.00	2000		6,000,000.00							本年度補繳飭造品總
	1020	三七戰防砲	600,000.00	12	門	1,200,000.00				12	門	1,200,000.00				計31,163,200.00欠繳1,8
飭造令合計						262,080,615.00			228,117,215.00			31,163,200.00	[illegible]		1,800,000.00	00,000.00係遵奉令緩繳
修	2082	28式150榴彈砲藥包		600	個	19,061.20	284		13,959.05				11[illegible]	個	5,101.75	
	1987	十五公分迫砲彈底火		1,000	〃	4,250.00	1,000		4,250.00							
	〃	新改裝藥包		1,000	〃	60,800.70	1,000		60,800.70							
	2059	人成火起子		2	件	915.26	2		915.26							
	〃	拉火機插銷		2	〃	512.06	2		512.06							

廠長　　會計處處長　　簿記課課長　　製表員

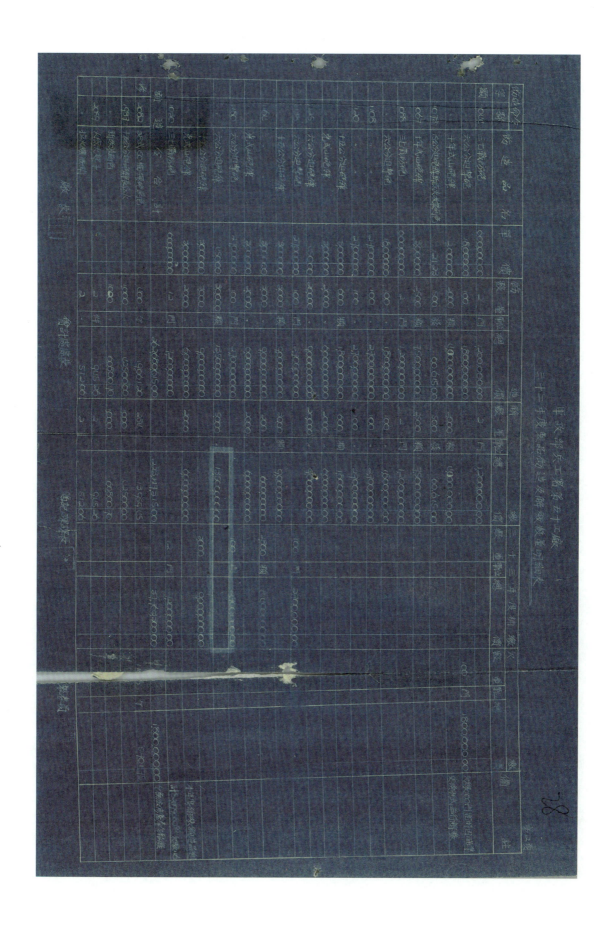

軍政部兵工署第五十工廠

三十二年度製品仿造及解繳數量明細表

第8頁

仿造命令 字	仿造命令 號	仿造品名	單價	仿造 數量	仿造 單位	仿造 總價	解繳 數量	解繳 單位	解繳 總計	三十三年度補繳 數量	三十三年度補繳 單位	三十三年度補繳 總價	欠繳 數量	欠繳 單位	欠繳 總價	備註
仿	2059	中軸油腔刻		4	件	21168	4	件	21168							
		二八機[illegible]費		1		63855	1		63855							
		準計[illegible]量		3		8168	3		8168							
		[illegible]螺帽		10	個	11850	10	個	11850							
	2012	[illegible]		500		1581500	500		1581500							
	1952	十五公分迫擊砲		4	門	6415176	4	門	6415176							
	2062			4		2682258	4		2682258							
	2063			4		6415176	4		6415176							
	2216			2		[illegible]	2		[illegible]							
	2220	火砲[illegible]		6	根	7219998	6	根	7219998							
	2159	火砲零件		1	批	30616450	1	批	[illegible]							
		仿造合計				205290056			[illegible]						570175	本年度補繳31門迫擊砲總計8511281.6元
加	1301	二八式野砲[illegible]		300	箱	10096200	100	箱	10096200							
	1312	十五公分迫擊砲彈		232		18925452	222		18708696				2	箱	161756	
	1355	十五公分[illegible]		100		26153000	100		26183000							
	1369	三八式引信製圖		1		47383	1		47383							
		三八式野砲彈製圖				268942			268942							
		十年式山砲彈製圖				208533			208533							
		[illegible]製圖				235100			235100							
		加造合計				62005214			61843058						161756	本年度補繳31門迫擊砲加造品總計8119205元
		[illegible]							1051710.75							
		[illegible]							3272115[illegible]							
		[illegible]							1200000							
		由上仿造品合計							1120958.32							本年度補繳各批仿造品總計8309元
																本年度欠繳以前年度共31881011.21元
		總計				265,353,067.00			227,233,936.61			37,100,717.21			1,807,319.81	

廠長　　會計處處長　　簿記課課長　　製表員

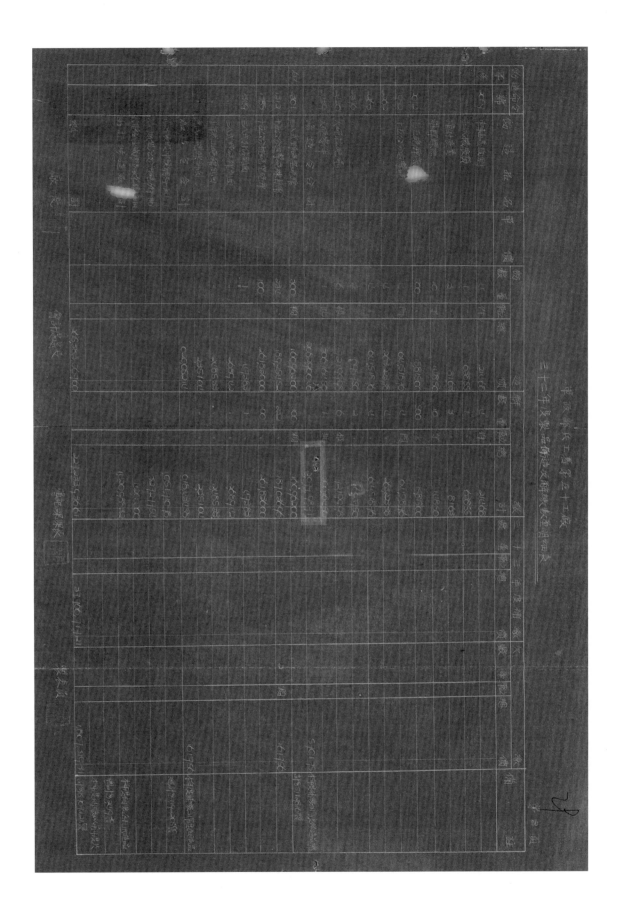

軍政部兵工署第五十工廠

三十二年度製造費用明細表

科目＼月份	一	二	三	四	五	六	七	八	九	十	十一	十二	合計
俸薪	[illegible]	[illegible]	[illegible]	[illegible]	[illegible]	[illegible]	[illegible]	[illegible]	[illegible]	[illegible]	[illegible]	[illegible]	[illegible]
特別辦公費	959000	953000	902290	947733	908770	970500	904000		920000	920000	1200000	2750980	9109278
[illegible]津貼	2205644	2791437	1660918	1142850	1851610	3209995	3496780	2907290	2662620	2812200	2649476	29 2270	32111850
米貼	2940731	630015162	311120028								四至十一月份	41760435	50840994
[illegible]費	699186	82000	365900	728196	501700	212090	461500	299700	240000	298800	222700	180300	8528242
文具印刷												2059100	2059100
郵電費	2910		19070	7170	211845	10089	77350	24360	2550	10575	42425	18498	415135
旅費	640738	2112240	6800280	562710	6214755	6458155	6491770	4067380	4067630	4406450	1029580	1110554	3[illegible]
運費	27042301	18075042	1056178	1502101	6091591	216224	[illegible]	22369117	16094364	22716408	380396	26050 13725	40004 50110
匯兌	64620	200	60040	36250	21150	47200	26000	000	10400	04000	26600	24000	466[illegible]
稅捐												1000140	1000140
保險費												1520400	1520400
醫藥費	121800	106030	132280	62480	100180	924210	470100			967098	299090	283730	5269464
租賃費	107710	617060	606620	930200	100760	2119004	2227500	2431490	2705000	2206524	2410924	268+690	26241702
雜項購置	130585												130585
盤存損失												1152049	1152049
外購水費			52500		152604	39400	30500	63000		159600	81200		1240650
電費			322350			162300				121406		19177 72511	19177 72511
修繕費	1032900	1772000	669444	25000	20000	65000	146000	31000	7901000	117500	3092285	147140	21661109
折舊												138043218	138043218
雜費	3819482	769646	1049713	1065926	208156	1580028	1601429	697700	740529	1067730	1932449	1240250	29187772
撫卹費	122710	53460	2020	846200	222810	128200	90200	24000	935640			1442900	4[illegible]8640
中山室經費	400000	400000	400000	400000	400000	400000	400000	400000	500000	600000	800000	500000	6400000
區黨部經費												120000	120000
學校經費												320101	320101
過期帳支出												5185985	5185985
總計													22560 04904
減：轉入成本[illegible]費用													1399 57651
淨計	11204250983	2455322004	16609534	4855940	11715944	12229277	85000	4049085	6049320	0041009	9604180	15043651	[illegible]

廠長　　　會計處處長　　　簿記課課長　　　製表員

31

軍政部兵工署第五十工廠
三十二年度工資明細表

科目 \ 月份	一	二	三	四	五	六	七	八	九	十	十一	十二	合計
工務處	6467997	5601999	6499887	6971924	7241370	7289960	7271600	7012510	6847180	6804700	6127090	12105410	87742687
工程師室	509690	468850	482420	577420	602640	628950	678910	706800	782500	856200	970169	1111680	8377460
製砲所	9425110	19152090	22505580	24739100	26026260	27011100	29825830	28109500	29245600	29364470	23237670	26004530	297385170
彈夾所	9097030	7598590	9922830	10573720	11451400	11642000	13477420	12750860	12842540	13761890	11378590	18670900	149374100
引信所	5025170	7561560	6891540	9115400	6975050	9261120	10579300	10015000	9547960	9192160	13729210	14264450	120028000
嵌工所	2820420	2593620	2951400	3340870	2606250	3068510	4127240	4127900	4441700	4370730	5019220	5870120	46873400
鑄工所	10590230	9783125	13165410	15000400	16317610	16592250	18532470	17194480	17925740	17571540	19991940	22919410	195590715
木工所	12659160	10842360	14960970	15926900	17909710	19646820	22460100	22052400	23715550	24100000	29056060	32466510	245709520
火工所	7422792	6004110	7726550	8761700	9729820	10712250	13556450	13374730	13682980	13184030	17062210	19293250	141868122
工具所	4276320	3403590	2952000	4544000	6295050	6059810	7021170	10209420	7250070	6021970	7451240	9099950	73319200
樣板所	4551690	3779410	4819020	5815000	6220760	6472250	7166720	6936200	7006560	7042690	7921240	8621100	76443620
子弟學校							72000	96000	132000	150000	156000		606000
地產科							1262000	1248000	1380000	1264000	1377000		6906000
工具模板室	1307520	1135090	1025780	1081640	1040000	1365000	1491000	1612750	1574670	1550840	1864450	2229850	17289550
修配所	3949010	3622590	4898640	5519180	5985120	6415690	7145900	7253250	7399840	7765070	8454270	10138570	78565230
半成品檢驗室	921620	1197800	1464270	1590980	1941800	2163010	2434280	2510190	2512650	2649730	3408310	4045750	26844450
精確研究室	509460	441160	556010	612250	649720	656160	723390	702040	728840	728140	691970	1000720	8302990
庶務室	1398710	1259250	1130820	1461480	1624170	1727360	2429700	2548260	2482900	2518100	2984400	2611440	21826700
福利處	10205290	10121080	10723760	12407400	14219270	14557560	18431810	19129250	16911450	19224230	21094410	22081530	192251080
保管科	2111080	2051516	2181870	2433940	3120940	3216330	4129300	4144900	4118280	4222750	4452190	4537500	40894256
運輸科	9830580	8480570	9721480	11471880	13679080	12191000	13519600	12268400	14343380	14216030	22707730	15408950	148324560
農林場	1553000	1802060	1888120	2136750	2267860	2424220	3028970	3162140	3180450	3358590	3592970	4071000	32546940
清查組	671410	928855	874319	1085210	1260050	1319050	1583560	1590150	1651850	1722530	1828400	1888030	16404444
二一廠洋火費												605016	605016
油料加繞費												2022500	2022500
勞動隊	1156760	1389560	1486310	2012500	2264500	2570500	2394000	2231500	2376500	2362000	2343500	5596000	29584130
大禹鐵製費												4573112	4573112
砲件絨綁費						826448		1406100					2232548
水電所	10279490	8967950	10680630	10892150	11025970	12142540	14528650	17024460	5972230	6439731	21779212	7644941	143569005
成驗室及理化室	927700	519620	1000090	676810	1427940	1408700	1665920	1458640	1552190	1958640	2093000	2261400	[illegible]
敞口汽及汽車司機							1221000	1251000	1257000	1253000	1253000		6235000
總計	[illegible]	[illegible]	[illegible]	[illegible]	[illegible]	[illegible]	[illegible]	[illegible]	[illegible]	[illegible]	[illegible]	[illegible]	[illegible]

廠長　　會計處處長　　簿記課課長　　製表員

32

軍政部兵工署第五十二廠

零用金

中華民國32年12月31日

科目	金額 小計	金額 合計	備考
採購科零用金	1700000000		
合作社零用金	2000000000		
福利處零用金	800000000		
馬保和零用金	150000000		
會計處食堂零用金	1000000		
稽查組零用金	2300000		
吳貴山零用金	1000000		
戴國荃零用金	1000000		
陳慧新零用金	6000000		
汪憲零用金	3000000		
張郁秋零用金	800000		
唐宏慶零用金	2000000		
劉壽廷零用金	1500000		
龔謀	2000000		
吳莞鈞零用金	5000000		
趙憑順	1000000		
王家鼎零用金	1000000		
周祖彭零用金	1200000		
徐鑑泉零用金	500000		
張君貽零用金	1500000		
蕭鴻點零用金	1000000		
工務處食堂零用金	500000	5468730000	

廠長　　會計處長　　簿記課長　　製表

軍政部兵工署第五十工廠

存出保証金

中華民國32年12月31日止

33

科目	金額 小計	金額 合計	備攷
水表保証金	100000		
氧瓶押金	1000000		
郵箱保証金	5000		
電話保証金	449000		
海關押稅	11715		
房地押租	178000		
雜項押金	500		
公攤押金	278394		
電表電費保証金	164000	2186609	

湶分廠往來

中華民國32年12月31日

科目	金額 小計	金額 合計	備攷
廠撥材料款(借)	113677715		
代收付款(〃)	124398023		
墊付薪津(〃)	46850		
製品解繳(貸)	8059870850		
墊撥週轉金(借)	1216633485		
應領製造費(〃)	8029254400		
藝校報銷經費(貸)	244661736	(借)1179473840	

預付費用

中華民國32年12月31日

科目	金額 小計	金額 合計	備攷
大新營造廠	1400000		
鋼鐵廠遷建委員會運費	5000000	6400000	

廠長　　會計處長　　簿記課長　　製表

34

軍政部兵工署第五十工廠

應收賬款

中華民國32年12月31日

科目	金額：小計	金額：合計	備攷
廢品整理工廠	12,000.00		
彈道研究所	9,718.90		
鋼鐵廠遷建委員會	2,358.58		
第一工廠	1,215,556.00		
第二工廠	64,677.80		
第二十一工廠	1,170,364.30		
第二十五工廠	20,500.00		
中國機器製造廠	100,000.00		
航技處	156,000.00		
材試處	2,359.50		
第四十工廠	1,002.30		
重慶電力公司	2,450,931.76		
中信局存款	32,455.17		
第二十八工廠	1,321,210.78		
電信機械修造廠	42,000.00		
第一被服廠	55,200.00		
第二十四工廠	12,142.00		
兵工署	1,977,900.20		
葉青	1,544.93		
民生公司	4,621.30		
華西公司	5,400.00		
第十一廠駐渝辦事處	14,000.00	8,861,235.50	

廠長　　會計處長　　簿記課長　　製表

35

軍政部兵工署第五十工廠

預付貨款

中華民國32年12月31日

科目	金額 小計	金額 合計	備攷
中央研究院儀器工廠	132400.00		
中央電工器材廠	388967.38		
中國機器鑄造廠	535578.24		
中國工業窯業原料廠	382365.00		
渝鑫鉄工廠	22816.22		
五和鉄工廠	31972.05		
建業機器廠	39333.00		
華順機器廠	436650.00		
震旦機器廠	84299.91		
中央電瓷廠	343084.41		
光明電池廠	84480.00		
大業電機工廠	288800.00		
合記煤廠	837058.00		
協力煤廠	430000.00		
天勝工廠	56676.00		
大華煉油廠	150000.00		
三民軍服廠	251580.00		
永建機製磚瓦廠	247262.00		
經濟部水泥管理委員會	103640.00		
鋼鉄廠遷建委員會	200000.00		
兵工署北碚辦事處	3095539.55		
香港中央信託局	92249.48		
全國度量衡局	16000.00		
甘肅油礦局	90000.00		
中國汽車製造公司	945400.00		
復興商業公司	120000.00		
大路工程公司	74515.50		
中央木業公司	94416.00		
寶源煤礦公司	3086061.30		
天府煤礦公司	4006332.00		
全濟煤礦公司	163004.88		
同豐煤焦公司	130364.28		
過次頁	16997068.78		

廠長　　會計處長　　簿記課長　　製表

36

軍政部兵工署第五十二廠

預付貨款

中華民國32年12月31日

科目	金額 小計	金額 合計	備考
承前頁	1699706676		
順昌公司	25600000		
華同公司	6393302		
德信公司	1843600		
大慶公司	35800000		
合益公司	12700000		
利川木行	146304048		
裕順商行	3742609		
大公木行	22568000		
大森木行	7350000		
福利商行	64000000		
良友商行	40000000		
永昌板車行	1590000		
利華工程貿易行	22090688		
聚利昇木行	2366694		
裕森木行	896		
泉清木號	43410500		
同心字號	11372400		
永和字號	5871600		
集慶字號	3733300		
液蚕會	18280000		
唐祥雲	4560000		
皖合遇	5000000		
雷炎明	900000		
利鑫長記	14472000		
新生儀器社	4146000	82306568513	

廠長　　會計處長　　簿記課長　　製表

37

軍政部兵工署第五十工廠

暫付款

中華民國32年12月31日

科目	金額 小計	金額 合計	備攷
福利處	2038000.00		
職員件工獎金	231093.23		
超過儀價規定料款	9730.00		
西人宿舍工程款	10251.86		
暫墊喪葬費	68.54		
署駐昆辦事處	30000.00		
駐昆辦事處	38138.27		
預支料款	12040.46		
職員益薪	47140.39		
採購料零用金	180383.50		
孫承恩採購款	335.50		
梁步零零用金	15833.28		
馬運復採購款	26675.33		
陳善淵經付運費	80000.00		
胡承志郵金	5000.00		
陳安仁喪葬費	70.00		
平價米貼款	214929.47		
預付薪津	351.40		
預付工資	2006.80		
王國章	11225.00		
職子英	4015.00		
劉天威	3426.00		
施惟吾	3160.00		
陳贊文	3500.00		
張君昭	6500.00		
周祖鵬	1710.00		
馬保和	32618.45		
徐俊臣	40000.00		
吳志廣	90000.00		
胡貽文	50000.00		
鄭建昌	4000.00		
嚴學岩	500.00		
轉次頁	3224950.48		

廠長　　會計處長　　簿記課長　　製表

38

軍政部兵工署第五工廠

暫付款

中華民國32年12月31日

科目	金額 小計	金額 合計	備攷
承前頁	322495048		
試員七折薪	2069595		
區黨部	212750		
戴國銓陳英鵬	8696000	8333873393	

暫收款

中華民國32年12月31日

科目	金額 小計	金額 合計	備攷
借入三十一年度建設費	1178593953		
借入三十二年度建設費	94501335		
駐昆辦事處	1113893		
昌華營造廠	45000000		
柴油關税	204000		
青磚税款	449676		
兵工署	38879343		
印花	24967		
雜户	398100	81318661271	

代收款

中華民國32年12月31日

科目	金額 小計	金額 合計	備攷
代收隊費	42300		
代扣黨費	322640		
代扣月捐	148430		
代扣布款	25961600		
夏服代金	2497600		
冬服代金	3187800		
職工代菜金	221600		
合作社	1317060		
所得税	27966192	861664322	

廠長　　會計處長　　簿記課長　　製表

38

軍政部兵工署第五十工廠

應付賬款

中華民國32年12月31日

科目	金額 小計	金額 合計	備攷
兵工署	191.80		
第一工廠	2291.51		
第二工廠	431200.00		
第十工廠	831632.35		
第二十工廠	20056.19		
駐港辦事處	5734.46	$1291106.31	

保管款

中華民國32年12月31日

科目	金額 小計	金額 合計	備攷
職員儲金	6243.90		
士兵儲金	911.13		
存入保証金	190105.94		
藝校儲金	123.00		
救國公債	1785.60	$199169.57	

應付費用

中華民國32年12月31日

科目	金額 小計	金額 合計	備攷
應付薪俸	840.00		
應付雜費	15095.00		
應付修理費	29179.85		
應付旅運費	368853.42	$413968.27	

在途機料

中華民國32年12月31日

科目	金額 小計	金額 合計	備攷
港處代購機料等	22078.74		
柏林商專處業	431689.15	$453767.89	

廠長　　會計處長　　簿記課長　　製表

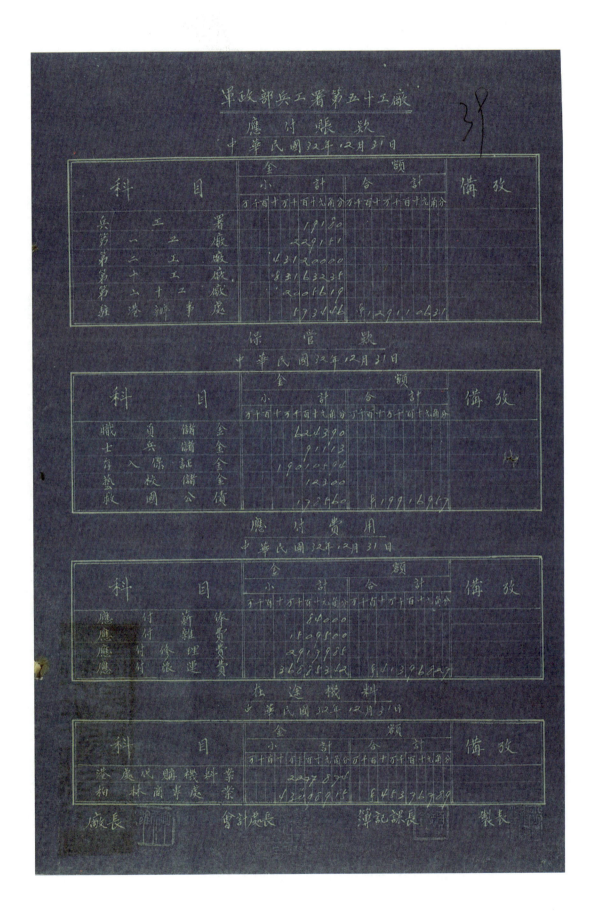

40

兵工署第五十工廠廠長丁天雄

會計處長周志誠

簿記課長項鏗

中華民國三十二年九月十一日

军政部兵工署第五十工厂结帐报告附属表（一九四四年九月十一日）

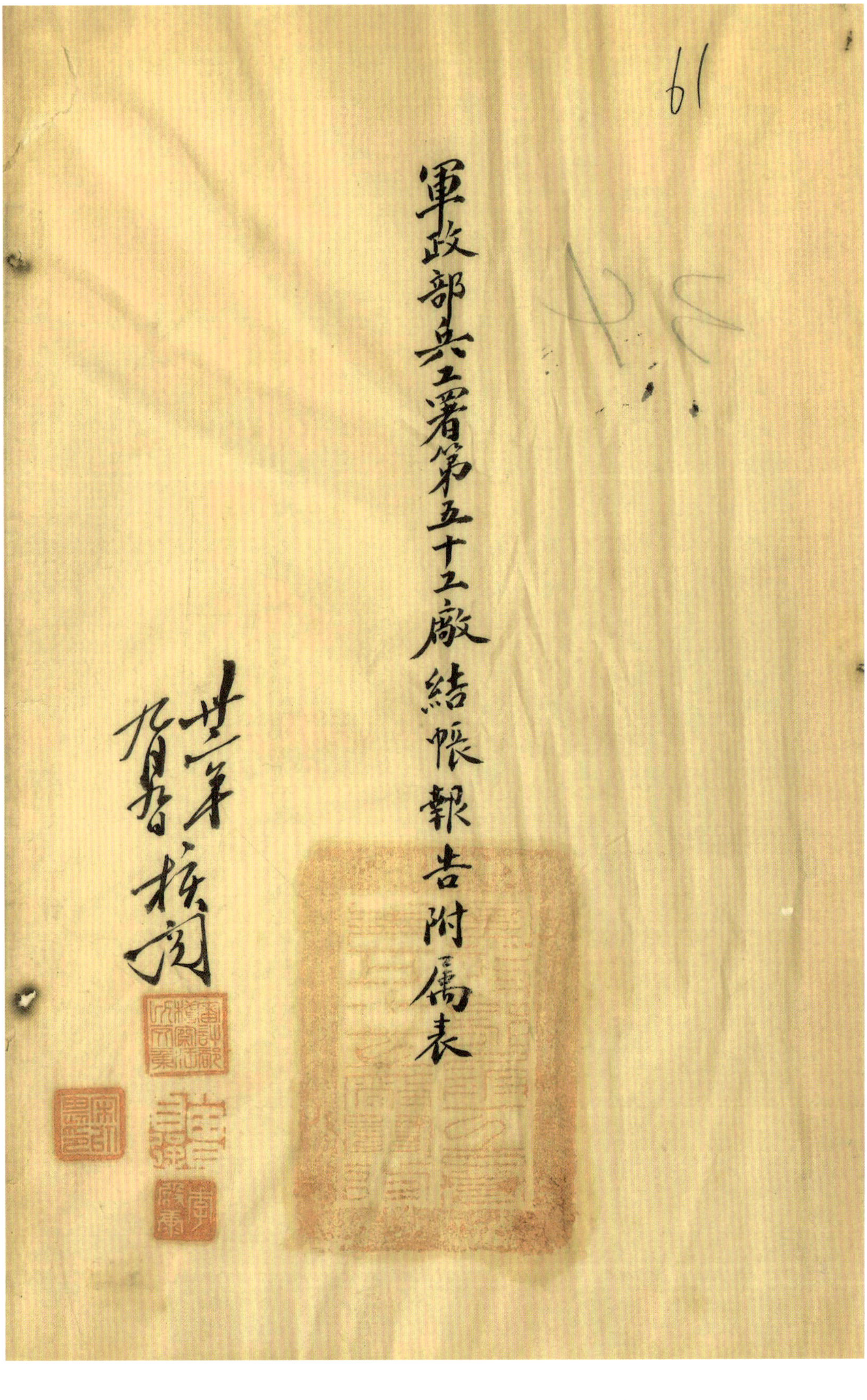
61

軍政部兵工署第五十工廠結帳報告附屬表

卅三年

軍政部兵工署第五十工廠

二六年度建設收支累計表

中華民國自二六年六月二日起至二七年六月三十日止

收入金額（千萬 百萬 十萬 萬 千 百 十 元 角 分）	科目	支出金額（千萬 百萬 十萬 萬 千 百 十 元 角 分）
	收入部份	
680000000	借墊經費	
12202231	暫收款	
28349	罰款收入	
3179222	雜項收入	
5934	賠償收入	
11800	租金收入	
	支出部份	
	零用金	9112952
	暫付款	11746237
	俸給費	20097042
	辦公費	2956245
	購置費	1905455
	特別費	2475197
	材料	6278296
	購置	111320
	各項事業款	11566983
	代署辦理轉運費	102422
	防空設備費	1120006
	建設費	470852
	新廠建設費	482720
	中信局存款	354870
	庫存現金	803639
869584236	合計	865584236

廠長　　會計處長　　簿記課長　　覆核員　　製表員

63

軍政部兵工署第五十工廠

二七年度建設費收支累計表

中華民國二七年十二月三十一日

收入金額	科目	支出金額
	收入部份	
695000.00	事業經費	
60000.00	應領經常費	
94394.39	剩餘經費	
3383.59	利息收入	
320.40	罰款收入	
331.06	雜項收入	
114.60	賠償收入	
206.52	租金收入	
12058.95	暫收款	
14692.85	保管款	
670.00	借墊款	
65.00	應付未付補助金	
10639.31	[illegible]薪工	
4186.12	[illegible]費用	
	支出部份	
	零用金	154681.32
	暫付款	174746.43
	預付費用	113723.23
	預付工程費	233455.18
	職員借支	46861.20
	工人借支	9067.03
	伙緣借支	1622.19
	士兵借支	5404.40
	新廠建設費	82204.12
	轉次頁	[illegible]

廠長　　會計處長　　簿記課長　　覆核員　　製表員

64

軍政部兵工署第五十工廠

合　頁

中華民國　27　年　12　月　31　日

收入金額（千萬 百萬 十萬 萬 千 百 十 元 角 分）	科目	支出金額（千萬 百萬 十萬 萬 千 百 十 元 角 分）
895960.74	承前頁	567847.01
	百研所	17586.32
	26年度購置料	3427.77
	26年度材料	46523.78
	26年度建設費	16633.72
	中信局存款	2021.84
	庫存現金	23564.31
	借墊經費	[illegible]
895960.74	合計	895960.74

廠長　　會計處長　　簿記課長　　覆核員　　製表員

65

軍政部兵工署第五十工廠

28年度建設費收支累計表

中華民國 28年 12月 31日

收入金額（十萬 百萬 十萬 萬 千 百 十 元 角 分）	科目	支出金額（千萬 百萬 十萬 萬 千 百 十 元 角 分）
	收入部份	
220723659	專業經費	
200000000	應領經常費	
14615466	剩餘經費	
	支出部份	
	新廠建設費	37000782
	一期建設費	12255932
	專案建設費	170880
	一期在造工程	51183670
	二　〃　〃　〃	13245607
	三　〃　〃　〃	126759
	專案　〃　〃　〃	8455419
	俸給費	43563545
	辦公費	12049605
	購置費	2156942
	特別費	4232240
	補助金	5090933
	百研所費	767830
	26年度建設費	12222458
	26年度材料	6652378
	26年度購置	348777
	預付工程費	8526623
	墊付製造費	91344543
	銀行往來	8427709
8344185205	合計	432051185205

廠長　　會計處長　　簿記課長　　覆核員　　製表員

軍政部兵工署第五十工廠

66

29年度建設費收支累計表

中華民國29年12月31日

收入金額	科目	付出金額
	收入部份	
5,846,265.26	專業經費	
33,040.00	存入保證金	
126,616.35	建築材料售價	
97,825.96	經費剩餘數	
	支出部份	
	新廠建設費	368,883.76
	一期建設費	158,781.42
	二期建設費	615,133.54
	專業建設費	1,211.43
	一期在造工程	633,779.88
	二〃〃〃〃	263,932.19
	三〃〃〃〃	355,078.64
	專業在造工程	199,370.82
	俸給費	469,976.61
	辦公費	127,849.10
	購置費	23,577.54
	特別費	43,917.69
	補助金	54,830.32
	預付工程費	859,064.80
	償領食米費	11,730.15
	藝校作業開辦費	237,266.09
	墊付製造費	1,245,009.45
	銀行往來	44,376.16
¥6,103,743.69	合計	¥6,103,743.69

廠長　　會計處長　　簿記課長　　覆核員　　製表員

67

軍政部兵工署第五十工廠

30年度建設費收支累計表

中華民國30年12月31日

收入金額 千萬	百萬	十萬	萬	千	百	十	元	角	分	科目	支出金額 千萬	百萬	十萬	萬	千	百	十	元	角	分
1	7	7	1	2	8	6	8	6	5	事業經費										
			7	2	3	0	0	2	2	存入保證金										
		4	6	4	1	9	9	1	2	建築材料售價										
			9	7	3	2	0	9	6	經費剩餘數										
										預付工程費		3	0	7	3	2	2	2	6	3
										新廠建設費		1	4	8	5	2	7	8	4	9
										二〃〃〃〃			8	6	8	3	4	8	6	6
										三〃〃〃〃		1	6	0	5	8	5	1	1	8
										四〃〃〃〃		1	8	2	4	6	9	9	3	5
										一期在造工程			4	5	0	8	4	0	1	3
										二〃〃〃〃			2	4	2	3	9	2	2	2
										三〃〃〃〃			1	8	8	0	9	8	9	2
										四〃〃〃〃		3	2	0	2	1	8	9	2	2
										藝校作業開辦費			3	4	9	3	3	3	5	9
										技校開辦費			2	4	0	5	8	9	0	5
										30年技訓班經常費				6	0	2	7	9	2	9
										30年技訓班開辦費				4	2	0	4	4	7	9
										30年技校經常費			1	2	0	8	9	0	9	3
										28年度俸給費			4	6	2	1	9	8	3	5
										28年度辦公費			1	2	7	8	0	9	4	0
										28年度購置費				2	3	5	7	7	5	8
										28年度特別費				4	3	9	1	7	6	9
										28年度補助金				5	2	1	8	9	0	5
										墊付製造費		4	3	6	1	4	0	0	5	3
61	8	3	4	6	1	8	8	7	3	合計	61	8	3	4	6	1	8	8	7	3

廠長　會計處長　簿記課長　審核員　製表員

軍政部兵工署第五十工廠

製造費收支對照表

中華民國28年12月31日

收入金額	科目	支出金額
	收入部份	
714715.36	殘品解繳	
21629.04	利息收入	
5407.77	租金收入	
467.29	罰款收入	
693.66	賠償收入	
62725.96	雜項收入	
87545.67	暫收款	
39480.79	保管款	
913044.93	借撥建設費	
6593.16	應付建設費	
85199.12	應付帳款	
1107.36	應付費用	
3858.41	應付未付薪工金	
1333.25	公積金	
	支出部份	
	存出保證金	2211.26
	零用金	74101.69
	暫付款	495843.16
	應收帳款	46120.86
	應計收益款	7880.21
	預付貨款	81232.86
	職員借支	26097.16
	工人借支	3334.18
	士兵借支	173.20
194[illegible]1.76	轉次頁	740974.18

廠長　　會計處長　　簿記課長　　覆核員　　製表員

68

軍政部兵工署第五十工廠

仝上頁

中華民國28年12月31日

收入金額 千萬	百萬	十萬	萬	千	百	十	元	角	分	科目	支出金額 千萬	百萬	十萬	萬	千	百	十	元	角	分
8	1	9	4	3	7	0	1	7	6	承前頁			7	4	0	9	7	4	1	6
										依撥借支						2	6	5	3	4
										材料			7	1	1	4	1	6	8	3
										工資				8	7	7	9	6	4	4
										製造費用				2	4	5	0	6	6	7
										兵工署往來			2	5	9	6	5	4	2	5
										中信局存款				2	9	3	2	6	0	1
										庫存現金				8	9	5	6	2	1	4
8	1	9	4	3	7	0	1	7	6	合計	8	1	9	4	3	7	0	1	7	6

廠長　　會計處長　　簿記課長　　覆核員　　製表員

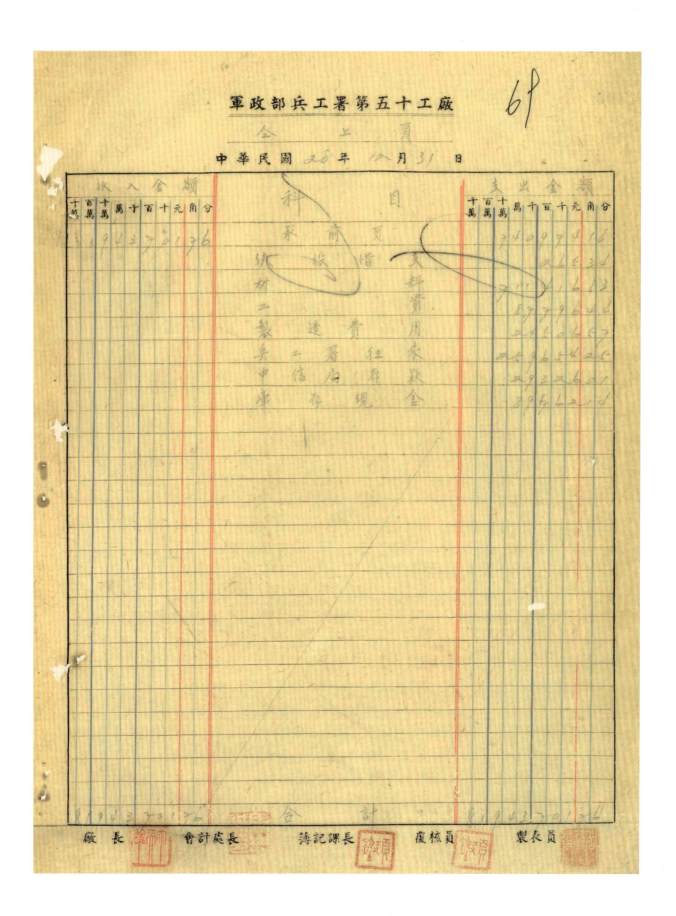

軍政部兵工署第五十工廠

製造費收支對照表

中華民國 29 年 12 月 31 日

收入金額	科目	支出金額
	收入部份	
2003002.57	成品解繳	
564368.00	藝校解繳品	
3503983.80	兵工署往來	
19005.03	利息收入	
16789.37	租金收入	
108131.78	變價收入	
16.53	罰款收入	
585.41	賠償收入	
406.14	雜項收入	
60856.32	暫收款	
33981.81	保管款	
1346009.65	借移建設費	
2031.39	應付帳款	
4162.13	應付未付薪工	
1183.98	公積金	
	支出部份	
	存出保証金	2211.15
	零用金	61212.52
	暫付款	118911.01
	應收帳款	92951.58
	藝校往來	966573.90
	特種借支	9115.00
	職員借支	201835.67
	工人借支	12540.03
8083513.71	轉次頁	1461651.26

廠長　　會計處長　　簿記課長　　覆核員　　製表員

軍政部兵工署第五十工廠

71

仝 上 頁

中華民國 21 年 12 月 31 日

收入金額 千萬	百萬	十萬	萬	千	百	十	元	角	分	科目	支出金額 千萬	百萬	十萬	萬	千	百	十	元	角	分
	8	0	8	3	5	1	3	7	1	承前頁		1	4	6	1	6	5	1	2	6
										士兵借支						1	8	3	9	0
										伕役借支							9	8	1	7
										預付貨款		1	0	1	3	0	3	1	7	9
										預付費用						1	3	5	0	0
										製造費用			2	7	2	2	1	7	7	7
										材料		3	8	1	8	1	0	1	6	8
										工資			3	4	6	4	1	9	6	2
										補助金				3	0	6	6	7	3	2
										額外人員薪俸				1	2	2	7	4	6	8
										加工益薪				4	1	5	1	5	9	1
										藝校製造費			3	7	3	1	5	9	2	3
										中信局存款				4	2	4	5	7	2	6
										庫存現金			1	2	2	5	2	1	3	2
	8	0	8	3	5	1	3	7	1	合計		8	0	8	3	5	1	3	7	1

廠長　　會計處長　　簿記課長　　覆核員　　製表員

72

軍政部兵工署第五十工廠

製造費收支對照表

中華民國30年12月31日

收入金額	科目	支出金額
	收入部份	
5,554,678.16	成品解繳	
1,313,868.00	藝技解繳品	
14,998,933.48	兵工署往來	
39,906.63	利息收入	
26,651.23	租金收入	
218,533.26	變價收入	
144,954.19	暫收款	
31,299.03	保管款	
4,361,500.53	借移建設費	
5,874.78	應付帳款	
322,966.83	應付費用	
73,625.18	應付未付薪工	
325,001.63	第一廠往來	
	支出部份	
	存出保證金	2,362.15
	應收帳款	41,853.58
	零用金	151,576.53
	暫付款	2,050,189.26
	合作社往來	22,778.37
	蓉藝校往來	3,687,957.66
	特種借支	6,310.07
	職員借支	129,389.49
	工人借支	17,409.13
	士兵借支	1,965.70
27,814,293.42	轉次頁	6,129,792.28

廠長　　會計處長　　簿記課長　　覆核員　　製表員

73

軍政部兵工署第五十工廠

全二頁

中華民國 30 年 12 月 31 日

收入金額	科目	支出金額
27814793.42	承前頁	61297922.28
	伙役借支	18.17
	預付貨款	2298326.49
	製造費用	1779725.52
	材料	11517707.82
	糧食費	1362877.54
	俸給費	583174.01
	工資	2108723.27
	補助金	126957.94
	額外人員薪俸	44930.63
	加工益費	137248.08
	藝校製造費	1132911.40
	公積金	14992.49
	中信局存款	45663.16
	庫存現金	632679.72
127814793.42	合計	127814793.42

廠長（印） 會計處長（印） 簿記課長（印） 覆核員（印） 製表員（印）

74

軍政部兵工署第五十二廠 32年建設費預付款明細表

中華民國　年度（自　年　月　日起至 32 年 12 月 31 日止）

第號	
第頁	

摘要	金額 小計	金額 總計	備考
嶒記營造廠#20之3工程	1594960	1594960	
大新營造廠#87之1 〃	64700000		
〃 〃 #89之1 〃	6000000		卅三年完工驗收單論建#6635
〃 〃 #79之2 〃	19665000		
〃 〃 #105之1 〃	10880000		
〃 〃 #73之1 〃	3000000	104245000	卅三年完工驗收單論建#6600
弘新營造廠#75之1 〃	3260000	3260000	〃 〃 #6640
聚成營造廠#67之1 〃	10200000	10200000	
新蜀營造廠#41之1 〃	1326000		卅三年完工驗收單論建#5361
〃 〃 #39之3 〃	3000000		〃 〃 #6138
〃 〃 #85之1 〃	4000000		
〃 〃 #91之1 〃	243000000		
〃 〃 #104之1 〃	2500000	309896000	卅三年完工驗收單論建#5360
協合公司#92之增加 〃	1635000		
〃 〃 #58之1 〃	3229416	4864416	
渝通公司#安裝爐灶 〃	3425000	3425000	卅三年已清結
昌華營造廠#91之1A 〃	12600000	12600000	
佑記營造廠#93之1A 〃	8625000	8625000	
蜀都營造廠#64之1A 〃	5375000	5375000	
建業機器造船廠	5630000	5630000	卅三年已清結
合計		8664340376	

(195×275m/m)

製表　　覆核　　主辦會計人員　　主管長官

75

軍政部兵工署第五十工廠　32年建設費在建工程明細表

第號	
第頁	

中華民國　　年度（自　　年　　月　　日起至32年12月31日止）

摘要	金額 小計	金額 總計	備考
第八十七號之一工程	205166.00		
第一〇四號之一工程	6600.00		卅三年完工驗收單#5340
第八十九號之一工程	398521.00		〃 #6685
第一〇三號之一工程	46304.55		
第七十九號之一工程	106000.00		
第九十三號之一工程	132251.20		
第四十一號之一工程	25777.67		卅三年完工驗收單#[illegible]
第八十三號之一工程	214774.66	825845.60	3建#6401
合計			

（195×275m/m）

製表　　覆核　　主辦會計人員　　主管長官

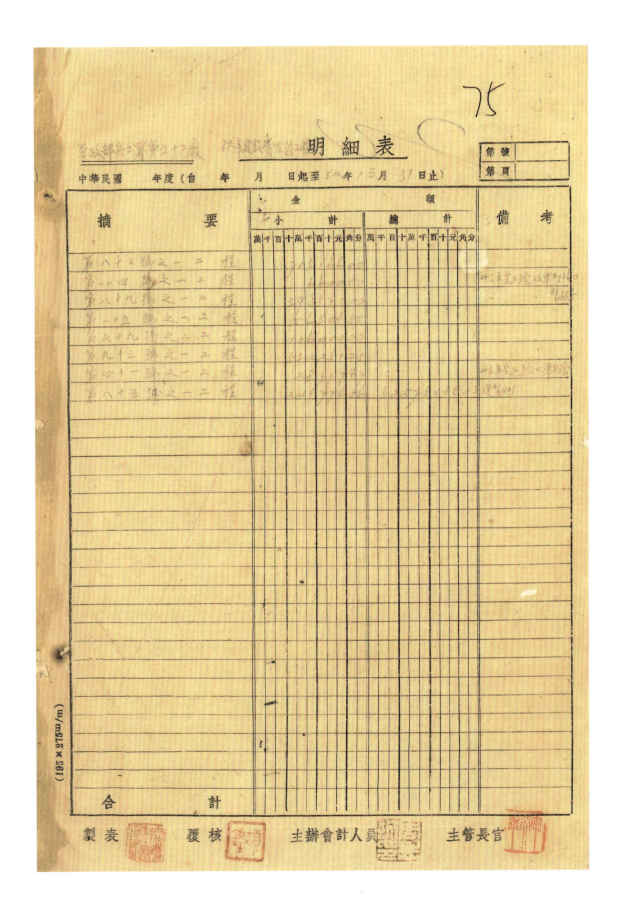

中華民國卅三年九月十一日

75-1

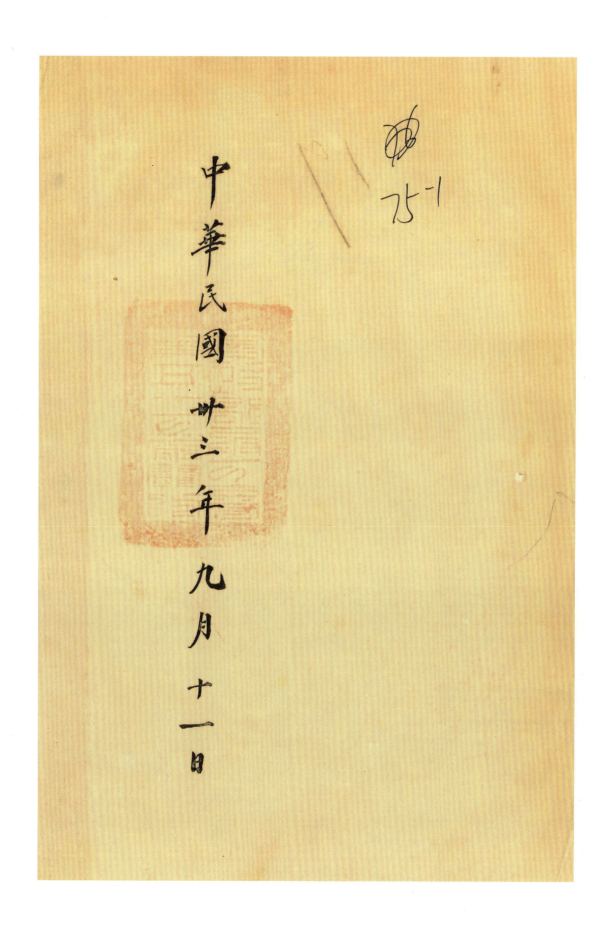

军政部兵工署第五十工厂国有营业资金调查表（一九四四年十二月五日）

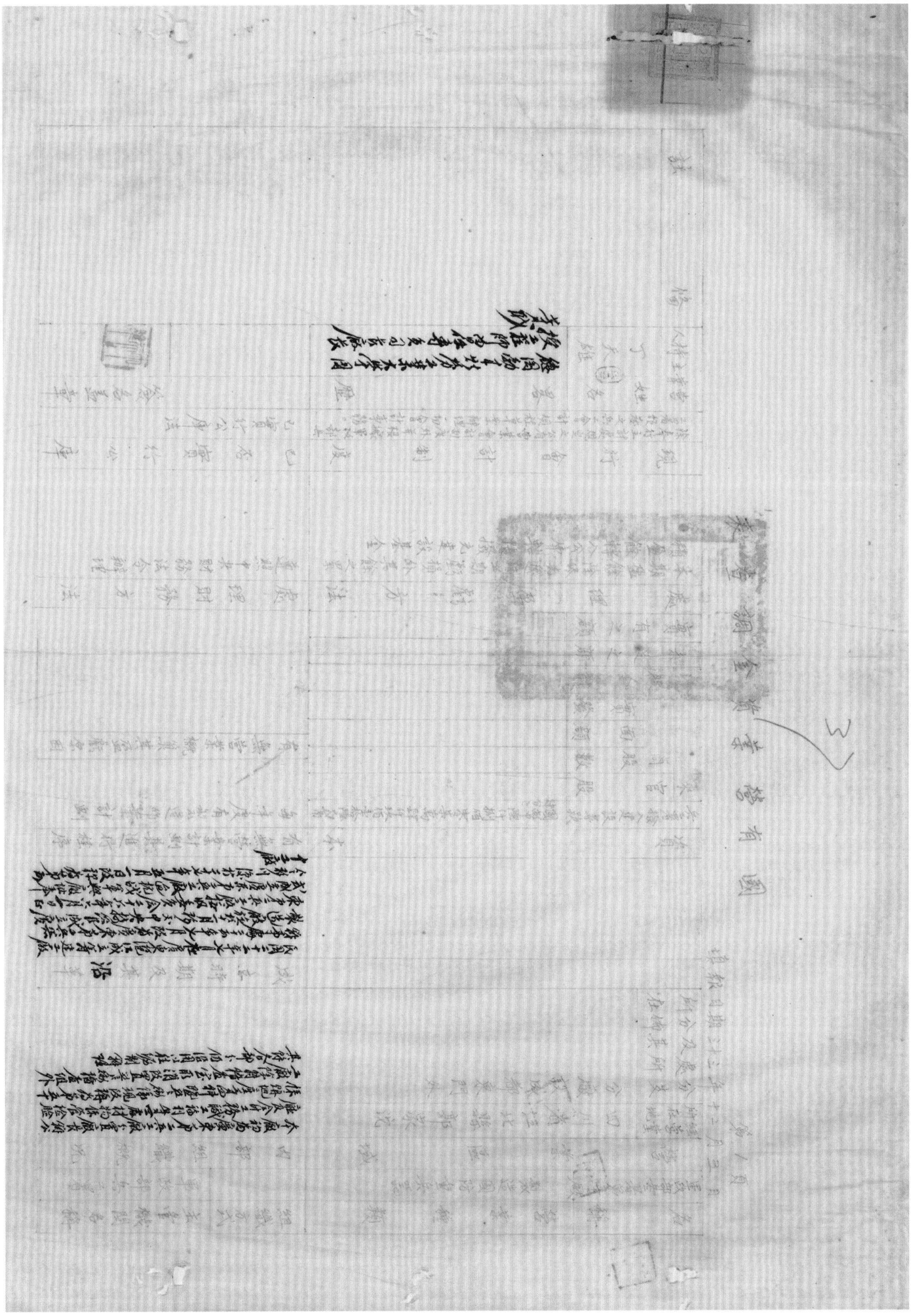

军政部兵工署第五十工厂成都分厂一九四一年度决算报告（一九四四年十二月二十八日）

46 ~~58~~

軍政部
兵工署第五十工廠成都分廠三十年度決算報告

47 ~~57~~

目錄

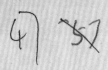

48 ~~56~~

軍政部兵工署第五十工廠成都分廠

總分類帳餘額表

中華民國三十年十二月三十一日整理前　　共二頁第一頁

科目	借方餘額	貸方餘額
現金	280540	
銀行往來	17280982	
中信局存款	110700	
備用金	1018254 52	
存出保證金	428500	
職工借支	18567212	
暫付款	50561291	
預付貨款	19782200	
材料	79161289	
本廠往來		507340255
暫收款		601559
保管款		103830
應付未付薪工		207734
製造費用	15686669	
工資	38602882	
租金收入		132550
賠款收入		304098
罰款收入		103126
雜項收入		518192
成品解繳		240000
俸給費	8955832	
俸給費(29年度)	102682	
辦公費	3862758	
設備費	5197592	
設備費(29年度)	2064	
過次頁	360408645	509551344

主任　　會計科長　　簿記股長　　覆核員　　製表員

軍政部兵工署第五十工廠成都分廠

總分類帳餘額表

中華民國三十年十二月三十一日整理前　　共二頁第二頁

科目	借方金額											貸方金額										
	萬	千	百	十	萬	千	百	十	元	角	分	萬	千	百	十	萬	千	百	十	元	角	分
承前頁			3	6	0	4	0	8	6	4	5			5	0	9	5	5	1	3	4	4
特別費						7	4	2	0	7	3											
開辦費					5	0	5	3	9	5	9											
開辦費(29年度)							3	6	4	8	8											
補助金						5	0	3	7	4	0											
補助金(29年度)							2	5	6	6	4											
琴弦製造費				8	2	8	1	8	0	7	8											
琴弦製造費(29年度)								7	1	2	0											
桑田開辦費					4	3	1	7	7	9	7											
柏木船購置費						6	4	1	0	0	0											
白葯廠開辦費				1	2	3	6	4	3	5	9											
籌製六〇迫彈費				2	9	3	5	2	5	9	7											
籌製六〇迫彈費(29年度)							5	3	2	6	0											
技訓班教育費				1	0	2	3	7	5	9	5											
技訓班購置費					1	9	9	0	5	1	0											
技訓班特別費						9	2	0	1	6	6											
主食費							7	8	2	9	3											
合計			5	0	9	5	5	1	3	4	4			5	0	9	5	5	1	3	4	4

說明：按本分廠三十年度決算係於三十一年十二月間辦理，當時主辦會計人員以跨年度轉帳方式核結帳目，致三十年度總分類帳各科目餘額已失平衡之作用，為便利查核起見，特編具整理前與整理後兩餘額表，謹此陳明。

主任　　會計科長　　簿記股長　　覆核員　　製表員

50
54

軍政部兵工署第五十工廠成都分廠

總分類帳餘額表

中華民國三十年十二月三十一日整理後

科目	借方餘額	貸方餘額
生財器具	26672.98	
現金	2805.40	
銀行往來	172809.82	
中信局存款	1607.50	
備用金	45385.07	
存出保證金	5925.00	
職工借支	10262.52	
暫付款	1334895.19	
待轉呆帳	9213.74	
在製品	92183.18	
粮食	120554.36	
公積金	1527.70	
年度整理	286697.38	
本廠往來		3475488.61
暫收款		1605.00
租金收入		1325.50
賠款收入		3040.98
罰款收入		1076.50
雜項收入		6175.28
解繳成本損益	1382867.77	
損益		4697.74
合計	3493409.61	3493409.61

主任　　會計科長　　簿記股長　　覆核員　　製表員

51

軍政部兵工署第五十工廠成都分廠

51

資産負債表

中華民國三十年十二月三十一日

資産類	金額 小計	金額 合計	負債類	金額 小計	金額 合計
固定資産		26672.98	流動負債		3477093.61
生財器具	26672.98		本廠往來	347[illegible]488.61	
流動資産		2083868.86	暫收款	1605.00	
現金	2805.40				
銀行往來	172809.82				
中信局存款	1607.50				
備用金	45385.07				
存出保證金	5925.00				
職工借支	10262.52				
暫付款	1334895.19				
待轉呆帳	9213.74				
在製品	92183.18				
粮食	120554.36				
公積金	1527.70				
年度整理	286699.38				
虧損		1366551.77			
本期純損	1366551.77				
合計		3477093.61	合計		3477093.61

主任　　會計科長　　簿記股長　　覆核員　　製表員

軍政部兵工署第五十工廠成都分廠

損益計算表

中華民國三十年七月一日至十二月三十一日

摘要	小計	總計
成品解繳		843872.00
六〇迫彈	301872.00	
機器	542000.00	
解繳成本		2226739.77
六〇迫彈	1684739.77	
機器	542000.00	
解繳損失		1382867.77
減：租金收入	1325.50	
賠款收入	3040.98	
罰款收入	1076.50	
雜項收入	6175.28	
損益	4697.74	16316.00
本期純損		1366551.77

主任　　會計科長　　簿記股長　　覆核員　　製表員

53

軍政部兵工署第五十工廠成都分廠

三十年度七月至十二月解繳成品明細表

名稱	單位	數量	單價（十萬千百十元角分）	總價（百十萬千百十元角分）	備註
六公分迫砲彈	發	7944	38.00	301872.00	
刨木機	部	1	24000.00	24000.00	
八尺車床	部	10	24000.00	240000.00	
六尺車床	部	10	15000.00	150000.00	
敏感爆炸試驗儀器	部	1	6000.00	6000.00	
爆炸試驗器	部	1	7000.00	7000.00	
引信燃燒時間儀	部	1	3000.00	3000.00	
引信發火速度儀	部	1	4000.00	4000.00	
滾壓機床	部	1	20000.00	20000.00	
手壓機	部	7	4000.00	28000.00	
手壓機床	部	5	12000.00	60000.00	
合計				843872.00	

主任　會計科長　簿記股長　覆核員　製表員

軍政部兵工署第五十工廠成都分廠

解繳成本明細表

54

中華民國三十年度七至十二月份

科目	金額						
	七月份	八月份	九月份	十月份	十一月份	十二月份	合計
	百十萬千百十元角分	百十萬千百十元角分	百十萬千百十元角分	百十萬千百十元角分	百十萬千百十元角分	百十萬千百十元角分	百十萬千百十元角分
製造費用	7912216	9244642	4833167	2209871	2440124	51242891	77882911
俸薪	11880	12700	12700	12700	12700	110829	173509
生活補助費	237000	300000	324000	324000	317950	397004	1899954
加工益薪	69723	76583	43671	31183		126624	347784
特別辦公費	30000	30000	30000	30000	30000	57254	207254
主食費						2181	2181
俸薪補助費	67607	83335	70966	65698	50230	7900	345736
低級職員生活維持費	19750	19750	19750	19750	19750	19750	118500
員工平價米津貼	6264912	3576736	3401760			8469911	21713319
員工膳食津貼						35258753	35258753
匯兌		1080	1200	1200			3480
運輸器材及設備修配			7800	211000		5000	223800
運費	508682	410851	48320	555200	383250	281635	8421238
旅費	126090	358011	62700	102935	283780	230360	1163876
外購電料	569772	671496	803500	849405	1021464	991100	4906737
醫藥費					155700		155700
獎金						2222300	2222300
雜費	6800	6800	6800	6800	165500	526290	718790
工資	4505741	4928616	6001726	7522523	9412607	15589862	47961075
第一所	3096174	3404845	4130903	4535059	5920643	9577169	30664793
第二所	810362	867366	1128127	1449602	1714645	2619521	8589623
第三所	246650	219801	78855	8400		548467	1102173
總務科	103120	172139	319811	1100105	1294180	2132988	5122343
福利科	249435	261465	307830	429357	460659	682955	2394701
檢驗股			36200		22480	28762	87442
材料	7473602	9350176	14937695	22124943	11089320	31854255	96829991
材料	7473602	9350176	14937695	22124943	11089320	31854255	96829991
合計	19891559	23522434	25772588	31857337	22942051	98687008	222673972

備註：按本分廠三十年度製造費用及工資材料支耗數額因前主辦會計人員於結帳整理時即已直接轉入解繳成本損益科目，致總分類帳整理後餘額表不能表現，為便利查核起見，特編具解繳成本明細表，俾與損益計算表對照，謹此陳明。

主任　　會計科長　　簿記股長　　覆核員　　製表員

55

軍政部兵工署第五十工廠成都分廠

備用金明細表

中華民國三十年十二月三十一日

科目	小計											合計										
	萬	千	百	十	萬	千	百	十	元	角	分	萬	千	百	十	萬	千	百	十	元	角	分
備用金																4	5	3	8	5	0	7
福利科					1	7	3	3	9	0	2											
沈其柏					2	5	1	1	9	7	1											
黃德猷						2	9	2	6	3	4											
合計					4	5	3	8	5	0	7					4	5	3	8	5	0	7

主任　　會計科長　　簿記股長　　覆核員　　製表員

軍政部兵工署第五十工廠成都分廠

存出保證金明細表

中華民國三十年十二月三十一日

科目	小計											合計										
	萬	千	百	十	萬	千	百	十	元	角	分	萬	千	百	十	萬	千	百	十	元	角	分
存出保證金																	5	9	2	5	0	0
電表押金						5	9	2	5	0	0											
合計						5	9	2	5	0	0						5	9	2	5	0	0

主任　　會計科長　　簿記股長　　覆核員　　製表員

56
48

軍政部兵工署第五十工廠成都分廠

職工借支明細表

中華民國三十年十二月三十一日

科目	小計	合計
	萬千百十萬千百十元角分	萬千百十萬千百十元角分
職工借支		1026252
孫永成	15000	
張珊	75998	
呂去病	114893	
沈誠	50000	
譚靜萍	341000	
武兆基	5000	
蕭華甫	2000	
岳宗岱	10000	
浦志炳	16000	
毛文華	6000	
王效仁	12000	
劉士選	85000	
黃文彬	27990	
張瑞芝	25000	
蕭勝傑	5870	
朱鴻亮	10000	
其他	224481	
合計	1026252	1026252

主任　　會計科長　　簿記股長　　覆核員　　製表員

軍政部兵工署第五十工廠成都分廠

暫付款明細表

中華民國三十年十二月三十一日

科目	小計	合計
	萬千百十萬千百十元角分	萬千百十萬千百十元角分
暫付款		133489519
待轉本廠往來	133489519	
合計	133489519	133489519

主任　　會計科長　　簿記股長　　覆核員　　製表員

軍政部兵工署第五十工廠成都分廠

本廠往來明細表

中華民國三十年十二月三十一日

科目	小計											合計										
	萬	千	百	十	萬	千	百	十	元	角	分	萬	千	百	十	萬	千	百	十	元	角	分
本廠往來														3	4	7	5	4	8	8	6	1
代收付款					1	4	9	0	7	6	1											
借墊經費			3	4	6	0	5	8	1	0	0											
合計			3	4	7	5	4	8	8	6	1			3	4	7	5	4	8	8	6	1

主任　會計科長　簿記股長　覆核員　製表員

軍政部兵工署第五十工廠成都分廠

暫收款明細表

中華民國三十年十二月三十一日

科目	小計											合計										
	萬	千	百	十	萬	千	百	十	元	角	分	萬	千	百	十	萬	千	百	十	元	角	分
暫收款																	1	6	0	5	0	0
兵工學校						1	6	0	5	0	0											
合計						1	6	0	5	0	0						1	6	0	5	0	0

主任　會計科長　簿記股長　覆核員　製表員

军政部兵工署第五十工厂成都分厂一九四二年度决算报告（一九四四年十二月二十八日）

45

27

26

軍政部
兵工署第五十工廠成都分廠三十一年度決算報告

21

目　　錄

28

軍政部兵工署第五十工廠成都分廠

總帳餘額表

中華民國三十一年十二月三十一日整理前　　共二頁第一頁

科目	借方金額	貸方金額
生財器具	436176.28	
運輸器材及設備	300.00	
圖案模型	953.56	
機器及工場設備	40000.00	
牲畜林木及天然孳息	2000.00	
現金	98993.96	
銀行往來	21641.93	
公庫存款	5617.52	
中信局存款	1607.50	
備用金	312535.56	
應領製造費用	7674644.90	
應收帳款	45122.36	
存出保證金	6475.00	
預付貨款	1919500.00	
員工借支	450096.07	
暫付款	2328149.29	
直接材料	3203034.51	
間接材料	1709022.18	
辦公用品及物料	164374.97	
糧食	616794.09	
半成品	223643.50	
材料撥借	403689.00	
成品	1240251.81	
成件	7929.40	
在製品	60901.93	
餘料廢品	231346.29	
三十年度待撥盈虧	1366551.77	
過次頁	22574353.18	

主任　　會計科長　　簿記股長　　覆核員　　製表員

42

軍政部兵工署第五十工廠成都分廠

總帳餘額表

中華民國三十一年十二月三十一日整理前　　共二頁第二頁

科目	借方金額											貸方金額										
	萬	千	百	十	萬	千	百	十	元	角	分	萬	千	百	十	萬	千	百	十	元	角	分
承前頁		2	2	5	7	4	3	5	3	1	8											
本廠往來													2	1	0	6	9	2	1	8	6	6
暫收款																1	0	3	4	2	5	8
應付帳款																3	7	2	3	7	5	9
代領款項															1	8	8	5	3	5	4	6
保管款—公積金					1	0	0	6	0	4	1											
製造費用			4	7	3	9	4	1	9	8	3											
工資			1	4	3	2	3	6	6	7	7											
雜項支出						6	9	7	5	5	4											
水火災患及其他損失					2	0	1	1	7	8	0											
待轉呆帳						9	4	5	1	1	8											
工具儀器樣板損益															3	3	1	7	0	5	6	0
副產品損益																2	0	0	9	3	5	0
解繳成本損益														4	8	4	3	8	3	6	6	2
成品解繳														2	2	0	8	8	2	2	5	0
利息收入																1	3	8	0	4	5	7
餘料廢品收入																		2	4	1	0	0
租賦收入																	1	1	8	8	0	0
賠款收入																1	9	7	8	7	8	0
罰款收入																	3	7	6	2	0	0
雜項收入																4	0	6	9	8	7	9
副產品變價																	3	4	6	5	0	4
合計		2	8	7	9	2	7	4	4	7	1		2	8	7	9	2	7	4	4	7	1

說明：按本分廠三十一年度决算係於三十二年十二月間辦理，當時因前主辦會計人員已將三十一年度各資負科目餘額之一部份，以跨年度方式轉收或轉付於三十二年度帳目，致三十一年度總分類帳各科目餘額失其平衡之作用，為便利查核起見，特編具整理前與整理後兩餘額表，謹此陳明。

主任　代　　會計科長　　簿記股長　　覆核員　　製表員

軍政部兵工署第五十工廠成都分廠

總帳餘額表

中華民國三十一年十二月三十一日整理後　　共二頁第一頁

科目	借方金額											貸方金額										
	萬	千	百	十	萬	千	百	十	元	角	分	萬	千	百	十	萬	千	百	十	元	角	分
生財器具					1	9	3	9	0	0	0											
運輸器具及設備						3	2	4	0	0	0											
圖案模型						1	4	9	9	0	6											
機器及工場設備					8	6	4	1	8	3	5											
工場設備及修繕					1	4	4	5	5	0	0											
水電設備					1	4	6	3	0	0	0											
電訊設備				5	3	3	1	5	6	6	6											
牲畜林木及天然孳息						2	0	0	0	0	0											
現金					9	8	9	9	3	9	6											
銀行往來					2	1	6	4	1	9	3											
公庫存款						5	6	1	7	3	2											
中央信託局存款							5	9	9	5	0											
備用金					7	4	3	1	5	6	8											
存出保證金						5	9	7	5	0	0											
應收帳款				2	7	7	3	5	3	4	5											
預付貨款				7	9	4	1	2	7	2	2											
員工借支				3	0	3	1	8	6	1	0											
暫付款			1	6	5	6	7	1	1	0	5											
直接材料		1	1	6	3	4	8	7	0	4	2											
間接材料			1	0	6	3	6	4	0	6	9											
辦公用品及物料				9	6	4	3	3	3	3	1											
粮食				1	9	3	7	9	4	2	2											
半成品				3	4	3	6	4	3	5	0											
材料撥借				4	1	6	3	6	9	0	0											
副產品						3	6	8	0	0	0											
過次頁		1	7	6	6	5	7	4	1	4	2											

主任　　會計科長　　簿記股長　　覆核員　　製表員

31

40

軍政部兵工署第五十工廠成都分廠

總帳餘額表

中華民國三十一年十二月三十一日整理後　　共二頁第二頁

科目	借方金額	貸方金額
承前頁	1766574142	
成品	252936313	
成件	1427282	
在製品	6090193	
餘料廢品	23434629	
三十年度待撥盈虧	136655177	
本廠往來		2652493240
暫收款		3954578
應付帳款		1227326
代領款項		37031842
保管款—公積金		158199
製造費用	381349941	
工資	99234563	
雜項支出	697554	
水火災患及其他損失	18031680	
待轉呆帳	945118	
年度整理	108267805	
工具儀器樣版貸差		16187435
解繳成本損益		73216310
利息收入		1380957
餘料廢品變價收入		24100
租賦收入		118800
賠款收入		1996680
雜項收入		2882000
材料成品盤盈		1814000
製品損益		3658930
合計	2796144397	2796144397

主任　代　　會計科長　　簿記股長　　覆核員　　製表員

32

軍政部兵工署第五十工廠成都分廠

資產負債表

中華民國三十一年十二月三十一日

資產類	金額：細數	金額：小計	金額：總計	負債類	金額：細數	金額：小計	金額：總計
固定資產			512914.72	流動負債			26948651.85
生財器具	19390.00			本廠往來		26524932.40	
運輸器具及設備	3240.00			暫收款		39545.78	
圖案模型	1149.06			應付帳款		12273.26	
機器及工場設備	86418.35			代領款項		370318.42	
工場設備及修繕	14455.00			保管款一公積金		1581.99	
水電設備	14630.00						
電訊設備	533156.66						
牲畜林木及天然孳息	2000.00	674789.07					
減：工具儀器樣板貸差		161874.35					
流動資產			20926765.75				
現金		98993.96					
銀行往來		21641.93					
公庫存款		5617.32					
中信局存款		599.50					
備用金		74315.68					
存出保證金		5975.00					
應收帳款		277353.45					
預付貨款		794127.22					
員工借支		303186.10					
暫付款		1656711.05					
直接材料		11634870.42					
間接材料		1063640.69					
辦公用品及物料		964333.31					
粮食		193794.22					
半成品		343643.50					
材料撥借		416364.00					
副產品		3680.00					
成品		2529363.13					
成件		19272.82					
在製品		60901.93					
餘料廢品		234346.29					
待轉呆帳		9451.18					
年度整理		1082678.05					
虧損			5508771.38				
30年度虧損		1366551.77					
本期虧損		4142219.61					
合計			26948651.85	合計			26948651.85

主任 [印] 代　　會計科長 [印]　　簿記股長 [印]　　覆核員 [印]　　製表員 [印]

33

軍政部兵工署第五十工廠成都分廠

損益計算表

中華民國三十一年一月一日至十二月三十一日止

摘要	金		額
	千百十萬千百十元角分	千百十萬千百十元角分	千百十萬千百十元角分
成品解繳			8522641.40
額造品		7430520.00	
加造品		976504.90	
代造品		42291.50	
副產品		73325.00	
解繳成本			7790478.30
額造品		6832571.20	
加造品		923090.64	
代造品		19229.50	
副產品		15586.46	
解繳利益			732163.10
加利息收入		13809.57	
餘價廢品變價收入		241.00	
租賦收入		1188.00	
賠款收入		19966.80	
雜項收入		28820.00	
材料盤盈		18140.00	
製品損益		36589.30	118754.67
			850917.77
減：水火災患及其他損失		180316.80	
雜項支出		6975.54	
未分攤費用			
製造費用	3873499.41		
工資	992345.63	4805845.04	4993137.38
本期純損			4142219.61

主任 代　會計科長　簿記股長　覆核員　製表員

軍政部兵工署第五十工廠成都分廠

三十一年度六〇迫彈飭造及解繳明細表

飭造令 字	飭造令 號	數量	單位	單價（百十元角分）	總價（千百十萬千百十元角分）	解繳 數量	解繳 總價（百十萬千百十元角分）	欠繳 數量	欠繳 總價（千百十萬千百十元角分）	備註
額	781	30,000	發	8000	24000000	30,000	24000000			本年度欠解數量奉兵工署渝造(卅)丙字
額	783	15,000	發	8000	12000000	824	659200	14,176	11340800	第4377號代電核准註銷
額	794	10,000	發	8000	8000000			10,000	8000000	
額	814	10,000	發	8000	8000000			10,000	8000000	
額	832	15,000	發	12000	18000000	15,000	18000000			
額	847	10,000	發	12000	12000000			10,000	12000000	
額	856	20,000	發	12000	24000000	20,000	24000000			
額	876	30,000	發	12000	36000000			30,000	36000000	
額	885	30,000	發	12000	36000000			30,000	36000000	
額	905	30,000	發	12000	36000000	3,600	4320000	26,400	31680000	查本年度額造品除60彈外尚有砲廠製
合計		200,000	發			69,424	70979200	130,576	143020800	品共計價款$332,600.00合併陳明

主任 代　　會計科長　　簿記股長　　覆核員　　製表員

~~26~~ 26

~~37~~ 35

軍政部兵工署第五十工廠成都分廠

三十一年度製造費用明細表

共三頁第一頁

科目	實際製造費用	已分攤數	未分攤數	溢分攤數
	千百十萬千百十元角分	千百十萬千百十元角分	千百十萬千百十元角分	千百十萬千百十元角分
俸給費	31343216	37978460	176863	6812107
俸薪	10577937	14367379		3789462
餉項	246218	712752		466534
副食費	24000		24000	
俸薪補助費	130488		130488	
生活補助費	16359214	18355480		1996266
主食費	383226	360851	22375	
加工益薪	3622133	4181978		559845
辦公費	49532834	50930738	4436815	5834719
文具	17649261	19320578		1671317
郵電	718768	848600		129832
雜支	7909453	11943023		4033570
消耗	3721072	1100000	2621072	
旅費	19029986	17218537	1811449	
租賦	504294	500000	4294	
特別費	2225903	1769200	456703	
特別辦公費	2046703	1769200	277503	
其他	179200		179200	
廠區整理費	27100086	7283080	19817006	
廠區整理費	27100086	7283080	19817006	
財務費用	331130	329500	1630	
匯費	142130	140900	1230	
利息	189000	188600	400	
運輸費用	127825224	68933755	62539490	3648021
成品運送費	5358177	9006198		3648021
材料提運費	107142024	54326987	52815037	
其他	14478623	5560570	8918053	
過次頁	238358393	167224733	87428507	16294847

主任 林鐘 代　會計科長　簿記股長　覆核員　製表員

軍政部兵工署第五十工廠成都分廠

36

三十一年度製造費用明細表

科目	實際製造費用	已分攤數	未分攤數	溢分攤數
承前頁	2383583932	167224733	87428507	16294847
打撈費	846400	40000	806400	
場務費用	412099761	222243442	194442346	4585827
工場及設備修繕	5115905		5115905	
電力費	41394005	35981041	5412964	
電料消耗	853074	807676	45398	
燃料消耗	2400025821	109200526	130825295	
金屬雜物消耗	78133213	4447850	3165363	
滑潤油料消耗	23672036	5047859	18625177	
油漆顏料消耗	17252381	3890765	13361616	
棉布紗線消耗	4577247	2708381	1868866	
包裝用料	5211052	2201302	3009750	
其他物料消耗	15854796	2848814	13005982	
工具樣板消耗	50323401	54909228		4585827
生財器具折舊	6030		6030	
間接人工	79602144	64871691	18108031	3377578
第一所	26617428	27502657		885229
第二所	154002	1547224		1393222
第三所	118986	982255		863269
總務科	28620662	14835217	13785445	
福利科	9007905	9243763		235858
工務科	2088566	2000000	88566	
檢驗股	56513		56513	
工具室	6297752	5670100	627652	
會計科	90600		90600	
其他	6549730	3090475	3459255	
員工福利費	86435123	48995039	37440084	
過次頁	8164956221	503334905	337418968	24258252

主任　　會計科長　　簿記股長　　覆核員　　製表員

37 35

軍政部兵工署第五十工廠成都分廠

三十一年度製造費用明細表

共三頁第三頁

科目	實際製造費用	已分攤數	未分攤數	溢分攤數
承前頁	8164956.21	5033347.05	3374189.68	242582.52
眷屬平價米	646153.32	371160.81	274992.51	
膳食津貼	132711.42	73977.83	58733.59	
員工醫藥費	76516.49	44811.75	31704.74	
員工軍粮繳價	8970.00		8970.00	
臨時費用	1856145.39	1174253.14	815327.61	133435.36
獎金	62978.80		62978.80	
埋葬費	1250.30		1250.30	
撫卹費	50.00		50.00	
技校俸給費	17256.33	137660.93		120404.60
技校主食費	609.07		609.07	
技校設備費	8132.02		8132.02	
技校醫藥費	3095.06		3095.06	
技校旅費	521.90		521.90	
戰時補助費	44689.28	54912.71		10223.43
低級職員生活維持費	4210.00	1605.00	2605.00	
技訓班學生津貼	174602.17	177409.50		2807.33
工友生活補助費	348458.78	241583.40	106875.38	
工友眷屬米代金	968375.68	561081.60	407294.08	
職員眷屬米代金	221916.00		221916.00	
合計	10021101.60	6207602.19	4189517.29	376017.88
未攤銷製造費用		3813499.41		3813499.41
總計	10021101.60	10021101.60	4189517.29	4189517.29

備註：按本分廠三十一年度攤派製造費用之方式，因前主辦會計人員係直接由費用貸轉，為明瞭實際支出及與各表對照起見，爰將實際費用與已分攤數、未分攤數、溢分攤數分欄列報，謹此陳明。

主任　會計科長　簿記股長　覆核員　製表員

18
34

軍政部兵工署第五十工廠成都分廠

三十一年度工資明細表

科目	實際工資	已攤銷數	未攤銷數	溢攤銷數
第一所	3710.40	13277.48		9567.08
第二所機械士	367332.02	164111.32	203220.70	
第二所長工	319120.19	3707.84	315412.35	
車工工資	252338.04	125026.71	127311.33	
鉗工工資	174710.83	119708.00	55002.83	
鍛工工資	36249.81	54973.30		18723.49
鑄工工資	78483.18	54994.30	23488.88	
木工工資	134798.83	73867.56	60931.27	
鏇工工資	44817.95		44817.95	
電工工資	22753.49	10799.14	11954.35	
琴弦製造所	38967.25	40437.25		1470.00
練習機械士工資	81742.60		81742.60	
學工工資	98223.94		98223.94	
合計	1653248.53	660902.90	1022106.20	29760.57
未攤銷工資		992345.63		992345.63
總計	1653248.53	1653248.53	1022106.20	1022106.20

備註：按本分廠三十一年度攤銷工資之方式，因前主辦會計人員係直接由工資科目貸轉，為明瞭實際支出與各表對照起見，爰將實際工資與已攤銷數未攤銷數溢攤銷數，分欄列報，謹此陳明。

主任　　會計科長　　簿記股長　　覆核員　　製表員

軍政部兵工署第五十工廠成都分廠

三十一年度公積金收支對照表

金額	摘要	金額
	收入之部	
2201.97	利息	
23919.01	罰款	
28552.53	其他	
	支出之部	
	交際	24417.51
	郵償	4970.70
	其他	22175.61
	撥還上年度透支數	1527.70
	本年結存	1581.99
54673.51	合計	54673.51

主任　　會計科長　　簿記股長　　覆核員　　製表員

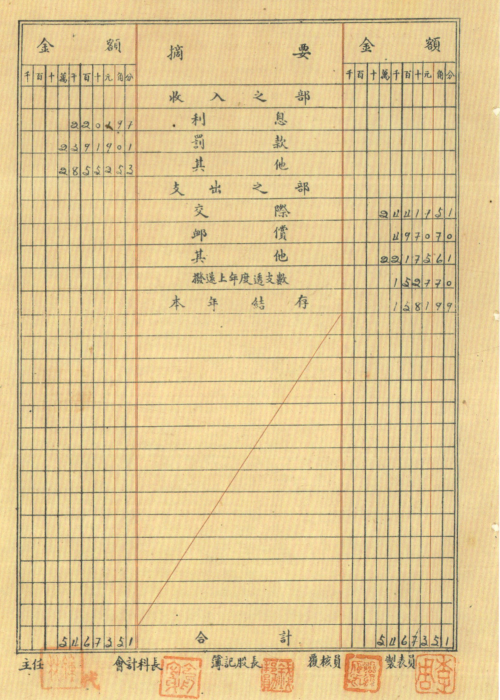

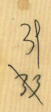

40

軍政部兵工署第五十工廠成都分廠

備用金明細表

中華民國三十一年十二月三十一日

科目	小計											合計										
	萬	千	百	十	萬	千	百	十	元	角	分	萬	千	百	十	萬	千	百	十	元	角	分
備用金																7	4	3	1	5	6	8
總務科					1	3	7	9	9	8	4											
福利科消費合作社					3	6	6	1	0	0	8											
購置科						1	7	9	2	1	9											
第二所					2	0	0	0	0	0	0											
出納股							5	0	0	0	0											
駐渝通訊處						1	6	8	3	5	7											
合計					7	4	3	1	5	6	8					7	4	3	1	5	6	8

主任 代　會計科長　簿記股長　覆核員　製表員

軍政部兵工署第五十工廠成都分廠

存出保證金明細表

中華民國三十一年十二月三十一日

科目	小計											合計										
	萬	千	百	十	萬	千	百	十	元	角	分	萬	千	百	十	萬	千	百	十	元	角	分
存出保證金																	5	9	7	5	0	0
電信保證金						5	9	7	5	0	0											
合計						5	9	7	5	0	0						5	9	7	5	0	0

主任 代　會計科長　簿記股長　覆核員　製表員

軍政部兵工署第五十工廠成都分廠

應收帳款明細表

中華民國三十一年十二月三十一日

科目	小計											合計										
	萬	千	百	十	萬	千	百	十	元	角	分	萬	千	百	十	萬	千	百	十	元	角	分
應收帳款															2	7	7	3	5	3	4	5
物料追賠							2	2	5	0	0											
應領軍糧				2	6	6	7	3	3	4	5											
其他					1	0	3	9	5	0	0											
合計				2	7	7	3	5	3	4	5				2	7	7	3	5	3	4	5

主任 代　會計科長　簿記股長　覆核員　製表員

軍政部兵工署第五十工廠成都分廠

預付貨款明細表

中華民國三十一年十二月三十一日

科目	小計											合計										
	萬	千	百	十	萬	千	百	十	元	角	分	萬	千	百	十	萬	千	百	十	元	角	分
預付貨款															7	9	4	1	2	7	2	2
中央造幣廠成都分廠				1	2	0	0	0	0	0	0											
陳家懷					1	1	9	0	0	0	0											
新華公司					3	5	0	0	0	0	0											
惠通公司				2	0	8	2	6	0	4	2											
王曉仁						1	0	0	0	0	0											
洪世彪							3	0	0	0	0											
胡紹華						3	0	5	0	0	0											
張景寶					5	0	0	1	9	2	5											
民生公司				1	1	8	1	9	7	5	5											
裕通公司				2	4	6	4	0	0	0	0											
合計				7	9	4	1	2	7	2	2				7	9	4	1	2	7	2	2

主任 代　會計科長　簿記股長　覆核員　製表員

軍政部兵工署第五十工廠成都分廠

暫付款明細表

中華民國三十一年十二月三十一日

科目	小計											合計										
	萬	千	百	十	萬	千	百	十	元	角	分	萬	千	百	十	萬	千	百	十	元	角	分
暫付款														1	6	5	6	7	1	1	0	5
兵工署製造司						2	2	0	0	0	0											
彈道研究所							8	0	0	0	0											
兵工署技術司						1	8	0	0	0	0											
兵工署總務處						2	0	0	0	0	0											
時事新報成都分館							1	0	0	0	0											
本廠合作社				1	7	8	1	5	0	0	0											
待轉本廠往來			1	3	5	8	3	1	5	3	7											
職員眷屬米代金及生活救濟費				1	0	0	9	8	8	3	4											
員工家屬米代金						2	6	5	6	0	0											
工友眷屬米代金						2	2	3	8	0	0											
張廣祥						1	4	0	0	0	0											
張維金							5	9	7	6	0											
楊成鑫　張覃健							3	0	0	0	0											
張澤生							2	4	7	6	0											
王少林							5	0	5	6	0											
待轉呆帳						4	4	1	2	5	4											
合計			1	6	5	6	7	1	1	0	5			1	6	5	6	7	1	1	0	5

主任　　會計科長　　簿記股長　　覆核員　　製表員

29

43

軍政部兵工署第五十工廠成都分廠

員工借支明細表

中華民國三十一年十二月三十一日

科目	小計											合計										
	萬	千	百	十	萬	千	百	十	元	角	分	萬	千	百	十	萬	千	百	十	元	角	分
員工借支															3	0	3	1	8	6	1	0
薪俸					2	2	1	8	5	8	7											
工資						4	6	1	2	5	7											
旅費					2	6	8	0	6	5	5											
其他				2	4	9	5	8	1	1	1											
合計				3	0	3	1	8	6	1	0				3	0	3	1	8	6	1	0

主任 代　會計科長　簿記股長　覆核員　製表員

軍政部兵工署第五十工廠成都分廠

材料撥借明細表

中華民國三十一年十二月三十一日

科目	小計											合計										
	萬	千	百	十	萬	千	百	十	元	角	分	萬	千	百	十	萬	千	百	十	元	角	分
材料撥借															4	1	6	3	6	9	0	0
四川省機械公司					6	4	0	0	0	0	0											
新華公司					3	4	9	7	8	5	0											
中央造幣廠成都分廠				3	0	2	7	1	0	5	0											
正全和						2	0	0	0	0	0											
第十廠					1	2	6	8	0	0	0											
合計				4	1	6	3	6	9	0	0				4	1	6	3	6	9	0	0

主任 代　會計科長　簿記股長　覆核員　製表員

44 ~~28~~

軍政部兵工署第五十工廠成都分廠

本廠往來明細表

中華民國三十一年十二月三十一日

科目	小計	合計
本廠往來		26524932.40
借墊經費	9942061.00	
硝酸酒精製造費	10000000.00	
代收付款	489519.04	
材料	15042152.36	
合計	26524932.40	26524932.40

主任　　會計科長　　簿記股長　　覆核員　　製表員

軍政部兵工署第五十工廠成都分廠

暫收款明細表

中華民國三十一年十二月三十一日

科目	小計	合計
暫收款		39545.78
所得稅	23889.52	
黨費	8.40	
消費合作社	6000.00	
四十兵工廠	1002.30	
兵工學校	2046.86	
待繳軍粮價款	6598.70	
合計	39545.78	39545.78

主任　　會計科長　　簿記股長　　覆核員　　製表員

27
45

軍政部兵工署第五十工廠成都分廠

應付帳款明細表

中華民國三十一年十二月三十一日

科目	小計											合計										
	萬	千	百	十	萬	千	百	十	元	角	分	萬	千	百	十	萬	千	百	十	元	角	分
應付帳款																1	2	2	7	3	2	6
應付帳款					1	0	6	7	5	5	6											
彬明印刷社								2	5	0	0											
其他						1	5	7	2	7	0											
合計					1	2	2	7	3	2	6					1	2	2	7	3	2	6

主任 代　會計科長　簿記股長　覆核員　製表員

军政部兵工署第五十工厂成都分厂一九四三年度决算报告（一九四四年十二月二十八日）

軍政部兵工署第五十工廠成都分廠三十二年度決算報告

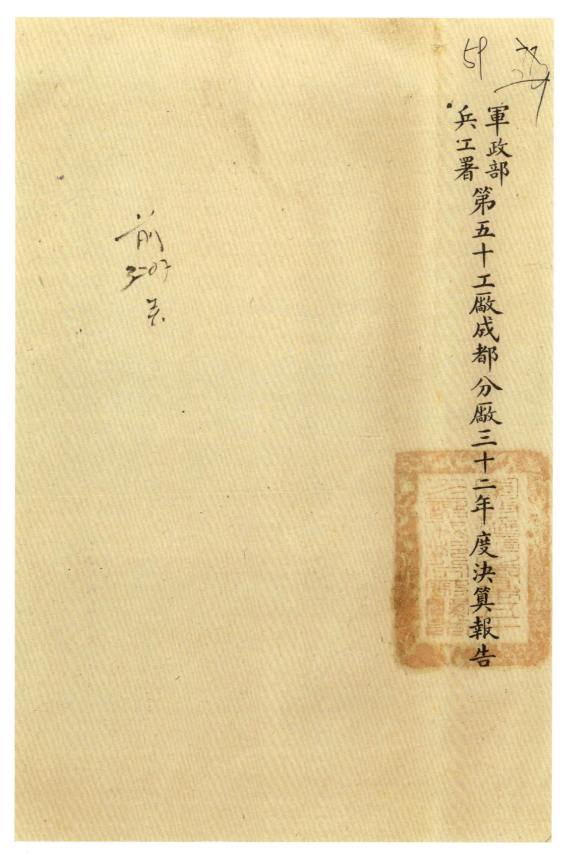

60

~~76~~

目録

61

76

軍政部兵工署第五十工廠成都分廠

總帳餘額表

中華民國三十二年十二月三十一日　　　　共二頁第一頁

科目	借方餘額	貸方餘額
機器及工場設備	10087335	
水電設備	1463000	
電訊設備	54273346	
運輸器材及設備	50970000	
傢具及辦公用具	61599721	
圖案模型	189300	
書籍	653346	
牲畜林木及天然孳息	4331000	
現金	196208640	
材料	2976636669	
辦公用品	33153471	
成品	660461081	
副產品	228000	
在製品	674671910	
糧食	69917799	
存出保證金	972450	
應收帳款	102051642	
預付貨款	81722963	
零用金	69802975	
職工賒欠	84349904	
暫付款	330771009	
借出款	1316966	
盈虧滾積	551154428	
總廠往來		3731780205
應付帳款		759449996
過次頁	6016987955	4491230501

（金額欄分為萬、千、百、十、萬、千、百、十、元、角、分各位）

主任　代　　會計科長　　簿記股長　　覆核員　　製表員

62

74

軍政部兵工署第五十工廠成都分廠

總帳餘額表

中華民國三十二年十二月三十一日　　　共二頁第二頁

科目	借方餘額											貸方餘額										
	萬	千	百	十	萬	千	百	十	元	角	分	萬	千	百	十	萬	千	百	十	元	角	分
承前頁		6	0	1	6	9	8	7	9	5	5		4	4	9	1	2	3	0	5	0	1
暫收款															9	7	0	0	0	5	0	7
借入款															6	1	5	3	2	1	6	2
材料盤存整理準備													1	2	4	2	9	9	8	9	8	1
解繳成本損益													1	6	5	3	8	8	6	0	2	7
利息																	7	0	4	7	5	1
房地租收入																	1	7	0	4	2	0
雜項收入															1	7	9	9	2	9	8	0
製造費用		2	9	8	0	0	6	7	9	2	1											
攤派製造費用													3	1	4	5	7	7	6	0	3	5
工資			9	7	1	9	7	2	7	0	8											
滙記工資														4	0	4	5	8	3	6	6	6
製品損益		1	1	4	6	8	4	7	4	4	6											
合計	1	1	1	1	5	8	7	6	0	3	0	1	1	1	1	5	8	7	6	0	3	0

主任　[印]　代　　會計科長　[印]　　簿記股長　[印]　　覆核員　[印]　　製表員　[印]

63

軍政部兵工署第五十工廠成都分廠

資產負債表

中華民國三十二年十二月三十一日

資產類	金額 細數	金額 小計	金額 合計	負債類	金額 細數	金額 小計	金額 合計
固定資產			1835670.48	流動負債			46497631.70
機器及工場設備		100873.35		總廠往來		37317805.05	
水電設備		14630.00		應付帳款		7594499.76	
電訊設備		542733.46		暫收款		970005.07	
運輸器材設備		509700.00		借入款		615321.62	
傢具及辦公用具		615997.21					
圖案模型		1893.00					
書籍		6533.46					
牲畜林木及天然孳息		43310.00					
流動資產			40392674.98				
現金		1962086.40					
材料	29766366.69						
減：盤存整理準備?	12429989.81	17336376.88					
辦公用品		331534.71					
成品		6604610.81					
副產品		2280.00					
在製品		6746719.10					
粮食		699177.99					
存出保證金		9724.50					
應收帳款		1020516.42					
預付貨款		817221.63					
零用金		698039.75					
職工賒欠		843499.04					
暫付款		3307710.09					
借出款		13169.66					
虧損			4269286.24				
盈虧滚積		5511544.28					
減：本期盈餘		1242258.04					
合計			46497631.70	合計			46497631.70

主任（印）代　會計科長（印）　簿記股長（印）　覆核員（印）　製表員（印）

64
73

軍政部兵工署第五十工廠成都分廠

損益計算表

中華民國三十二年一月一日起至十二月三十一日止

摘要	金額	金額	金額
成品解繳			7011100850
六〇迫砲彈		6851230000	
四七迫砲彈		129254400	
代修大砲		30616450	
解繳成本			5357214823
六〇迫砲彈		5017196253	
四七迫砲彈		309402120	
代修大砲		30616450	
解繳利益			1653886027
加：利息收入		704751	
房地租收益		170420	
雜項收入		17992980	
溢攤製造費用			
已攤製造費用	3145776035		
減：實際製造費用	2980061921	165708114	184576265
			1838462292
減：未攤派工資			
實際工資支出	971972708		
減：滙記工資	401583666	567389042	
製品損益		1146847446	1714236488
本期純益			124225804

主任 代 會計科長 簿記股長 覆核員 製表員

軍政部兵工署第五十工廠成都分廠

三十二年度製品飭造及解繳數量明細表

飭造令 字	飭造令 號	飭造品名	單價（千百十元角分）	單位	飭造 數量	飭造 總價（千百十萬千百十元角分）	解繳 數量	解繳 總價（千百十萬千百十元角分）	三十三年度解繳 數量	三十三年度解繳 總價（千百十萬千百十元角分）	奉准免繳數量 指令 字	奉准免繳數量 指令 號	奉准免繳數量 數量	奉准免繳數量 總價（百十萬千百十元角分）
額	919	六公分迫彈	〤5000	發	20,000	900000000	1669〤	751〤30000	3,306	1〤8770000				
額	9〤0	仝	35000	發	110,000	3850000000	110,000	3850000000						
額	956	仝	〤5000	發	20,000	900000000	20,000	900000000						
額	1125	仝	〤5000	發	20,000	900000000	20,000	900000000						
額	1180	仝	〤5000	發	30,000	1350000000	10,000	〤50000000	20,000	900000000	渝造丙卅三	1180	2980〤	1907〤5600
加	111〤	四七迫砲彈	6〤00	發	50,000	320000000	20,196	129254〤00						
		總計				8220000000		6980〤8〤〤00		10〤8770000				1907〤5600

主任（印）代　會計科長（印）　簿記股長（印）　覆核員（印）　製表員（印）

65

66

71

軍政部兵工署第五十工廠成都分廠

三十二年度製造費用明細表

共二頁第一頁

科目	金額 一月至六月份	金額 七月至十二月份	金額 合計
工務費用	3878523.80	10474442.41	14352966.21
工務人員薪津		581125.07	581125.07
檢驗搬運及雜伕津貼	33633.20	1916.29	35549.49
電力費	601335.13	1233197.55	1834532.68
燃料	2285523.41	5933494.31	8219017.72
滑潤油料	383376.65	703417.58	1086794.23
雜項物料消耗	452641.69	1475466.97	1928108.66
工具儀器樣版消耗	111286.43	37802.41	149088.84
工具儀器樣版設備修配		40.00	40.00
機器工場設備修配	10727.29	507982.23	518709.52
管理費用	1125734.34	2512226.52	3637960.86
總務人員薪津		166172.75	166172.75
會計人員薪津		131148.36	131148.36
伕役餉項津貼	918.00	25787.59	26705.59
臨時差役工資	150569.27	681044.99	831614.26
文具印刷消耗	190111.09	404806.03	594917.12
雜支	43983.72	240330.36	284314.08
郵電費	8951.30	14643.05	23594.35
零星購置		28.00	28.00
建築及設備修配	39655.18	57525.29	97180.47
傢俱及辦公用具修配		650.00	650.00
保險費	87748.50		87748.50
成品運送費	56327.90	287272.00	343599.90
電光費		162954.00	162954.00
旅費		308205.10	308205.10
特別費	67648.10	29830.00	97478.10
匯水及利息	919.50	1829.00	2748.50
上半年度職員俸給費	478901.78		478901.78
物料購理費用	2506098.96	2847549.38	5353648.34
過次頁	7510357.10	15834218.31	23344575.41

主任 代　會計科長　簿記股長　覆核員　製表員

67 70

軍政部兵工署第五十工廠成都分廠

三十二年度製造費用明細表

共二頁第二頁

科目	金額：一月至六月份	金額：七月至十二月份	金額：合計
承前頁	7510357.10	15834218.31	23344575.41
物料購置管理人員薪津		49170.26	49170.26
旅費	188211.00	98373.75	286584.75
物料盤存及計價虧損	15755.20	18983.38	34738.58
物料運輸費用	2302132.76	2681021.99	4983154.75
公益費用	973780.08	2684233.14	3658013.22
福利人員薪津		157787.23	157787.23
臨時僱用人工	31213.45	375830.07	407043.52
子弟學校費用	5564.00	24593.50	30157.50
醫藥費	5551.40	223692.37	229243.77
埋葬費	200.00	1180.80	1380.80
撫卹費	519.00	2605.00	3124.00
員工眷屬米	797042.23	1662544.17	2459586.40
軍粮繳價	133690.00	236000.00	369690.00
運輸費用	501761.01	1853111.39	2354872.40
運輸器材設備修配	37875.00	372751.58	410626.58
燃料及滑潤油料消耗	456115.26	1461507.69	1917622.95
租僱舟車費	3200.00		3200.00
裝卸費	4570.75		4570.75
囤費		3132.00	3132.00
僱用人工工資津貼		15720.12	15720.12
警備費用	23818.15	404055.07	427873.22
警稽員兵餉項	20087.87	210792.72	230880.59
警工消防及臨時僱工		154984.65	154984.65
旅費		36259.70	36259.70
囚粮	3730.28	1718.00	5448.28
特別費		300.00	300.00
廠區整理費用		15344.96	15344.96
營繕人員薪津		15344.96	15344.96
總計	9009716.34	20790962.87	29800679.21

主任 代　　會計科長　　簿記股長　　覆核員　　製表員

68 64

軍政部兵工署第五十工廠成都分廠

三十二年度工資明細表

科目	金額：一月至六月份	金額：七月至十二月份	金額：合計
正工工資	1,730,736.48	3,774,266.25	5,505,002.73
車工	250,313.56		250,313.56
鉗工	163,524.62		163,524.62
鍛工	28,729.07		28,729.07
鑄工	66,192.45		66,192.45
木工	88,605.54		88,605.54
鏇工	18,233.32		18,233.32
電工	18,800.62		18,800.62
學工	96,218.97		96,218.97
其他	94,353.53		94,353.53
工具室	48,608.04		48,608.04
第一所	309,257.17	1,883,452.93	2,192,710.10
第二所	547,869.59	903,230.25	1,451,099.84
第三所		838,388.96	838,388.96
第四所		1,491,944.11	1,491,944.11
家屬平價米代金	912,447.35	2,881,836.00	3,794,283.35
工友家屬平價米代金	912,447.35		912,447.35
第一所		1,633,675.00	1,633,675.00
第二所		805,591.00	805,591.00
第三所		400,054.00	400,054.00
第四所		42,516.00	42,516.00
生活補助費	240,908.00	179,533.00	420,441.00
工友生活補助費	240,908.00		240,908.00
第一所		94,568.00	94,568.00
第二所		49,931.00	49,931.00
第三所		29,919.00	29,919.00
第四所		5,115.00	5,115.00
合計	2,884,091.83	6,835,635.25	9,719,727.08

主任 代　會計科長　簿記股長　覆核員　製表員

軍政部兵工署第五十工廠成都分廠

三十二年度公積金收支對照表

中華民國三十二年度一月一日至十二月三十一日止

金額 千	百	十	萬	千	百	十	元	角	分	摘要	金額 千	百	十	萬	千	百	十	元	角	分
										收入之部										
				1	5	8	1	9	9	上年結存										
				2	2	1	4	0	3	利息										
		1	2	7	7	8	0	5	9	罰款										
			2	8	6	4	7	4	3	其他										
										支出之部										
										交際				6	4	5	9	2	5	5
										郵償					5	6	5	6	9	0
										其他				3	0	4	4	6	3	7
										本年結存				5	9	5	2	8	2	2
		1	6	0	2	2	4	0	4	合計			1	6	0	2	2	4	0	4

主任　　會計科長　　簿記股長　　覆核員　　製表員

軍政部兵工署第五十工廠成都分廠

存出保證金明細表

中華民國三十二年十二月三十一日

科目	小計											合計										
	萬	千	百	十	萬	千	百	十	元	角	分	萬	千	百	十	萬	千	百	十	元	角	分
存出保證金																	9	7	2	4	5	0
電信保證金						9	7	2	4	5	0											
合計						9	7	2	4	5	0						9	7	2	4	5	0

主任 代　會計科長　簿記股長　覆核員　製表員

軍政部兵工署第五十工廠成都分廠

應收帳款明細表

中華民國三十二年十二月三十一日

科目	小計											合計										
	萬	千	百	十	萬	千	百	十	元	角	分	萬	千	百	十	萬	千	百	十	元	角	分
應收帳款														1	0	2	0	5	1	6	4	2
永康電工廠					1	3	2	0	0	0	0											
四川機械公司					9	9	0	0	0	0	0											
華大實習工場					3	2	6	3	1	0	0											
銘利鑫						1	8	1	6	6	0											
建川公司							6	0	0	0	0											
新華公司					3	4	9	7	8	5	0											
西北修械所					1	8	0	0	0	0	0											
尹繼昌						1	0	0	0	0	0											
高鳳鳴						1	2	0	7	0	0											
第十廠					1	2	6	8	0	0	0											
砲七團				3	0	6	1	6	4	5	0											
物料追賠					2	2	4	1	1	9	3											
應領軍糧				3	2	1	3	0	2	0	3											
其他				1	5	5	5	2	4	8	6											
合計			1	0	2	0	5	1	6	4	2			1	0	2	0	5	1	6	4	2

主任 代　會計科長　簿記股長　覆核員　製表員

軍政部兵工署第五十工廠成都分廠

預付貨款明細表

中華民國三十二年十二月三十一日

科目	小計	合計
預付貨款		817229.63
公泰貿易行	1524.60	
華大實習工場	10000.00	
民生工廠	150000.00	
川大營造廠	118400.00	
康泰建築公司	47770.00	
新生貿易公司	50250.00	
新華公司	15000.00	
陳家懷	11900.00	
錫泰和木號	80000.00	
四川省外銷物資增產委會	136000.00	
惠通公司	5400.03	
福通公司	12000.00	
蓉市民船業公會	83200.00	
胡紹華	3050.00	
立記建築公司	49111.00	
其他	43624.00	
合計	817229.63	817229.63

主任（代）　會計科長　簿記股長　覆核員　製表員

軍政部兵工署第五十工廠成都分廠

零用金明細表

中華民國三十二年十二月三十一日

科目	小計	合計
零用金		698039.75
總務科	13729.84	
庶務股	10440.00	
福利科	119752.50	
購置科	198981.00	
合作社	140173.48	
駐渝通訊處	51327.05	
運輸科	114021.38	
第一所	3000.00	
第二所	11740.00	
第三所	3000.00	
第四所	3000.00	
蠶種場（單壽夫）	21800.00	
蠶種場（虞文彬）	6074.50	
稽查組	1000.00	
合計	698039.75	698039.75

主任　代　會計科長　簿記股長　覆核員　製表員

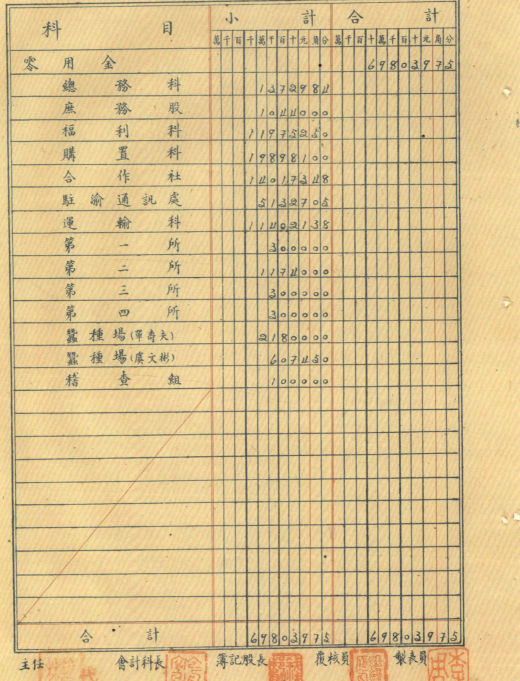

73 64

軍政部兵工署第五十工廠成都分廠

職工賒欠明細表

中華民國三十二年十二月三十一日

科目	小計											合計										
	萬	千	百	十	萬	千	百	十	元	角	分	萬	千	百	十	萬	千	百	十	元	角	分
職工賒欠															8	4	3	4	9	9	0	4
總務科					2	2	3	8	7	1	0											
工務科					9	8	3	0	2	8	2											
運輸科					3	5	2	6	4	1	1											
購置科							8	3	3	5	1											
福利科					2	6	4	4	4	0	0											
會計科					3	4	3	5	5	7	8											
警衛隊						9	7	2	1	8	4											
稽查組					2	1	8	2	6	3	5											
第一所				1	0	4	0	6	0	4	0											
第二所					1	4	9	7	7	5	0											
第三所				1	1	3	6	5	9	7	9											
第四所					6	6	1	0	5	0	0											
營繕股					2	3	6	9	2	0	0											
材料庫					6	7	2	2	9	0	5											
庶務股						8	9	3	6	0	0											
蠶種場					3	1	6	8	5	7	5											
教務組					2	4	2	4	0	9	9											
黨部					3	7	5	4	6	0	0											
待委人員薪津					1	9	9	2	5	3	2											
離廠員工					8	2	3	0	5	7	3											
合計				8	4	3	4	9	9	0	4				8	4	3	4	9	9	0	4

主任　代　會計科長　簿記股長　覆核員　製表員

74 63

軍政部兵工署第五十工廠成都分廠

暫付款明細表

中華民國三十二年十二月三十一日

科目	小計											合計										
	萬	千	百	十	萬	千	百	十	元	角	分	萬	千	百	十	萬	千	百	十	元	角	分
暫付款														3	3	0	7	7	1	0	0	9
待轉總廠往來			3	1	5	7	5	2	7	2	5											
兵工署總務處						2	0	0	0	0	0											
兵工署製造司						2	2	0	0	0	0											
兵工署技術司					2	5	0	3	2	2	0											
彈道研究所							8	0	0	0	0											
兵工學校					1	2	7	8	5	6	4											
第二十一工廠							6	8	0	0	0											
總廠合作社					9	7	6	7	0	0	0											
時事新報							1	0	0	0	0											
特別黨部					·	8	9	1	5	0	0											
合計			3	3	0	7	7	1	0	0	9			3	3	0	7	7	1	0	0	9

主任　　會計科長　　簿記股長　　覆核員　　製表員

75 62

軍政部兵工署第五十工廠成都分廠

總廠往來明細表

中華民國三十二年十二月三十一日

科目	小計											合計										
	萬	千	百	十	萬	千	百	十	元	角	分	萬	千	百	十	萬	千	百	十	元	角	分
總廠往來													3	7	3	1	7	8	0	5	0	5
應領製造費		2	4	5	1	4	1	3	0	0	8											
應解繳成品		1	0	4	8	7	7	0	0	0	0											
代收付款				4	4	0	1	9	8	1	5											
廠撥材料				7	1	7	0	1	7	1	2											
硝酸酒精製造費			1	0	0	0	0	0	0	0	0											
技訓班結餘經費				1	5	8	7	5	9	7	0											
合計		3	7	3	1	7	8	0	5	0	5		3	7	3	1	7	8	0	5	0	5

主任 代　會計科長　簿記股長　覆核員　製表員

軍政部兵工署第五十工廠成都分廠

應付帳款明細表

中華民國三十二年十二月三十一日

科目	小計											合計										
	萬	千	百	十	萬	千	百	十	元	角	分	萬	千	百	十	萬	千	百	十	元	角	分
應付帳款														7	5	9	4	4	9	9	9	6
材料款項			2	5	6	4	8	0	9	3	2											
薪工津貼			1	8	4	9	9	1	8	1	5											
其他			3	1	7	9	7	7	2	4	9											
合計			7	5	9	4	4	9	9	9	6			7	5	9	4	4	9	9	9	6

主任 代　會計科長　簿記股長　覆核員　製表員

76

軍政部兵工署第五十工廠成都分廠

暫收款明細表

中華民國三十二年十二月三十一日

科目	小計	合計
暫收款		970005.07
所得税	91929.15	
黨費	152.10	
隊費	21.00	
印花	37.52	
蠶種場	133725.00	
失吉生鉄賠款	20100.00	
標售鉄屑訂金	150000.00	
事訓班訓練費	7000.00	
技訓班訓練費	193200.00	
職工年節借支	281910.00	
第四十工廠	1002.30	
消費合作社	6000.00	
第四十三工廠	7000.00	
廢品整理廠	65000.00	
其他	12625.00	
合計	970005.07	970005.07

主任 代　會計科長　簿記股長　覆核員　製表員

軍政部兵工署第五十工廠成都分廠

借入款明細表

中華民國三十二年十二月三十一日

科目	小計											合計										
	萬	千	百	十	萬	千	百	十	元	角	分	萬	千	百	十	萬	千	百	十	元	角	分
借入款															6	1	5	3	2	1	6	2
公積金					5	9	5	2	8	2	2											
粮食				5	5	5	7	9	3	4	0											
合計				6	1	5	3	2	1	6	2				6	1	5	3	2	1	6	2

主任　代　會計科長　簿記股長　覆核員　製表員

军政部兵工署为检发审计部审核通知书给第五十工厂的训令（一九四五年九月二十八日）

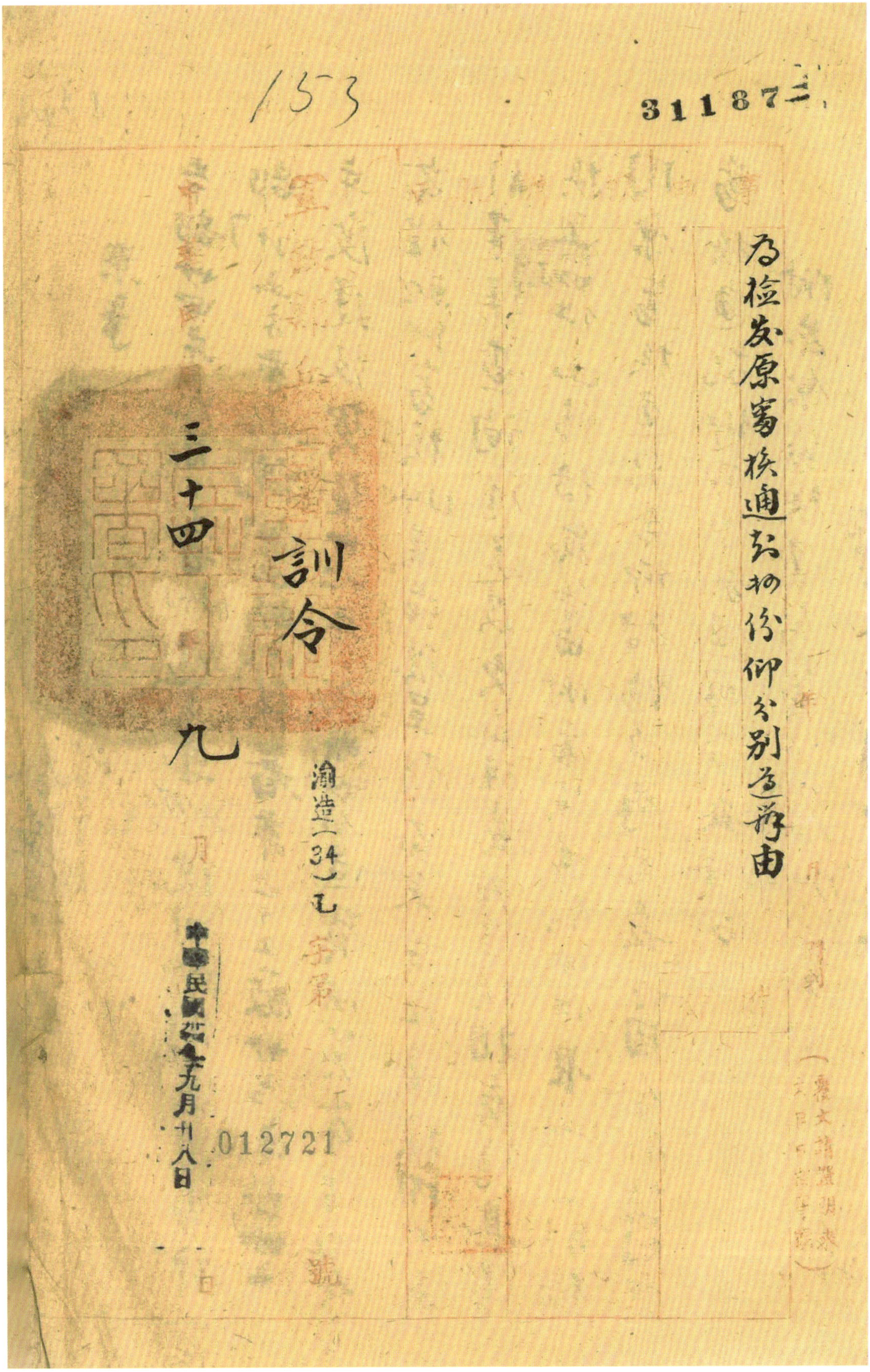
1553

31187

為檢發原審核通知書仰分別遵辦由

三十四 九

訓令

渝造（34）乙字第 號

中華民國卅四年九月廿八日

012721

1153-1

令第五十二號

案奉

本部卅四年九月十三日(34)計審字29135號訓令開：案准審計部計出字第3260號公函略以該署第五十二號廿六年至卅二年度建設費暨卅一年度製造送費決算案經派員前往就地審核，此案茲據呈報前來，并經復核內有應行建議查詢補送及更正注意各項，相應繕具審核通知四件，函請轉發等由，附審核通知四件，准此，合行檢同原審核通知令仰轉飭遵辦為要等因，合行檢同原審核通知令仰即分別遵辦為要。此令

附發原審核通知審字17916、17917、17918、17919抄件

署長 俞□□

監印 楊炳熙

校對 寧伯和

154

审计部审核通知　审字第一七九一六号

机关名称　军政部兵工署第五十工厂

年　　度　卅一年度建设费

审核事类　卅一年度建设费决算书

预算数　四五、〇一四、七一〇、〇一元

决算数　二三六九六五、三四五、六六元

建设事项

查卅一至卅三年度建设经费以撥处多未能按照规定分别支用年度独撥各厂因係属会计未将收支实况年度及工程完竣时日按照核定预算所属年度及应行移转手

補送

13-4-1

發生項欵定分別隨時劃清入帳所致，係因手續繁雜及各

該清之欵定換有未覈，應請從速整理，將建設經費年

度劃分清楚，並通知本部備核。

補送事項

應請補送下列各項工程驗收證明書，以資查核。

「漳莊年路起世年路待路工程清單」

部長

林雲陔

155

續辦特號工程清單

甲　卅三年度

工程名稱	承辦廠商	造價	附註
1、第四號工程（祥慶承辦部份）	祥慶鴻記	一四九七七六	石記
2、第四號工程（蜀華承辦部份）	蜀華公司	一四七〇五九一	同記
3、第四號之三工程	德勝棚廠	一〇三〇八七	石記
4、第八號之一工程	永新公司	七一七三三三	
5、第八號之二工程	〃〃	七八二一八一	
6、第八號之三工程	陸傑臧	一五一九八四九	
7、第九號之一工程	華達公司	五二五五三九	

審計部校對章

13-5-1

8、第九號之二工程	華英公司	三七一二五三	
9、第九號之四工程	〃	八二〇九〇九	
10、第十三號之一工程	禎川公司	四七五五五〇	
11、第廿三號之一工程	禎慶鳴記	四四八二三七	
12、第廿三號之二工程	〃	七九二三三〇	

乙、卅八年度

工程名稱	承辦廠商	造價	附註
1、第二號之十二工程	友記公司	四九九一五三一	
2、第九號之六工程	鴻建鐘	二九三九〇〇	
3、第十二號丁之一工程	禎川公司	七八〇〇四	

山第十二號三二工程	衛金濤	三三二九二九 五
又第十六號三一工程	蜀華公司	四三二六七五
山第十七號三一工程	隆泰營造廠	二七八八〇九七
下第廿五號三一工程	德勝棚廠	一七三〇三五

丙、廿九年度

工程名稱	承辦廠商	造價
卜第七號三一工程	隆泰營造廠	五七七六一七
工第七號三二工程	〃 〃	七二八四四五
又第九號三九工程	華美公司	一五三七二三一
山第五號三三其三工程	祥慶鳴記	一五九三二七二六

186-1

工程名稱　承加廠商　造價

下卅年度

5.第一五號之三其三工程　隆泰營造廠　一七二三九九九三
6.第一五號之四工程　楊茂盛　六三三九三四
7.第一五號之五工程　〃　〃　九二一七〇四
8.第十八號工程　新記營造廠　三五八二六二六
9.第二九號工程　春記營造廠　五〇二七三四四
10.第二九號之二工程　衛金濤　六〇六〇四六三
11.第二四號之一工程　森記營造廠　三〇八七二七
12.第五三號之一工程　隆泰營造廠　七九五七一〇

157

1. 第二號之七工程	遂德營造廠	三二五四九五三
2. 第八號之四工程	王文華	二五四九七七
3. 第八號之九工程	新蜀營造廠	四九六四二四二
4. 第八號之十一工程	〃 〃	一八〇三二九四
5. 第八號之十二工程	淦泰營造廠	三七七三八九九七
6. 第九號之三工程	華美公司	四八二七六七四
7. 第廿號之一工程	精川公司	八〇九二五八
8. 第廿號之二工程	友記公司	八五八六九三
9. 第廿號之二其二工程	漢鴻記營造廠	一五三五〇〇
10. 第廿號之二其三工程	勵記營造廠	四九三三〇八

〡〡、第廿號之三一部工程	馥記營造廠	五六三六六七四〇	
〡〢、第四四號之一工程	裕慶鴻記	四二五〇二四一	
〡〣、第五四號之一工程	新蜀營造廠	一九六八三二八一	
〡〤、第六二號之一工程	〃	〃	二一一二〇〇〇

民卅年度

工程名稱	承辦廠商	造價
〡、第九號之三增加工程	協合公司	二九四八三〇二二
〢、第五八號之一工程	〃	〃 七〇九三三七〇二
〣、第六四號之一其一工程	蜀都建築公司	一七七〇〇三八一
〤、第六四號之二其二工程	新蜀營造廠	一七六一九八六一三

158

5.第五七號之一工程	聚成營造廠	二一五〇七一六	七四	廿
6.第六七號之二工程	〃	一三六〇八六	四二八	四一五,四三七,八四四.四五照收 卅卅卅送共
7.第七六號之一工程	〃	三〇七三二〇	〇六	
8.第七九號之一工程	大新營造廠	三二二八一四	九〇	〃 廿一,一九九,八八八.三三照收 卅卅卅送 三三六,八四四,九〇元

160

軍政部軍械通知　軍字第一七九一七號

機關名稱　軍政部兵工署第五十兵工廠

年度　卅二年度建設費

軍械中類　卅二年度建設費決算中

預算數　一五〇,〇〇〇,〇〇〇元

決算數　六八,三三五,五七一.八二元

查詢事項

(一)查建設經費專用之實支數截至卅二年底止為數頗鉅計達貳千玖百四拾壹萬伍千柒百餘元關于該項經費剩餘已否解繳國庫及年度內有無流充他項經費情

160-1

則應請詳為兼覈以資核辦。

補送各項

（一）應請補送下列各項工程驗收證明書以憑審核。

「詳卅二年度搶修工程清冊」

部長　林雲陔

校對楊濬

161

經办特驗工程清單

卅二年度

工程名稱	承办廠商	造价	備註
一、第五號之一工程	新蜀營造廠	八六六四九八三	未驗收
二、第九一號之一其一工程	昌華營造廠	六六一六七六八五四	〃
三、第九一號之一其二工程	新蜀營造廠	四六八六五六五五	〃
四、第九三號之一工程	佑記營造廠	二三五五二一二九〇	已驗收
五、第一〇五號之一工程	大新營造廠	七五四一三二〇一	〃

審計部校對章

151

审计部审核通知　审字第一七九一八号

机关名称　军政部兵工署第五十兵工厂

年度用途收支名称　卅年度制造费

审核种类　卅年度决算书

预算书收入支出

决算数　制造收入　三八、一七〇、六七一、九八元

制造外收入　二、一五四、二二三、八一元

收入合计　四〇、三二四、八九四、七九元

制造支出　四六、四一六、七九二、三三元

制造外支出　六四、〇〇元

一五四一

委存料　四四七、〇五六、三三元

六百二、五六一、五四元

請指教

查詢子項

貴廠以製造費流用為建設性質以國營資產受

理之三四〇、四八、四七元曾否呈奉核准究應如何核銷又

建設費預算未支出之部分數為數若干何以須流用製造

費應請查復。

部長　林雲陔

162

會計部會核通知　會字第一七九一九號

機關名稱	軍政部兵工署第五十兵工廠
年度月份及收支名稱	卅一年度製造費
審核年類	卅一年度決算書
預算書收入支出	
決算數	製造收入　二三五，九四一，〇五七．六四元 製造外收入　一四，〇七四，八四七．八五元 收入合計　二五〇，〇一五，九〇五．四九元 製造支出　一八七，六九二，六四九．一七元 製造外支出　六二，三五六，八六三．五六元

162-1

支出合計　九六、八二九、五一六、七三元

（内有撥提各項折舊準備一、三八四、二四二、一八元）

上期虧損數　六一、〇二六、一六一、五四元

本期盈餘數（帳面數）　五六、一八六、三九二、七六元

本期盈餘實在數　六六、二六八、五五四、三〇元

建設事項

（一）查上期虧損轉入本期時依照兵工会計規程草案之規定應逕入累積虧損科目處理　貴廠將上期虧損轉結於本期虧損帳户内至易混淆嗣後記帳應請注意。

163

（二）查代友廠修配機件之收入應以「修配收入」科目處理，貴廠以「修配收入」記入「成品撥售」帳戶，未查明晰，嗣後對於科目性質應請詳加分辨。

（三）查材料盤存盈虧列作雜項收入，未能表示明顯，應請另設科目處理，以便分析。

查詢事項

（一）查貴廠在製造費流用為建設費性質，以固定資產處理之一、八四、七三一、八八元，曾否呈奉核准，究應如何撥補建設費，抑有鉅款未支出分配數，何以須流用，應請敍復。

163-1

(二)查上期虧損六〇三、三二一、五四元於本期收入內減除應否呈奉核准有案應請聲覆。

(三)查罰金收入係照兵工會計規程草案應轉入損益科目內 貴廠何以列入公積金收入應請聲覆。

補送子項

(一)查本年度盈虧撥補表未准編送應請檢撥盈餘數六二、八八一、五五四、三〇元編造送室

更正子項

(一)查上期虧損在本期收入項下減去於法不符應請將本期盈餘數更正為六二、八八一、五五四、三〇元。

164

（一）查截至查帐之日止已跨越二年度以上之暂付款计有胡承志邮金五〇〇．〇〇元马建陵株镇款六八七五．二三元西人宿舍工程款一〇二五六．八八元以及超过设计款定料款之九七三〇．〇〇元应请催速分别收回或冲销。

（二）查 贵厂迄未将月报表送本部驻厂就地审计人员办公室审核，嗣后请将下列各表送审。

1.现金出纳表

164-1

2. 支出累计表

3. 减本计薪表

4. 预付款借付款职员借支款等明细表

部长 叶云陛

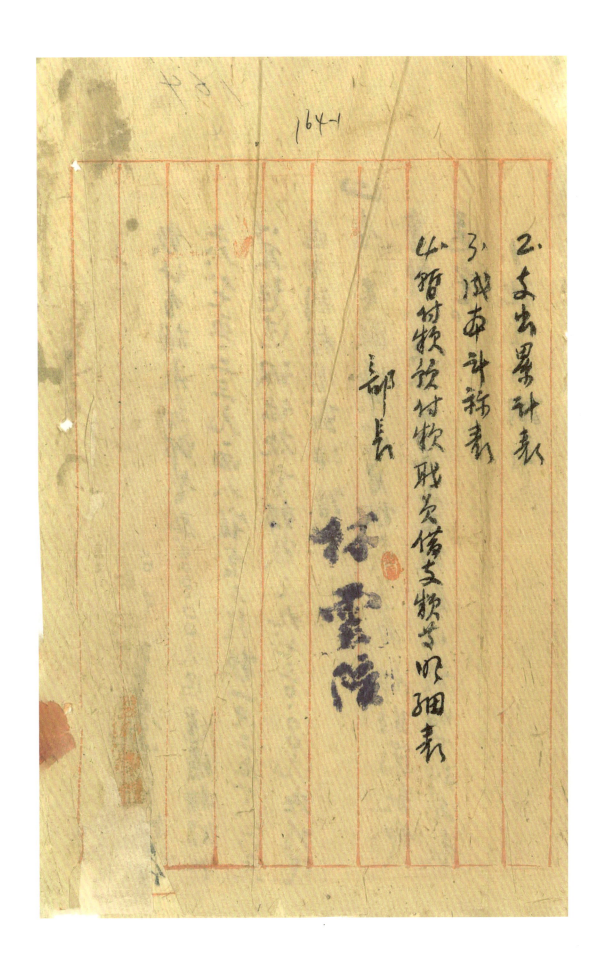

军政部兵工署第五十工厂一九四四年度决算报告（一九四五年十一月）

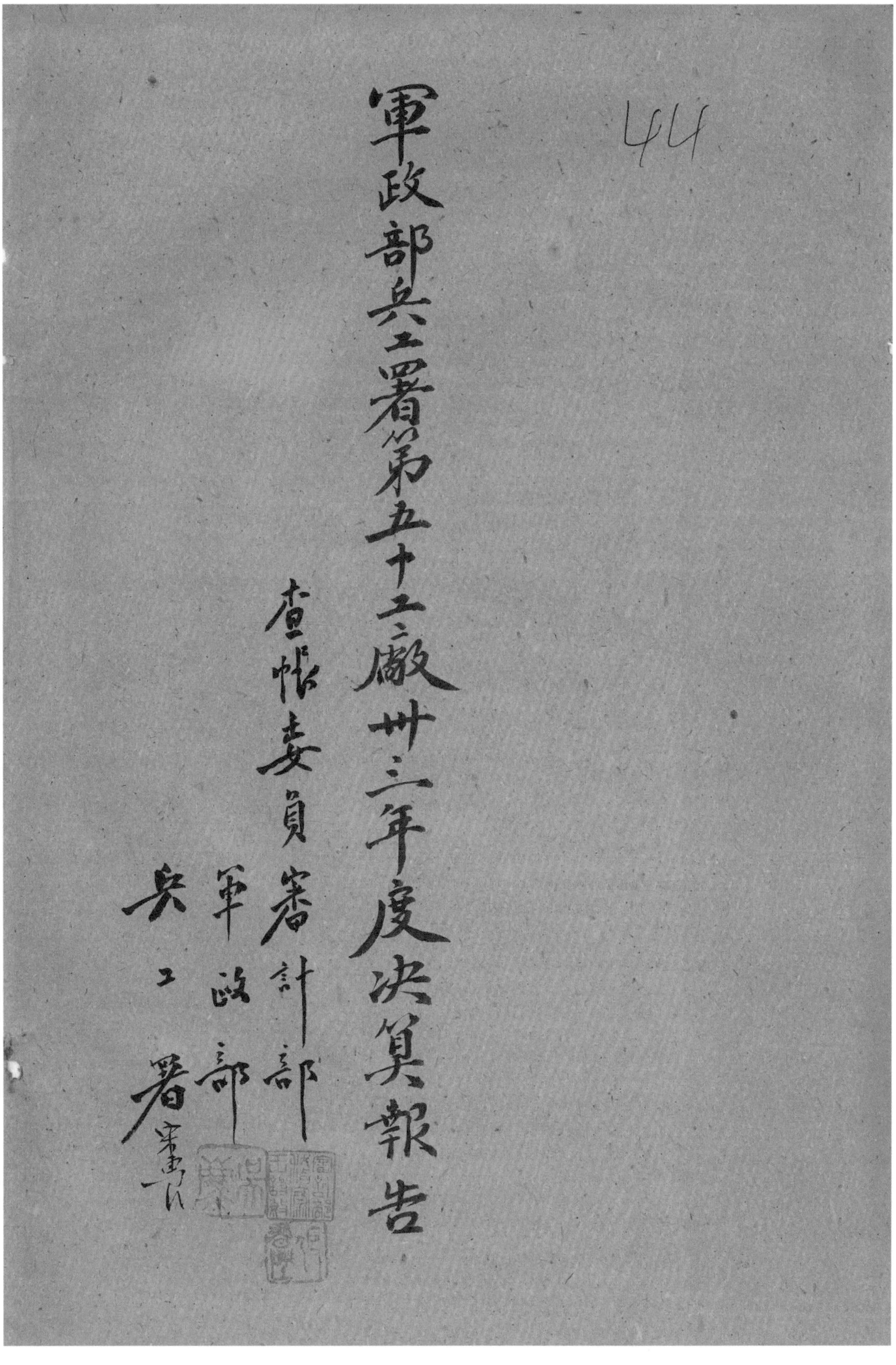
44

軍政部兵工署第五十工廠卅三年度決算報告

查帳委員審計部

軍政部

兵工署

45

軍政部兵工署第五十工廠

結賬報告

中華民國三十三年度

目錄

46

軍政部兵工署第五十工廠

試算表

中華民國33年12月31日

金額	科目	金額
422506.26	建築及附屬裝置	
61678000.05	機器及工場設備	
3252048.10	運輸工程及設備	
94058.48	水電設備	
165000.00	電訊設備	
822648.32	工具儀器樣板	
287568.00	警衛及防護設備	
207132.00	醫療設備	
1736602.00	傢具及辦公用具	
417902.10	書籍	
1041205.08	未完工程	
	折舊準備	1561772.53
52431236.19	現金	
263724[illegible].00	週轉金	
10[illegible]046.09	存出保證金	
12050.00	證券	
14717170.81	應收帳款	
1670223.97	職工賒欠	
568727.88	應計收益	
6438540.27	辦公用品	
9539177.10	食糧	
181026232.18	材料	
60616146.97	工資	
187287014.16	在製品	
2815544[illegible].69	預付貨款	
453767.79	在途機料	
61697921.02	暫付款	
54620.00	墊付款	
140[illegible]79137.93	蓉廠往來	
6874064.60	預付費用	
	應付帳款	1237029.72
	應付料款	139349214.45
	應付薪工	8896092.33
886374096.14	過次頁	151044109.03

廠長　　會計處長　　簿記課長　　製表

47

軍政部兵工署第五十工廠

試算表

中華民國33年12月31日

金額	科目	金額
846374076.14	承前頁	151044109.03
	應付費用	2580622.11
	預收款	420000.00
	暫收款	108287965.25
	代收款	206563.20
	保管款	447719.02
	兵工署往來	143184212.12
	兵工署墊款	5944473.20
	器具設備折舊準備	3486121.94
	累積盈餘	56186352.76
	本期盈餘	17626530.00
	成品解繳	489712351.78
87001300.00	解繳成本	
1781491.80	暫估應付款差額	
	修配收入	8782797.64
8300950.00	修配成本	
	變價收入	3241264.27
	利息	755510.67
	雜項收入	8482661.30
124805.80	臨時費用	
75204933.83	製造費用	
	攤派製造費用	18241788.30
¥1018867577.57	合計	¥1018867577.57

廠長　　會計處長　　簿記課長　　製表

68

军政部兵工署第五十工厂
资产负债平衡表
中华民国33年2月□日

资产类	金额		
固定资产：			1326029286
建筑及附属设备	2205626		
减：建筑及附属设备折旧准备	852265	3519381	
机器及工业设备	8162005		
减：机器及工业设备折旧准备	2023446	14655646	
运输工具及设备	2132610		
减：运输工具及设备折旧准备	2467960	29032645	
水电设备	405848		
减：水电设备折旧准备	156170	753467	
通讯设备	1650000		
减：通讯设备折旧准备	165000	1485000	
工具仪器模板	2226812		
减：工具仪器模板折旧准备	913235	1313577	
警卫及消防设备	3278900		
减：警卫及消防设备折旧准备	466190	2812710	
医药设备	2471800		
减：医药设备折旧准备	207320	2264180	
家具及什器	17386200		
减：家具及什器折旧准备	2435156	14931360	
图书书籍	4179020		
减：图书书籍折旧准备	420207	3758733	
未完工程		10412150	
流动资产：			6364206008
现金		584312361	
周转金		283729400	
存出保证金		197204609	
垫款		1205000	
应收账款		141717051	
职工借支		167022897	
应计收益		56672236	
办公用品		66385607	
食粮		953917716	
材料		1510262318	
在制品		5463941686	
预付货款		7275447769	
在途材料		43726729	
暂付款		6169792102	
垫付款		5562000	
各分厂往来		1409729393	
预付费用		667206660	
合计			65147857934

负债类	金额		
流动负债：			41427210012
应付账款		123102[illegible]12	
应付料款		3932921025	
应付薪工		6896090533	
应付[illegible]款		280620011	
代收款		4200000	
暂收款		228996529	
预收款		8065632	
[illegible]		4377190	
兵工署往来		1139962982	
兵工署拨款		394449324	
库存设备折旧准备		348612191	
盈余：			23720647922
累计盈余		5618639276	
本期盈余		18102005646	
合计			65147857938

厂长　　会计处长　　簿记课长　　制表

49

軍政部兵工署第五十二廠

損益計算表

中華民國33年12月31日

摘要	金額 細數	金額 小計	金額 總計
成品解繳			48971235198
本廠解繳品		40263105198	
暫分廠解繳品		8708130000	
解繳成本		39201760666	
1.上期在製品盤存	5862374203		
2.材料	13070132213		
3.工資	6026374697		
4.製造費用	5534749553		
5.暫分廠解繳品	8708130000		
減:本期在製品盤存		5463941686	
製造成本			33737818980
成品解繳純益			15233416218
加:修配收入	878279764		
變價收入	324126427		
利息收入	75951067		
什項收入	848266130		
發電盈餘	1762693800	3889317188	
減:修配成本	830095000		
材料 6262900.00			
人工 422400.00			
費用 1615650.00			
暫估應付款差額	178169180		
臨時費用	12480500	1020722760	28605922428
本期盈餘			$16102008646

廠長　　會計處長　　簿記課長　　製表

50

軍政部兵工署第五十工廠

建設費收支實況表

中華民國33年1月至33年12月31日

摘要	金額：細數	金額：小計	金額：總計
收項：			
A.上年結存			29241254
B.本年收入			3445251691
1.建設費收入		1583333300	
2.暫收款		100000000	
3.支出之收回		1851918391	
甲.預付款	699175708		
乙.暫付款	765355089		
丙.工資	843810		
丁.在造工程	366543784		
收項總計			3474492945
付項：			
C.本年支出			3459521176
1.固定開支		409098480	
甲.薪津	39635640		
乙.工資	249157760		
丙.運費	120305080		
2.預付款		499552720	
3.暫付款		1141857480	
4.在造工程		1031652096	
5.運輸器材設備		2260000000	
6.建築工程		543566801	
7.地基		77024942	
8.收入之退回		19982577	
甲.暫收款	10865183		
乙.應付工程款	9117294		
D.本年結存			14967769
付項總計			3474492945

廠長　　　會計處長　　　簿記課長　　　製表

軍政部兵工署第五十二廠

公積金收支對照表

中華民國33年12月31日

收入	科目	支出
	收入之部	
19403291	罰款收入	
6402377	利息收入	
1105641	其他收入	
	支出之部	
	什費	22107644
	獎卹	1457000
	現金結存數	3252765
827417405	合計	827417405

廠長　　會計處長　　簿記課長　　製表

军政部兵工署第五十工厂
三十二年度制品饬造及解缴数量明细表

共叁页第一页

饬造号	饬造品名	单价	饬造数量	饬造总价	解缴数量	解缴总价	三十一年度结存	欠缴	备考
919	六公分迫炮弹	[illegible]			[illegible]	[illegible]			左列造品均系三十三年饬造 [illegible]
	五公分迫炮弹	1800.00			[illegible]	[illegible]			
981	克式山炮弹	1000.00			[illegible]	[illegible]			
1008	〃	1000.00			[illegible]	[illegible]			
1030	三七战车防炮	600000.00			[illegible]	[illegible]			
	〃	600000.00			[illegible]	[illegible]			
	〃	600000.00			[illegible]	[illegible]			
	八二迫炮弹	1800.00			[illegible]	[illegible]			
1180	十五公分迫击炮弹	3000.00			[illegible]	[illegible]			
〃	[illegible]	[illegible]			[illegible]	[illegible]			
1138	〃	[illegible]			[illegible]	[illegible]			
1161	十五公分迫击炮	3000.00			[illegible]	[illegible]			
918	六公分迫击炮弹	[illegible]			[illegible]	[illegible]			
1203	三七战防炮	[illegible]	[illegible]	[illegible]	[illegible]	[illegible]			
〃	六〇迫击炮	[illegible]	[illegible]	[illegible]	[illegible]	[illegible]			
〃	十五公分迫击炮弹	[illegible]	[illegible]	[illegible]	[illegible]	[illegible]			
〃	克式山炮弹	[illegible]	[illegible]	[illegible]	[illegible]	[illegible]			
〃	六公分迫击炮弹	[illegible]	[illegible]	[illegible]	[illegible]	[illegible]		[illegible]	
1227	〃 迫击炮	[illegible]	[illegible]	[illegible]	[illegible]	[illegible]			
〃	三八式野炮弹	[illegible]	1000	[illegible]	1000	[illegible]			
〃	十五公分迫击炮弹	[illegible]	[illegible]	[illegible]	[illegible]	[illegible]			
〃	三七战防炮	[illegible]	[illegible]	[illegible]	[illegible]	[illegible]			
〃	六公分迫击炮弹	[illegible]	[illegible]	[illegible]	[illegible]	[illegible]			
1247	六〇迫击炮	[illegible]	[illegible]	[illegible]	[illegible]	[illegible]			
〃	三八式野炮弹	[illegible]	[illegible]	[illegible]	[illegible]	[illegible]			
〃	十五公分迫击炮弹	[illegible]	[illegible]	[illegible]	[illegible]	[illegible]			
〃	三七战防炮	[illegible]	[illegible]	[illegible]	[illegible]	[illegible]			
〃	六公分迫击炮弹	[illegible]	[illegible]	[illegible]	[illegible]	[illegible]		[illegible]	
1248	三八式野炮弹	[illegible]	[illegible]	[illegible]	[illegible]	[illegible]			
1253	十四式山炮弹	[illegible]	[illegible]	[illegible]	[illegible]	[illegible]			
1273	三七战防炮	[illegible]	[illegible]	[illegible]	[illegible]	[illegible]			
〃	六〇迫击炮	[illegible]	[illegible]	[illegible]	[illegible]	[illegible]			
〃	六公分迫击炮弹	[illegible]	[illegible]	[illegible]	[illegible]	[illegible]			
1064	六公分迫击炮	[illegible]			[illegible]	[illegible]			

厂长　　会计处长　　[illegible]部长　　制表

軍政部兵工署第五十工廠
三十三年度製品飭造及解繳數量明細表

共叁頁第二頁

飭造命令 字	飭造命令 號	飭造品名	單價	飭造 數量	單位	飭造 總價	解繳 數量	單位	解繳 總價	三十四年度補繳 數量	單位	三十四年度補繳 總價	欠繳 數量	單位	欠繳 總價	備考
穎	1273	十五公分迫砲彈	4000.00	800	顆	3200000.00	800	顆	3200000.00							
	〃	克式山砲彈	4000.00	1500	〃	6000000.00	1500	〃	6000000.00							
	1296	三七戰防砲	12000000.00	2	門	24000000.00	2	門	24000000.00							
	〃	六〇式迫擊砲	36000.00	100	〃	3600000.00	100	〃	3600000.00							
	〃	六公分迫砲彈	720.00	20000	顆	14400000.00	20000	顆	14400000.00							
	〃	十五公分迫砲彈	4000.00	800	〃	3200000.00	800	〃	3200000.00							
	〃	克式山砲彈	4000.00	1500	〃	6000000.00	1500	〃	6000000.00							
	1320	三七戰防砲	12000000.00	2	門	24000000.00	1	門	12000000.00				1	門	12000000.00	
	〃	六公分迫擊砲	36000.00	100	〃	3600000.00	100	〃	3600000.00							
	〃	六公分迫砲彈	720.00	20000	顆	14400000.00	20000	顆	14400000.00							
	〃	克式山砲彈	4000.00	2500	〃	10000000.00	2500	〃	10000000.00							
	1342	三七戰防砲	18000000.00	2	門	36000000.00	2	門	36000000.00							
	〃	六公分迫擊彈	1080.00	20000	顆	21600000.00	15000	顆	16200000.00	5000	顆	5400000.00				
	〃	十五公分迫砲彈	6000.00	800	〃	4800000.00	800	〃	4800000.00							
	〃	十年式山砲彈	6000.00	2500	〃	15000000.00	2500	〃	15000000.00							
	1350	十五公分迫砲彈	4000.00	800	〃	3200000.00	800	〃	3200000.00							
	1360	三七戰防砲	18000000.00	2	門	36000000.00	2	門	36000000.00							
	〃	六公分迫擊彈	1080.00	20000	顆	21600000.00				20000	顆	21600000.00				
	〃	十五公分迫砲彈	6000.00	800	〃	4800000.00	800	顆	4800000.00							
	〃	十年式山砲彈	6000.00	1000	〃	6000000.00	1000		6000000.00							
	〃	三八式野砲彈	7500.00	2000	〃	15000000.00	2000		15000000.00							
	1386	三七戰防砲	18000000.00	3	門	54000000.00	3	門	54000000.00							
	〃	六公分迫擊砲	54000.00	100	〃	5400000.00				100	門	5400000.00				
	〃	十五公分迫砲彈	6000.00	1000	顆	6000000.00	1000	顆	6000000.00							
	〃	十年式山砲彈	6000.00	2000	〃	12000000.00	2000		12000000.00							
		六公分迫砲彈	1080.00	20000	〃	21600000.00				20000	顆	21600000.00				
	〃	克式山砲彈	6000.00	2000	〃	12000000.00	2000	顆	12000000.00							
	1390	十五公分迫砲彈	1850.00	1500	〃	2775000.00	1500	〃	2775000.00							
	1393	〃	1850.00	1500	〃	2775000.00	1500	〃	2775000.00							
	1415	〃	1850.00	1500	〃	2775000.00	1000	〃	1850000.00	500	顆	925000.00				
	1416	三七戰防砲	2400000.00	2	門	4800000.00	2	門	4800000.00							
	〃	六公分迫擊砲	108000.00	150	〃	16200000.00				150	門	16200000.00				
	〃	十五公分迫砲彈	10000.00	2000	顆	20000000.00	2000	顆	20000000.00							

廠長　　會計處長　　簿記課長　　製表

軍政部兵工署第五十工廠
三十三年度製品飭造及解繳數量明細表

共叁頁第二頁

飭造令 字	飭造令 號	飭造品名	單價	飭造 數量	飭造 單位	飭造 總價	解繳 數量	解繳 單位	解繳 總價	三十四年度補繳 數量	三十四年度補繳 單位	三十四年度補繳 總價	欠繳 數量	欠繳 單位	欠繳 總價	備考
	1416	十年式山砲彈	7600.00	2000	顆	15200000.00	2000	顆	15200000.00							
		克式山砲彈	7600.00	2000	〃	15200000.00	2000		15200000.00							
	1439	六公分迫擊砲	108000.00	150	門	16200000.00				150	門	16200000.00				
		二十戰防砲	2400000.00	2	〃	4800000.00				2		4800000.00				
		十五公分迫砲彈	10000.00	2600	顆	26000000.00	1000	顆	10000000.00	1600	顆	16000000.00				
		克式山砲彈	7600.00	2000	〃	15200000.00	2000		15200000.00							
		三八式野砲彈	9500.00	2000	〃	19000000.00	2000		19000000.00							
	1442	十五公分迫砲彈	18500.00	1500	〃	27750000.00				450	顆	8325000.00	1050	顆	19425000.00	
	1463	二十式戰防砲	2400000.00	3	門	7200000.00				3	門	7200000.00				
		六公分迫擊砲	108000.00	200	〃	21600000.00				150	〃	16200000.00	50	門	5400000.00	
		十五公分迫砲彈	10000.00	2600	顆	26000000.00	2322	顆	23220000.00				278	顆	2780000.00	
		克式山砲彈	7600.00	2000	〃	15200000.00	2000	〃	15200000.00							
		三八式野砲彈	9500.00	2000	〃	19000000.00				2000	顆	19000000.00			31260120.00	
		飭造令合計				183936000.00			142476460.00			51113575.00				
介	2883	二七砲手榴彈箱		12	盤	21499.12	12	盤	21499.12							
	2886	十五公分迫擊砲		3	門	3559722.81	3	門	3559722.81							
	2906	[illegible]		150	顆								150	顆		
	〃	克式[illegible]		187	枚	666479.93	187	枚	666479.93							
	2928	十五公分迫擊砲		4	門	1817411.96	4	門	1817411.96							
	2931	〃		4	〃	1817411.96	4	〃	1817411.96							
	2935	〃		9	〃	5796136.73	9	〃	5796136.73							
	2936	百一新式戰防砲		1	〃	25756.07	1	〃	25756.07							
	3131	[illegible]		4	〃	1679916.70	4	〃	1679956.70							
	3151	十五公分迫擊砲		18	〃	12245226.92	18	〃	12345226.92							
	3300	奧式[illegible]戰防砲		1	〃	25756.07	1	〃	25756.07							
	416	改造十五公分迫砲彈		6	顆	21000	6	顆	21000							
	3356	奧式[illegible]戰防砲		1	門	8081760	1	門	8081760							
		修造令合計							62131626.27							
加	1360	[illegible]		1	套	807501	1	套	807501							
	〃	[illegible]		1	〃	1987670	1	〃	1987670							
		加造令合計							2795171							
介	A31	[illegible]		2	套	311406.00	2	套	311406.00							
另批		代製[illegible]		1800	[illegible]	2237800.00	1800	[illegible]	2237800.00							

廠長　　會計處長　　簿記課長　　製表

軍政部兵工署第五十二廠
三十三年度製造費用明細表

科目 \ 月份 金額	一月份	二月份	三月份	四月份	五月份	六月份	七月份	八月份	九月份	十月份	十一月份	十二月份	合計
俸薪	224635.48	764750.00	756925.54	716042.72	1088642.50	1102223.30	1724417.60	1272626.30	1813972.10	1909326.70	1948347.90	1816669.10	16439644.72
特別辦公費	16900.00	16900.00	16900.00	16600.00	16200.00	17000.00	17000.00	18200.00	17400.00	17450.00	44500.00	44800.00	250150.00
餉糈	47539.60	47399.70	47091.20	102239.15	105850.70	105874.70	124085.20	103799.20	167322.60	190265.60	183206.70	183166.80	1367928.55
間接工資												230370.00	230370.00
米貼	481201.71	571263.91	697665.43	819193.60	809335.30	916370.30	225390.08	953224.05	1640974.00	1661253.77	1674476.87	4463601.80	12010450.84
郵費	69309.80	23764.00	20864.00	10350.00	16790.00	20969.00	12000.00	58196.00	14505.00	74470.00	61082.00	57172.00	436650.50
文具印刷	490227.53	229064.47	290106.18	279404.40	299727.46	152635.36	456417.87	567560.51	249411.06	852014.86	436702.12	413636.62	4817221.94
[illegible]運	1019.90	928.50	1584.00	2094.00	672.00	2661.50	847.00	1866.50		1578.00		1849.50	14253.90
旅費	149333.60	75724.00	112636.40	199436.37	234050.00	131470.40	262450.00	200751.60	101541.20	353630.00	392448.00	796478.10	3052164.47
運費	1327539.33	547933.06	201526.10	1398793.10	1718223.98	1646659.61	1004709.18	596766.50	1113686.03	1000408.86	997069.26	1932326.06	14426609.45
滙兌	1074.00	162.00	750.00	1280.00	1000.00	920.00	600.00	1050.00	607.00	800.00	600.00	3528.00	12375.00
税捐			2430.00		31785.41	1135.00					6340.00	49200.00	93380.41
保險費	67123.50			38107.38	81152.90	23058.03	35027.00			30821.46		26733.60	365362.92
醫藥費	11095.50	350.00		277.50	449.00	2050.00	2100.00	31213.72	1260.00	25564.00	11846.00	61564.25	154830.05
租賃	52523.30	45099.00	49257.00	47732.26	31367.96	56113.24	59329.70	242499.32	22472.00	168224.26	55904.00	105779.40	921426.34
什項購置													
盤存損失	3775.27			5159.00									2934.27
水費	1232.00	756.00	756.00	3056.00		1650.00		5400.00		4200.00		8550.00	26960.00
電費	451379.92	444466.73	852279.35	1732227.50	528665.20	361452.90	614229.33	723319.52	955451.82	2766222.12	1325613.92	1708814.73	9324160.93
修配	3040.00	1677.00	758.00	2630.00	1212.00	26000.00	97045.00	65310.00	224861.00	518636.00	213190.00	1220649.00	2404927.00
折舊												3663152.29	3663152.29
研究費												436900.00	436900.00
什費	152933.43	66035.91	228215.44	123297.00	259472.54	162801.20	233175.52	166014.00	29440.10	593610.09	365679.50	832111.12	3062997.66
什項損失						9139.50	7834.74	1379.47	2112.00	47.50		212074.13	232727.34
過期帳支出								12637.10	362207.32	1829.59		1041.12	375475.13
總計													75204933.63
減期末未完成推定製造費用													10241785.30
實計	4219635.45	2832734.48	3430727.36	4422556.46	1342661.13	4077190.54	4937818.47	5656517.24	6722454.90	8564080.79	7716121.97	16267719.64	64963144.53

廠長　　　　會計處長　　　　簿記課長　　　　製表

軍政部兵工署第五十工廠
三十三年度工資明細表

科目 \ 月份 金額	一月	二月	三月	四月	五月	六月	七月	八月	九月	十月	十一月	十二月	合計
工務處	917940	9058932	9022240	2015725	1231440	1392020	1544240	1731910	1900330	2219850	2152640	2361890	18353066
製乾所	37496030	26980160	41606840	48683250	6065730	5848910	8016860	7706270	8106330	9619020	10928970	12395040	23076270
木工所	33967450	29315460	37022480	37010250	4715460	4675450	4718850	6386200	6992590	2919200	7543320	9006460	16602070
火工所	19128130	17406860	22211890	23403080	4970030	3006560	9991660	[illegible]	4196020	4923480	5341750	6092790	41160066
工具所	5848510	8531820	10382920	12665150	14687920	1446210	14382330	[illegible]	[illegible]	[illegible]	[illegible]	[illegible]	20306750
引信所	13292830	11395420	15604610	16309510	20843320	2601410	20693500	2746960	[illegible]	3981130	4004100	4322030	30122750
鍛工所	6038270	4798150	7639080	8319040	10479350	1023570	10340460	[illegible]	[illegible]	[illegible]	[illegible]	[illegible]	[illegible]
彈夾所	17622710	14045930	11351130	16922710	22260000	[illegible]	[illegible]	[illegible]	[illegible]	4139150	4841810	5612600	14023030
樣板所	8802790	8500290	8875170	10470950	14742570	10040600	10715560	[illegible]	[illegible]	[illegible]	2881660	2618600	18651163
鑄工所	23651300	18566860	32124660	27072100	34156870	3440320	3964850	4421150	[illegible]	1023240	[illegible]	6000026	[illegible]
修配所	10713910	8853360	15067860	15301820	23103350	2939470	13005810	[illegible]	13161610	4227000	4379430	4535140	31209360
水電所	8649160	8305840	8213414	10009570	13817790	1396160	10890760	[illegible]	[illegible]	2763340	[illegible]	4650200	16695665
精確研究室	969200	996330	1022470	1358500	1159480	1661010	1619260	2739000	2451060	2303960	3466710	3723230	22946250
半成品檢驗室	5766530	4085500	5011050	6698160	7591260	[illegible]	[illegible]	9652200	[illegible]	[illegible]	1359050	1371060	10637800
成品檢驗室	2512050	2698220	2803290	3863060	4510390	4452160	4452140	[illegible]	[illegible]	5520660	593380	6115190	5410700
理化室	249070	211880	211722	439710	496200	412440	4751080	[illegible]	603800	629120	674780	681440	562170
工具樣板室	1909520	1851000	1913850	2412100	3264220	3113000	[illegible]	[illegible]	[illegible]	5660980	6212040	4158790	6558460
工程師室	1225950	1316080	1364670	2055000	2216100	[illegible]	2193380	[illegible]	[illegible]	3244480	3401900	3290800	3866120
福利處	31054450	34274420	29193340	46481470	50247490	50621360	[illegible]	[illegible]	17458950	6373340	4754290	69358400	49965351
稽查組	2724150	2720380	4102280	3702170	4965680	4922230	4067600	[illegible]	4714100	4600710	4276900	4082290	4771058
保管科	6599990	6522210	6147770	8862560	10054000	9999050	[illegible]	11266790	11115790	12064800	11654750	13132070	11772695
運輸科	19321930	20693600	29794230	32109980	31405790	35534060	52101060	30319880	6742600	4526780	3403451	6118650	47130400
庶務室	3231680	3266730	3220600	5257230	5516130	5153260	1543240	6121090	6175000	6204660	[illegible]	6696160	6314262
農林場	4832880	4133380	8760510	11990810	1716030	1716230	1699300	1962300	2019260	30015110	3022460	21847080	17840090
勞動隊	4491000	4381500	4427000	8199400	8243500	8211000	8226150	6630000	6233000	8131100	8411600	8651700	13092220
總計	[illegible]	[illegible]	[illegible]	[illegible]	[illegible]	[illegible]	[illegible]	[illegible]	[illegible]	[illegible]	[illegible]	[illegible]	[illegible]

廠長　　會計處長　　簿記課長　　製表

5

軍政部兵工署第五十二廠

週轉金

中華民國33年12月31日

科目	金額 小計	金額 合計	備攷
合作社週轉金	1250000000		
採購科週轉金	800000000		
製砲所食堂週轉金	1500000		
會計處食堂週轉金	900000		
木工所食堂週轉金	1500000		
運輸科週轉金	80000000		
保管科食堂週轉金	600000		
鑄工所食堂週轉金	1600000		
檢驗科試砲旅費週轉金	500000		
稽查組週轉金	150000		
火工所食堂週轉金	1500000		
福利處週轉金	230000000		
彈夾所食堂週轉金	1000000		
工務處食堂週轉金	1050000		
農林場週轉金	450000000		
修配所食堂週轉金	1000000		
化驗室食堂週轉金	400000		
樣板所食堂週轉金	2620000		
張郁秋週轉金	100000		
軍械庫週轉金	150000		
張昌晧週轉金	150000		
檢驗科水壓所食堂週轉金	1000000		
地產科食堂週轉金	1600000		
警衛隊週轉金	2200000		
李澤深週轉金	500000		
吳葆筠週轉金	500000		
王家鼎週轉金	100000		
徐鐵泉週轉金	1674000		
駐渝通訊處週轉金	5000000		
合計	82837294000	82837294000	

廠長　　會計處長　　簿記課長　　製表

58

軍政部兵工署第五十工廠

[illegible]付款

[illegible]華民國3[illegible]年12月31日

科目	金額 小計	金額 合計	備考
[illegible]署	5042516[illegible]63		
[illegible]安[illegible]賠款	5000000000		
福[illegible]處	10510[illegible]16		
領[illegible]資	[illegible]00		
洪[illegible]濤	4000[illegible]00		
戴國荃	6425[illegible]15		
董朝鼎	54000000		
[illegible]鐘泉	5000000		
[illegible]保和	10000000		
陳慧[illegible]	35000000		
蕭滄[illegible]	10000		
郭[illegible]	4870750		
駐昆[illegible]事處	3500363		
兵[illegible]部	12000000		
陳宗元	400000		
署駐昆辦事處	3000000		
超過議價規定料款	973000		
孫承恩[illegible]賠款	33550		
梁步雲零用金	1215628		
陳善淵付運費	8000000		
李人傑	1000		
平價米局款	17614947		
大一公司	650000000		
陳愈枋	22869170		
暫墊王[illegible]表葬費	10000000		
協記營造廠	2450000000		
墊付留美人員旅費	3240000		
墊付薪津	645000	86169792108	

廠長　　會計處長　　簿記課長　　製表

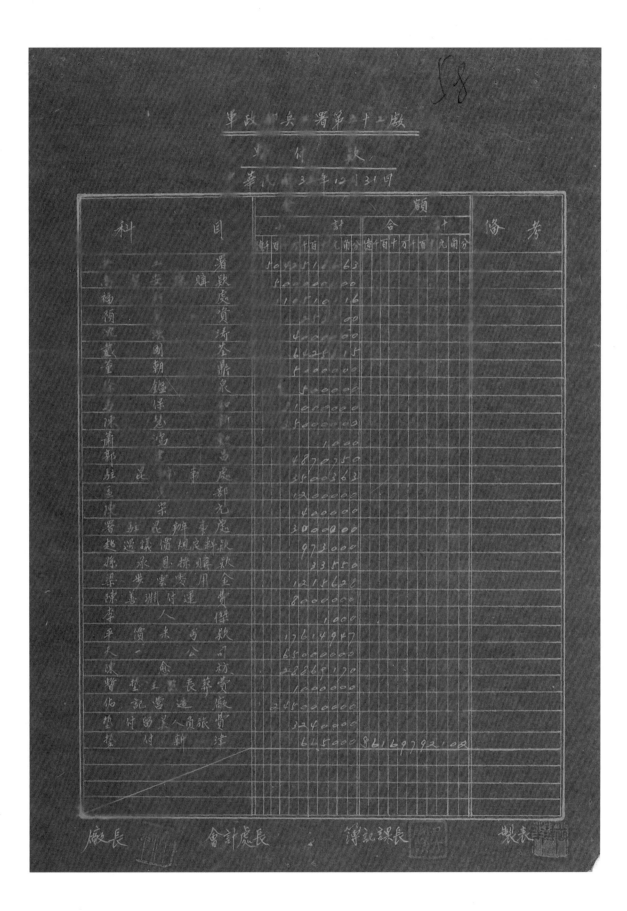

57

軍政部兵工署第五十二廠

預付貨款

中華民國33年12月31日

科目	金額 小計	金額 合計	備考
1 中國工業窰業原料廠	38236600		
中央電工器材廠	378022238		
中國機器鑄造廠	53557824		
新元電機製造廠	58000000		
資委會宜賓機器廠	431577000		
中國植物油廠	16000000		
中央電瓷廠	6438227		
華順機器廠	73440000		
順昌鐵工廠	402256000		
上海機器廠	22680000		
建基磚瓦廠	12480000		
建華製漆廠	27285000		
大業機電廠	28880000		
聚利昇木廠	2366694		
五和鐵工廠	3197205		
中央機器廠	209440000		
中宣製造廠	44000000		
中南橡膠廠	102400000		
三友毛刷廠	2602600		
同得船廠	10000000		
同福竹廠	1650000		
震旦機廠	3299999		
天府煤礦公司	454005000		
合益企業公司	126000000		
寶源煤礦公司	297255000		
全濟〃〃公司	406755000		
四川水泥公司	55920000		
中央木業公司	150167850		
大昌礦業公司	127150000		
四川〃〃公司	27512000		
國民企業公司	24500000		
過次頁	3597114437		

廠長　　會計處長　　簿記課長［印：審核］　　製表［印］

軍政部兵工署第五十工廠

預付貨款

中華民國33年12月31日

科目	金額 小計	金額 合計	備考
承前頁	3597114437		
中國汽車製造公司	1095400000		
開成建築材料公司	21000000		
中國工業煉氣公司	90000000		
大一實業公司	784000000		
民生實業公司	109200000		
德[illegible]公司	1243600		
合姓公司	366689500		
建宇貿易行	158960000		
福昌行	228000000		
平基水電行	720000000		
建華木行	3009200000		
大昌木行	2415000000		
恒益竹行	8176000		
鶴鳴商行	225000000		
復康木行	2488000000		
和濟木行	17160500		
裕森木行	896		
合友商行	1389431000		
順記[illegible]號	32493680		
若記竹號	31800000		
義記商號	15200000		
順泰商號	25200000		
森記商號	30000000		
永和[illegible]號	5871600		
華泰五金號	86400000		
慎昌五金號	201001200		
瑞渝五金號	10920000		
源大五金號	[illegible]		
裕隆五金號	10900000		
餘記五金號	2700000		
過次頁	7958678613		

廠長　　會計處長　　簿記課長　　製表

61

軍政部兵工署第五十二廠

預付貨款

中華民國33年12月21日

科目	金額：小計	金額：合計	備考
承前頁	7056678413		
晋元药號	12189200		
永昌板車行	15900000		
良友商行	40000000		
金益志	100000000		
雷炎明	9000000		
賁炳文	215000000		
黄治平	28750000		
金建德	390000000		
兵工署	600000		
中央實業社	196000000		
兵工署軍械司	300000000		
署駐北碚辦事處	3833346208		
工礦處材料庫	1020000000		
中國工程師學會	156000		
香港中央信託局	9224548		
全國度量衡局	16000000		
花紗布管制局	1051000000		
財政部戰時物資運管理局	64625000		
美華照相製板所	9100000	87875544769	

廠長　　會計處長　　[illegible]課長　　製表

62

軍政部兵工署第五十工廠

應收帳款

中華民國33年12月31日

科目	金額 小計（億千百十万千百十元角分）	金額 合計（億十百十万千百十元角分）	備考
兵工署	315603000		
第一工廠	303320000		
第二工廠	79485780		
第十工廠	22375600		
第二十四工廠	691200		
第二十一工廠	75572226		
第二十八工廠	175907028		
第三十一工廠	1800000		
第四十四工廠	11700000		
第五十二工廠	29022000		
民生機器廠	2130		
第二十一廠安寧分廠	1679600		
中國機器製造廠	10000000		
重慶電力公司	362717657		
鋼鐵廠遷委會	33633000		
本署材料備整處	30000000		
待收撥售未銷款	14739740		
華西公司	540000		
航委會人事處	1405600		
兵工署技術司	918720		
鄭金臧	803600	¥1471717081	

廠長　　會計處長　　簿記課長　　製表

軍政部兵工署第五十二廠

綦分廠往來

中華民國33年12月31日

科目	金額 小計	金額 合計	備考
代收付款	976,866.80		
廠滙經臨費	76,171,135.00		
墊付薪津	38,811.30		
應領製造費	137,160,000.83		
廠撥材料款	13,713,624.00		
製品解繳（貸）	87,021,300.00	160,979,137.10	

應付帳款

中華民國33年12月31日

科目	金額 小計	金額 合計	備考
第十二廠	799,824.80		
兵工署	151.80		
第二工廠	431,200.00		
駐滬辦事處	1,813.12	1,237,029.72	

應付薪工

中華民國33年12月31日

科目	金額 小計	金額 合計	備考
職員薪津（借）	16,004.20		
工人工津	8,723,504.21		
士兵餉津	188,592.40	8,896,092.33	

廠長　　會計處長　　簿記課長　　製表

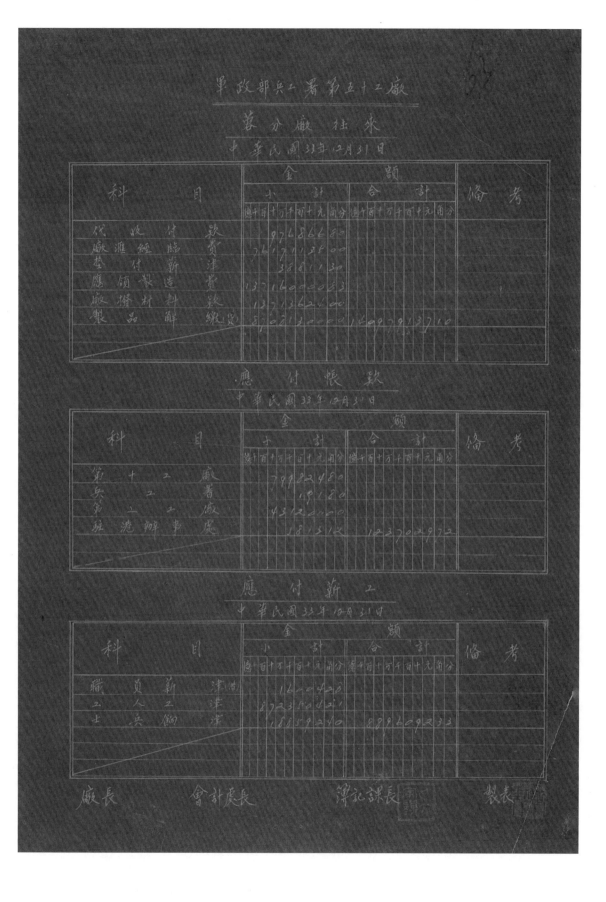

54

軍政部兵工署第五十工廠

應付費用

中華民國33年12月31日

科目	金額 小計	金額 合計	備考
旅費	793640.22		
運費	374512.74		
什費	694417.50		
郵費	37172.00		
租費	17659.00		
電費	3070.40		
滙兌	2665.00		
修配	438425.00		
医藥費	61564.25		
簡接工資	87990.00		
稅捐	49200.00		
水費	2850.00		
郵電	452.00	82580628.11	

墊付款

中華民國33年12月31日

科目	金額 小計	金額 合計	備考
墊付實習生伙食費	2120.00		
第十九區党部	51800.00	354620.00	

廠長 會計處長 簿記課長 製表

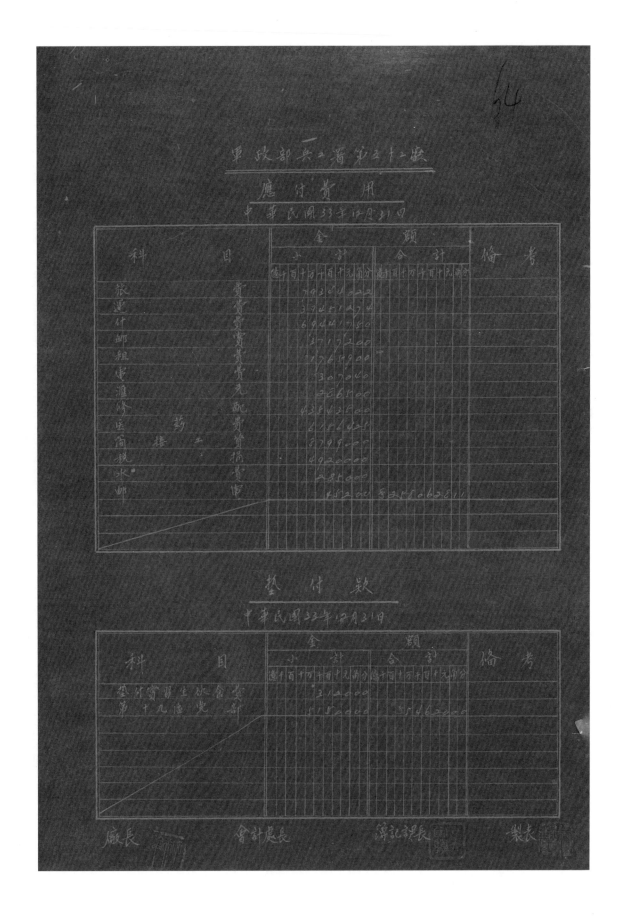

65

軍政部兵工署第五十二廠

暫收款

中華民國33年12月31日

科目	金額 小計（億千百十万千百十元角分）	金額 合計（億千百十万千百十元角分）	備考
借入建設費	605220596		
兵工署	10222082817		
付户	561840		
駐昆辦事處	297600		
青磚税款	449676		
柴油關税	2040000	10828796529	

預付費用

中華民國33年12月31日

科目	金額 小計（億千百十万千百十元角分）	金額 合計（億千百十万千百十元角分）	備考
運費	609056460		
民生實業公司	70000000		
鋼鐵廠遷委會	5000000		
培遠營造廠	35-0000		
建民記	3600000	8687406470	

代收款

中華民國33年12月31日

科目	金額 小計（億千百十万千百十元角分）	金額 合計（億千百十万千百十元角分）	備考
四方企業公司	4200000		
所得税	21340170		
職工褔金	1641000		
代收電費	4616500		
代收月捐	6297590		
代收隊費	329600		
冬服代金	3768000		
代發米代金	40926400		
合作社	1317060	980656320	

廠長　　會計處長　　簿記課長　　製表

66

軍政部兵工署第五十工廠

保管款

科目	金額 小計	金額 合計	備考
铁盾押標金	5000000		
高玉亭			
職員儲金	622390		
存入保証金	38088159		
士兵儲金	9113		
救國公債	178560		
蓺校儲金	12300		
程志伊	224550		
于連陞	139860		
高鳳閣	136500		
陳希明	155350		
曾鑌	56000		
侯鴻欽	45000		
李周雄	9290		
徐葉恭	10830	￥44771902	

存出保証金

中華民國33年12月31日

科目	金額 小計	金額 合計	備考
話費保証金	937000		
郵箱保証金	35000		
水表保証金	600000		
電表電費保証金	160000		
水電表押金	4000		
氧瓶〃金	17000000		
海關〃金	11715		
房地〃租	178000		
公攤〃〃金	778394		
什項〃金	500	￥19704609	

廠長　　會計處長　　簿記課長　　製表

军政部兵工署第五十工厂成都分厂一九四五年度决算报告（一九四六年八月）

軍政部兵工署第五十工廠成都分廠三十四年度決算報告

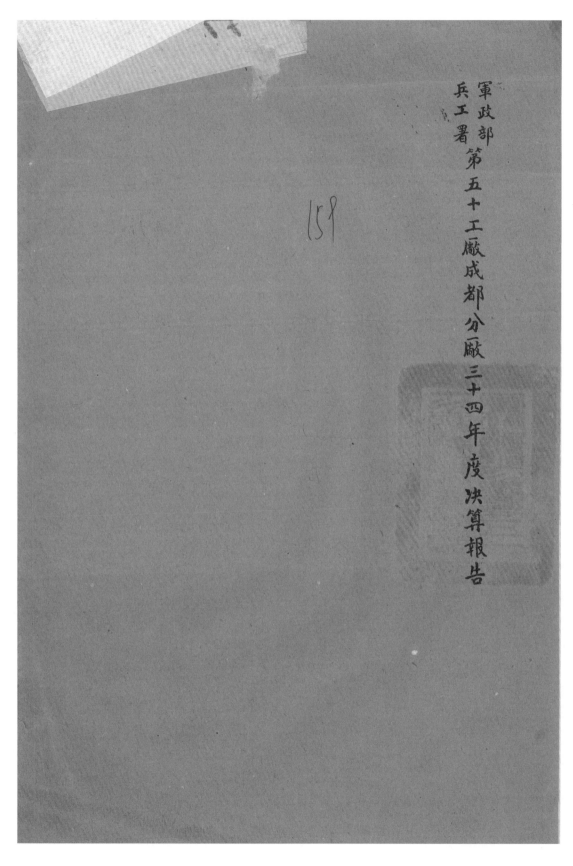

160

目　　　　錄

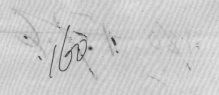

161

軍政部兵工署第五十工廠成都分廠

總帳餘額表

中華民國三十四年十二月三十一日　　　　共二頁第一頁

科目	借方差額												貸方差額											
	十萬萬	萬萬	千萬	百萬	十萬	萬	千	百	十	元	角	分	十萬萬	萬萬	千萬	百萬	十萬	萬	千	百	十	元	角	分
土地						4	5	1	7	7	0	0												
建築及附屬裝置					4	0	8	0	5	1	4	0												
機器及工場設備				3	2	9	1	0	7	8	9	3												
運輸工程及設備					5	0	9	7	0	0	0	0												
電訊設備					5	7	2	7	3	3	4	6												
水電設備							1	7	0	0	0	0												
工具儀器樣板				1	3	7	0	4	2	1	6	3												
警衛及防護設備						8	6	2	9	8	0	0												
醫療設備					1	9	7	7	2	5	9	0												
傢具及辦公用具				2	7	3	6	0	6	0	7	1												
圖案書籍					2	9	6	7	8	9	3	2												
折舊準備																2	3	3	6	7	5	8	1	3
現金			2	3	5	5	9	4	0	9	8	4												
週轉金			1	6	4	8	7	6	7	4	2	4												
存出保証金						5	3	5	8	4	5	0												
應收傳票					2	1	2	6	5	0	8	0												
應收帳款			2	2	7	8	1	8	3	0	2	5												
總廠往來		3	2	8	4	4	7	9	0	1	0	3												
職工賒欠				5	9	2	1	4	1	2	3	1												
辦公用品				2	1	9	8	4	0	6	2	0												
藥品						1	5	1	5	0	0	0												
粮食			1	0	4	5	6	7	3	9	9	4												
材料		2	5	4	9	6	5	5	0	7	7	9												
在製品				7	0	1	4	3	0	8	0	0												
成件			4	1	4	4	7	5	9	5	9	6												
成品		1	0	2	4	2	6	1	3	7	5	0												
預付貨款			1	7	3	8	9	6	8	0	0	0												
在途機料					4	7	3	7	1	3	0	0												
暫付款				4	4	7	9	4	4	2	0	0												
過次頁		8	4	7	8	4	6	8	7	9	7	1				2	3	3	6	7	5	8	1	3

主任　　會計科長　　簿記股長　　覆核員　　製表員

162

軍政部兵工署第五十工廠成都分廠

總帳餘額表

中華民國三十四年十二月三十一日　　　　共二頁第二頁

科目	借方差額	貸方差額
承前頁	847846879.71	2336758.13
墊付款	13742931.86	
預付費用	13460482.41	
資本		891978.40
應付僑票		1103451.82
應付賬款		46814843.40
應付薪工		329936.43
應付料款		5443214.28
預收貨款		65000.00
暫收款		38900.00
代收款		276166.66
保管款		76492.00
總廠墊款		347005182.06
暫估應付款		170476890.00
累積盈餘		8639728.17
成品解繳		917469354.00
解繳成本	625140721.03	
攤派製造費用損益	6766841.13	
暫估應付款差額		7216447.98
運輸收入		60920.00
利息		147566.11
雜項收入		1019228.58
雜項支出	2399373.88	
合計	1509357230.02	1509357230.02

主任　　會計科長　　簿記股長　　覆核員　　製表員

163

軍政部兵工署第五十工廠成都分廠

資產負債表

中華民國三十四年十二月三十一日

資產類	金額 細數	金額 小計	金額 合計	負債及資本類	金額 細款	金額 小計	金額 合計
固定資產			717897822	流動負債			57163007665
土地	4517700			應付票據		110345182	
建築及附屬裝置	40805140			應付帳款		4681484340	
機器及工場設備	329107893			應付薪工		32993643	
運輸工程及設備	50970000			應付料款		544321428	
電訊設備	57273346			預收貨款		6500000	
水電設備	1700000			暫收款		3890000	
工具儀器樣版	137042163			代收款		27616666	
醫衛及防護設備	8629800			保管款		7649200	
醫療設備	19772590			總廠墊款		34700518206	
傢具及辦公用具	273606071			暫估應付款		17047689000	
圖案書籍	29678932	931573635		資本			89197840
減：折舊準備		233675813		資本		89197840	
流動資產			26553455763	盈益			30019148080
現金		2355970984		本期盈餘		29155175263	
週轉金		1648767424		累積盈餘		863972817	
存出保証金		53558450					
應收票據		21265080					
應收帳款		2278183025					
總廠往來		32844790103					
職工賒欠		592141231					
辦公用品		219840620					
藥品		15150000					
糧食		1045673994					
材料		25476550779					
在製品		701430800					
成件		4144759596					
成品		10242613750					
預付貨款		1738968000					
在途機料		473371300					
暫付款		447944200					
墊付款		1374293186					
預付費用		1346048241					
合計			87271353585	合計			87271353585

主任　　會計科長　　簿記股長　　覆核員　　製表員

164

軍政部兵工署第五十工廠成都分廠

損益計算表

中華民國三十四年一月一日起至十二月三十一日止

摘要	金額		額
成品解繳			917469354.00
額造品		832637100.00	
六公分迫砲彈	832637100.00		
代造品		84832254.00	
底火	8588860.00		
填沙彈	66652150.00		
引信	6803240.00		
雜件	2788004.00		
解繳成本			625140721.03
額造品		565469515.03	
六公分迫砲彈	565469515.03		
代造品		59671206.00	
底火	8588860.00		
填沙彈	41491102.00		
引信	6803240.00		
雜件	2788004.00		
解繳利益			292328632.97
加：運輸收入		6092.00	
利息收入		147566.11	
雜項收入		1019228.58	
暫估應付款差額		7216447.98	8389334.67
			300717967.64
減：雜項支出		2399373.88	
攤派製造費損益		6766841.13	9166215.01
本期盈益			291551752.63

主任　會計科長　簿記股長　覆核員　製表員

軍政部兵工署第五十工廠成都分廠

三十四年度額造品解繳明細表

飭造							解繳		欠繳		備註
類別	飭造命令	名稱	單位	數量	單價	總價	數量	總價	數量	總價	
額	1203	大口徑砲彈	發	510	450.00	229500.00	510	229500.00			本項係總廠代解(飭造數係上年欠繳尾數)
〃	〃	〃	〃	976	450.00	439200.00	976	439200.00			(〃 〃)
〃	1247	〃	〃	1.500	540.00	810000.00	1.500	810000.00			(〃 〃)
〃	1342	〃	〃	5.000	1080.00	5400000.00	5.000	5400000.00			(〃 〃)
〃	1365	〃	〃	20.000	1080.00	21600000.00	20.000	21600000.00			
〃	1386	〃	〃	20.000	1080.00	21600000.00	20.000	21600000.00			
〃	1490	〃	〃	20.000	2000.00	40000000.00	20.000	40000000.00			
〃	1512	〃	〃	20.000	2000.00	40000000.00	20.000	40000000.00			
〃	1531	〃	〃	20.000	2000.00	40000000.00	20.000	40000000.00			
〃	1550	〃	〃	20.000	3170.00	63400000.00	20.000	63400000.00			
〃	1587	〃	〃	30.000	4000.00	120000000.00	30.000	120000000.00			
〃	1603	〃	〃	20.000	4000.00	80000000.00	20.000	80000000.00			
〃	1612	〃	〃	7.500	4000.00	30000000.00	7.500	30000000.00			
〃	1631	〃	〃	30.000	6800.00	204000000.00	30.000	204000000.00			
〃	1653	〃	〃	12.000	6800.00	81600000.00	12.000	81600000.00			
〃	1679	〃	〃	12.000	6800.00	81600000.00	12.000	81600000.00			
〃	1695	〃	〃	12.000	6800.00	81600000.00	96	652800.00	11.904	80947200.00	
〃	1721	〃	〃	12.000	6800.00	81600000.00	96	652800.00	11.904	80947200.00	
〃	1745	〃	〃	12.000	6800.00	81600000.00	96	652800.00	11.904	80947200.00	
〃	1773	〃	〃	12.000	6800.00	81600000.00			12.000	81600000.00	
		合計		282486		1157078700.00	239.774	832637100.00	47.712	324441600.00	

主任　　會計科長　　簿記股長　　覆核員　　製表員

166

軍政部兵工署第五十工廠成都分廠

三十四年度代造品解繳明細表

底火

繳送機關	代造品名稱	單位	數量	單價 萬	千	百	十	元	角	分	總價 千萬	百萬	十萬	萬	千	百	十	元	角	分
第五十工廠	15# 底火	枚	7,000			1	4	6	6	1		1	0	2	6	2	7	0	0	0
"	"	枚	10,000			2	5	8	1	7		2	5	8	1	7	0	0	0	0
"	"	枚	5,000			2	8	7	8	1		1	4	3	9	0	5	0	0	0
"	"	枚	10,000			3	3	7	6	6		3	3	7	6	6	0	0	0	0
"	12# 底火	枚	3,000				5	5	0	8			1	6	5	2	4	0	0	0
合計			35,000									8	5	8	8	8	6	0	0	0

主任　　會計科長　　簿記股長　　覆核員　　製表員

軍政部兵工署第五十工廠成都分廠

三十四年度代造品解繳明細表

填沙彈

繳送機關	代造品名稱	單位	數量	單價 萬	千	百	十	元	角	分	總價 千萬	百萬	十萬	萬	千	百	十	元	角	分
第五十工廠	填沙彈	顆	600		1	7	2	9	2	5		1	0	3	7	5	5	0	0	0
"	"	"	2,400		2	5	9	3	8	8		6	2	2	5	3	1	2	0	0
"	"	"	600		2	6	5	6	8	3		1	5	9	4	0	9	8	0	0
"	"	"	1,200		2	7	9	7	2	2		3	3	5	6	6	6	4	0	0
"	"	"	9,900		5	3	3	8	7	4	5	2	8	5	3	5	2	6	0	0
"	60練習實彈	"	500		3	1	7	0	0	0		1	5	8	5	0	0	0	0	0
合計			15,200								6	6	6	5	2	1	5	0	0	0

主任　　會計科長　　簿記股長　　覆核員　　製表員

[6]

軍政部兵工署第五十工廠成都分廠

三十四年度代造品解繳明細表

引信

繳送機關	代造品名稱	單位	數量	單價 萬	千	百	十	元	角	分	總價 千萬	百萬	十萬	萬	千	百	十	元	角	分
第五十工廠	引信	個	4.000			6	3	5	2	1		2	5	4	0	8	4	0	0	0
〃 〃	引信體	〃	10.000			3	8	8	2	1		3	8	8	2	1	0	0	0	0
〃 〃	引信蓋	〃	10.000				3	8	0	3			3	8	0	3	0	0	0	0
合計												6	8	0	3	2	4	0	0	0

主任 會計科長 簿記股長 覆核員 製表員

軍政部兵工署第五十工廠成都分廠

三十四年度代造品解繳明細表

雜件

繳送機關	代造品名稱	單位	數量	單價 萬	千	百	十	元	角	分	總價 千萬	百萬	十萬	萬	千	百	十	元	角	分
第五十工廠	藥包	個	15.000				2	2	0	5			3	3	0	7	5	0	0	0
〃 〃	駐螺	〃	10.000				1	1	4	1			1	1	4	1	0	0	0	0
〃 〃	鉛粉	公斤	300		5	6	1	7	6	8		1	6	8	5	3	0	4	0	0
〃 〃	保險帽	個	5.000				1	0	6	0				5	3	0	0	0	0	0
〃 〃	火帽元筒	枝	5.000				7	1	3	1			3	5	6	5	5	0	0	0
	火針連座	〃	5.000				4	9	6	6			2	4	8	3	0	0	0	0
合計												2	7	8	8	0	0	4	0	0

主任 會計科長 簿記股長 覆核員 製表員

168

軍政部兵工署第五十工廠成都分廠

三十四年度解繳成品成本分析表

品名	單位	數量	上年度製成品 數量	上年度製成品 單價	上年度製成品 總價	本年度製成品 數量	材料 單價	材料 合計	人工 單價	人工 合計	攤派製造費用 攤派率	攤派製造費用 單價	攤派製造費用 合計	合計 單價	合計 總價	總計	備註
六公分迫砲彈	發	510	510	450 00000	229.500 00											229.500 00	本項係總廠代解
〃 〃	〃	1.245	1245	650 45.41218	809.852 73											809.852 73	
〃 〃	〃	51.155	51.155	813 1031519	41394.394 04											41.594.394 04	
〃 〃	〃	186.864				186.864	1.068 89656894	199.732.288 46	330 07746634	61.679.595 67	100%	1.398 97400528	262.412.884 13	2.797 94507056	522.835.768 26	522.835.768 26	
小計		239.774			42.633.746 77			199.732.288 46		61.679.595 67			261.417.884 13			565.469.515 03	
15#底火	枚	7.000				7.000	49 20500	344.435 00	24 10000	168.700 00	100%	73 30500	513.135 00	146 61000	1.026.270 00	1.026.270 00	
〃 〃	〃	10.000				10.000	35 20500	352.050 00	43 88000	438.800 00	〃	129 08500	1290.850 00	258 17000	2581.700 00	2.581.700 00	
〃 〃	〃	5.000				5.000	85 52000	427.600 00	58 38500	291.925 00	〃	143 90500	719.525 00	287 81000	1.439.050 00	1.439.050 00	
〃 〃	〃	10.000				10.000	110 43000	1.104.300 00	58 40000	584.000 00	〃	168 83000	1.688.300 00	337 66000	3.376.600 00	3.376.600 00	
12#〃	〃	3.000				3.000	13 67000	41.010 00	13 87000	41.610 00	〃	27 54000	82.620 00	55 08000	165.240 00	165.240 00	
小計		35.000						2769.395 00		1.525035 00			4.294.430 00			8.588.860 00	
填沙彈	顆	600				600	735 00000	441.000 00	129 62500	77.775 00	〃	864 62500	518.775 00	1.729 25000	1.037.550 00	1.037.550 00	
〃 〃	〃	2.400				2.400	1.103 09000	2.647.416 00	193 85000	465.240 00	〃	1.296 94000	3.112.656 00	2.593 88000	6.225.312 00	6.225.312 00	
〃 〃	〃	600				600	1.134 56000	680.736 00	193 85500	116.313 00	〃	1.328 41500	797.049 00	2.656 83000	1.594.098 00	1.594.098 00	
〃 〃	〃	11.100				11.100	1.139 79000	12.651.669 00	258 82000	2872.9-2 00	〃	1.398 61000	15.524.571 00	2.797 22000	31.049.142 00	31.049.142 00	
六〇練習實彈	〃	500				500	1.269 79000	634.895 00	315 21000	157.605 00	〃	1.585 00000	792.500 00	3.170 00000	1.585.000 00	1.585.000 00	
小計		15.200				15.200		17.055.716 00		3.689.835 00			20.745.351 00			41 491 102 00	
引信	枚	4.000				4.000	245 47500	981.900 00	72 13000	288.520 00	〃	317 60500	1.270.420 00	635 21000	2.540.840 00	2.540.840 00	
引信體	〃	10.000				10.000	160 96000	1.609.600 00	33 14500	331.450 00	〃	194 10500	1.941.050 00	388 21000	3.882.100 00	3.882.100 00	
引信蓋	〃	10.000				10.000	14 40500	144.050 00	4 61000	46.100 00	〃	19 01500	190.150 00	38 03000	380.300 00	380.300 00	
小計								2.735.550 00		666.070 00			3.401.620 00			6.803.240 00	
葯包	個	15.000				15.000	7 80100	117.015 00	3 22400	48.360 00	〃	11 02500	165.375 00	22 05000	330.750 00	330.750 00	
駐螺	〃	10.000				10.000	3 84500	38.450 00	1 86000	18.600 00	〃	5 70500	57.050 00	11 41000	114.100 00	114.100 00	
鋁粉	公斤	300				300	1.917 06000	575.118 00	891 78000	267.534 00	〃	2.808 54000	842.652 00	5.617 68000	1.685.304 00	1.685.304 00	
保險帽	個	5.000				5.000	3 13000	15.650 00	2 17000	10.850 00	〃	5 30000	26.500 00	10 60000	53.000 00	53.000 00	
火帽元筒	枚	5.000				5.000	27 61500	138.075 00	8 04000	40.200 00	〃	35 65500	178.275 00	71 31000	356.550 00	356.550 00	
火針連座	〃	5.000				5.000	20 90000	104.500 00	3 93000	19.650 00	〃	24 83000	124.150 00	49 66000	248.300 00	248.300 00	
小計								988.808 00		405.194 00			1.394.002 00			2.788.004 00	
總計					42.633.746 77			223.287.757 46		67.965.729 67			291.253.487 13			625.140.721 03	

主任　　　會計科長　　　簿記股長　　　覆核員　　　製表員

-168

軍政部兵工署第五十工廠成都分廠

三十四年度製造費用明細表

費別＼類別	工務費用	管理費用	公益費用	運輸費用	警備費用	物料購理費用	第一所費用	第二所費用	第三所費用	第四所費用	合計
俸給	19379264 03	10,718,054 71	4.808.887 70		2.748.225 44	1.098.558 45					38.752.990 38
特別辦公費	97600 00	80.000 00	18.200 00		17.200 00	8.000 00					221.000 00
餉糈					3.832.923 38						3.832.923 38
間接工資	13675.808 85	6.505.143 33	8.761.889 04	2,087.700 46	1.081.203 84		1.315.408 21	3.922.403 27	2.292.045 21	1.425.109 41	41.066.717 12
米貼	6862.985 80	5.623.753 69	991.574 16	274.712 34	1.096.037 18	229.220 00	1.180.253 20	982.201 04	1.336.843 65	865.435 42	19.443.016 48
郵價	44.000 00	36.930 00	40.360 00	12.500 00	41.700 00		58.488 00	106.850 00	77.330 00	51.500 00	467.658 00
文具印刷	1.148.606 73	2,302,146 07	513.766 33	124.194 53	372.271 45	203.577 68	222.875 96	281.324 72	244.712 03	116.574 02	5.534.299 72
郵電		132.252 80					~~502.294 00~~				132.252 80
旅費	2.922.090 00	967.669 50	637.188 00	5.977.275 10	1.308.807 74	920.479 00	502.294 00	324.154 00	446.182 00	131.608 00	14.157.747 34
運費				65.879.122 56							65.879.122 56
匯兌		288.074 00									288.074 00
稅捐				1.950 00							1.950 00
保險費				440 75							440 75
醫藥費	256.359 00	534.372 00	1.975.271 20		8.648 00		242.827 50	84.768 50	223.763 00	14.775 00	3.336.784 20
租費	63.000 00	71.140 00		52.500 00							186.640 00
間接材料	16.665.466 72	4.408.500 23	8.648.968 82	12.413.758 43	1.148.832 48	28.182 92	8.877.004 58	16.327.067 85	12.176.429 74	16.117.606 35	96811.818 12
雜項購置	165.243 20	323.024 95	246.928 71	48.402 40	100.849 00	23.154 00	38.428 00	122.572 75	58.298 88	14.389 00	1.141.290 89
外購電費	39.209.045 68	16.858 00						6.305.652 76			45.531.556 44
修配	9.525 00	164.025 00		960.850 00			497.561 01	4.388.743 79	1.342.754 00	234.628 08	7.598.086 88
折舊	603.192 22	362.261 83	39.545 18	101.940 00	17.259 60						1.524.198 83
雜費	471.326 00	814.203 62	308.562 00	460.989 50	18.800 00		10.000 00	2.000 00			2.085.881 12
合計	101.573.513 28	33.744.415 23	26.991.141 14	88.396.336 07	11.792.758 11	2.515.172 05	12.945.140 46	32.847.738 88	18.198.608 51	18.991.625 28	347.996.449 01
減：撥派製造費用											341.229.607 88
製造費用撥派損益增差											6.766.841 13

主任　　會計科長　　簿記股長　　覆核員　　製表員

170

軍政部兵工署第五十工廠成都分廠

三十四年度直接人工工資明細表

摘要	小計	合計
工資		9514851688
第一所	2280828033	
第二所	2629972234	
第三所	2759225179	
第四所	1844826242	
合計	9514851688	9514851688

主任　　會計科長　　簿記股長　　覆核員　　製表員

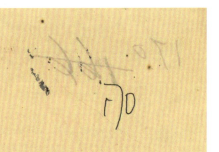

軍政部兵工署第五十工廠成都分廠

三十四年度公積金收支對照表

三十四年一月一日起至十二月三十一日止

金額	摘要	金額
	收入之部	
5026488	上年度結存	
1642162	利息收入	
102442449	罰款收入	
966658	角分尾數收入	
2041400	應付未付傳票	
	支出之部	
	交際	33440600
	雜費	31498800
	其他	642573
	應收未收傳票	12900
	本年結存	46524284
112119157	合計	112119157

主任　會計科長　簿記股長　覆核員　製表員

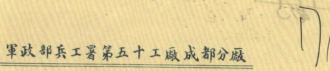

軍政部兵工署第五十工廠成都分廠

週轉金明細表

中華民國三十四年十二月三十一日

科目	小計	合計
週轉金		16487674.24
購置科	3094132.00	
庶務股	295000.00	
運輸科	2999276.50	
合作社	3761109.84	
第一所	31000.00	
第二所	230000.00	
第三所	39000.00	
第四所	11000.00	
稽查組	20000.00	
竹根灘運輸站	2731141.80	
福利科	3191314.10	
工程師室	2200.00	
警衛隊	500.00	
工準股	600.00	
木工部	600.00	
檢驗股	6550.00	
合計	16487674.24	16487674.24

主任　會計科長　簿記股長　覆核員　製表員

173

軍政部兵工署第五十工廠成都分廠

存出保証金明細表

中華民國三十四年十二月三十一日

科目	小計	合計
存出保証金		5358450
存出保証金	5358450	
合計	5358450	5358450

主任　會計科長　簿記股長　覆核員　製表員

軍政部兵工署第五十工廠成都分廠

應收帳款明細表

中華民國二十四年十二月三十一日

科目	小計	合計
應收帳款		2278183025
其他	2010457240	
總廠欠撥款項	47996680	
同心公運輸行	29261105	
第二十三廠	260000000	
合計	2278183025	2278183025

主任　會計科長　簿記股長　覆核員　製表員

174

軍政部兵工署第五十工廠成都分廠

總廠往來明細表

中華民國三十四年十二月三十一日

科目	小計	合計
總廠往來		32844790103
應領代造價款	4777950632	
欠撥製造費	28066839471	
合計	32844790103	32844790103

主任　會計科長　簿記股長　覆核員　製表員

軍政部兵工署第五十工廠成都分廠

職工賒欠明細表

中華民國三十四年十二月三十一日

科目	小計	合計
職工賒欠		592141231
工務科	110893839	
總務科	11700000	
會計科	50760000	
運輸科	214761700	
購置科	300000	
福利科	18078300	
警衛稽查組	7681160	
第一所	18620000	
第二所	1700000	
第三所	25326700	
第四所	2200000	
待委人員	130119532	
合計	592141231	592141231

主任　會計科長　簿記股長　覆核員　製表員

175

軍政部兵工署第五十工廠成都分廠

預付貨款明細表

中華民國三十四年十二月三十一日

科目	小計	合計
預付貨款		1738968000
陳紹謙	3175000000	
何錫武	320000000	
劉文祥	399000000	
田茂光	4370000000	
馮君瑞	470000000	
協華商號	151200000	
嘉陽煤礦營運處	4442880000	
泰新炭莊	2120000000	
宋文彬	1400000000	
胡文蔚	196000000	
蒲德鈞	345600000	
合計	1738968000	1738968000

主任　會計科長　簿記股長　覆核員　製表員

軍政部兵工署第五十工廠成都分廠

暫付款明細表

中華民國三十四年十二月三十一日

科目	小計	合計
暫付款		447944200
待轉藝校費用	8907000	
金聲雷	239787200	
工人蚊帳款	4970000	
工人年節借支	194280000	
合計	447944200	447944200

主任　會計科長　簿記股長　覆核員　製表員

176

軍政部兵工署第五十工廠成都分廠

墊付款明細表

中華民國三十四年十二月三十一日

科目	小計	合計
墊付款		1374293186
代墊總廠款項	95650026	
子女教育貸金	25291000	
建華商行	34122160	
代墊兵大招生費	340000	
員工兵伕勝利獎金	1218890000	
合計	1374293186	1374293186

主任　會計科長　簿記股長　覆核員　製表員

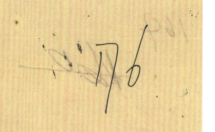

軍政部兵工署第五十工廠成都分廠

預付費用明細表

中華民國三十四年十二月三十一日

科目	小計	合計
預付費用		1346048241
建華商行	747143000	
惠通公司	540003	
福利車行	72000000	
羅有泉	4000000	
驛運管理處	400350938	
民益商行	34000000	
唐資哲	59200000	
裕記車行	10965000	
吉昌運輸行	25398000	
宋文開	121560000	
萬英傑	25600000	
曾茂源	331920000	
高漢章	70600000	
劉金廷	43200000	
李金山	72000000	
合計	1346048241	1346048241

主任　　會計科長　　簿記股長　　覆核員　　製表員

178

軍政部兵工署第五十工廠成都分廠

應付帳款明細表

中華民國三十四年十二月三十一日

科目	小計	合計
應付帳款		4681484340
薪工餉項	2685770523	
旅運雜費	603227727	
材料款項	30502000	
啟明公司	1177671390	
物料款項	184312700	
合計	4681484340	4681484340

主任 會計科長 簿記股長 覆核員 製表員

軍政部兵工署第五十工廠成都分廠

應付薪工明細表

中華民國三十四年十二月三十一日

科目	小計	合計
應付薪工		32993643
薪俸	12946980	
工資	19755230	
餉項	291433	
合計	32993643	32993643

主任 會計科長 簿記股長 覆核員 製表員

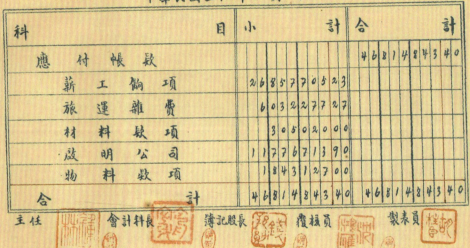

軍政部兵工署第五十工廠成都分廠

應付料款明細表

中華民國三十四年十二月三十一日

科目	小計	合計
應付料款		544321428
田茂光	218163562	
劉文祥	28473945	
陳紹謙	41370005	
彭縣鄉公所	52516069	
宋文彬	83068849	
泰新炭莊	116664059	
何錫武	4064939	
合計	544321428	544321428

主任 會計科長 簿記股長 覆核員 製表員

軍政部兵工署第五十工廠成都分廠

預收貨款明細表

中華民國三十四年十二月三十一日

科目	小計	合計
預收貨款		6500000
廢品整理工廠	6500000	
合計	6500000	6500000

主任 會計科長 簿記股長 覆核員 製表員

180

軍政部兵工署第五十工廠成都分廠

暫收款明細表

中華民國三十四年十二月三十一日

科目	小計	合計
暫收款		3890000
眷粮價款（五、十一、十二月份薪餉）	312500	
商號賠款	3577500	
合計	3890000	3890000

主任　會計科長　簿記股長　覆核員　製表員

軍政部兵工署第五十工廠成都分廠

代收款明細表

中華民國三十四年十二月三十一日

科目	小計	合計
代收款		27616666
代扣工人伙食	139700	
技訓班經常費	260736	
所得稅	4690130	
黨費	633000	
代收總廠款項	750000	
互助救濟金	19088000	
代扣獻金	1776300	
代扣平價菜款	278800	
合計	27616666	27616666

主任　會計科長　簿記股長　覆核員　製表員

181

軍政部兵工署第五十工廠成都分廠

保管款明細表

中華民國三十四年十二月三十一日

科目	小計	合計
保管款		7649200
公積金	7649200	
合計	7649200	7649200

主任　會計科長　簿記股長　覆核員　製表員

軍政部兵工署第五十工廠成都分廠

總廠墊款明細表

中華民國三十四年十二月三十一日

科目	小計	合計
總廠墊款		34700518206
預領經費	32744160000	
總廠代解繳成品	229950000	
三十二年止廠撥過轉金	1726408206	
合計	34700518206	34700518206

主任　會計科長　簿記股長　覆核員　製表員

七、其他

江杓视察广西各兵工厂的报告书（一九三七年十月二十三日）

視察廣西各兵工廠報告書

密稿

廠長於廿六年八月廿六日謹奉

鈞署公密宥造電，以桂省經請公署擬將該省各兵工廠及面具廠交中央接收，並派該廠長率同技術員陳君鼓先往考察，並將考察結果詳細具復等因。嗣後……考察，當將考察經過日期地點及所得結果，分別報告於後，敬祈

鈞鑒。

復奉 電促啓行，於時廠長以遵奉 鈞令赴港辦理材料轉運事宜，正在工作緊張之際，一時不克分身，當將實情呈復 鈞鑒在案。旋奉 電令務須待方處長兆鎬到後再行赴桂等因到廠，候至九月十九日方處長兆鎬抵港，二十日即將一切交代手續辦理完竣，遂即返廠，遂于二十五日前往桂省考察，經將啓行時期電陳 鈞鑒在卷。

（一）考察經過日期及地點

九月廿五日（星期六）自源潭乘車往衡陽，越日（星期日）夜二時抵站，廿七日晨（星期一）六時由衡乘公路汽車往黃沙鋪，轉車入桂，當晚七時到省。次晨（九月廿八日星期二）趨謁夏總參謀長威暨軍械處長陳漢吾，晤談各廠概況，及桂省當軸意旨。（李總司令去邕

一頁

56-1

翌晨（九月廿九星期三）乘桂省府汽車往柳，酉刻始到，下榻彈廠。九月卅日（星期四）視察柳廠。十月一日（星期五）晨同柳廠王廠長及第三廠王主任乘車赴邕，下午一時到達，寓樂群社。第一廠劉主任來談，俟刻，始悉李總指揮已返桂，即同往五軍行營會行營李主任，隨即視察第三廠。十月二日（星期六）晨八時視察第一廠。午後一時視察第二廠。旋往橡膠廠參觀。十月三日（星期日）晨七時，由邕經柳返桂，夜七時許抵埗。翌日十月四日（星期一）上午十一時趨謁李總司令德鄰，請示擬具各計劃，均蒙贊仝。下午往軍械處會陈處長及蔣副處長，商擬建新廠之廠址問題。十月五日（星期二）晨乘汽車往兩江公路旁之二塘，下車步往南村等處視察，下午一時返桂，晚應李總司令夜邀，即向辭行。十月六日（星期晨六时，乘車返衡，午後五时到達。翌日上午十一时乘快車往株，到達後，步行至兵器研究處參觀，同宿株州。十月八日七时乘汽船往下攝司轉公路汽車往長沙，速抵站，已十二時半矣。入晚十时抵衡陽，遇陳楊二君，約同東來，同車赴粵搭車回粵，午夜一時車抵衡行，十月九日車宿途次，星期日即衡十節車抵陳潭返廠供職。此係視察經過之日期暨地点也。

（乙）各廠經费及材料之概况

查桂省各兵工廠，均直隸於第五路軍總部。其經費由購置，亦均歸於總部經理處辦理。其餘製造及人事等項之支配，則屬於軍械處。以故各廠組織，均無会計、購料部分之設置，且所

二百

5-7-1

領材料，亦無價格之標明，因之成本無從計算。現將該廠有關

請擬移交各廠，分列於下：

（一）柳州製彈廠（二）南寧第一機械廠（三）南寧第二機械廠（四）南寧第三機械廠（五）南寧橡膠廠（六）梧州火藥廠（七）梧州科學研究所及硫酸廠

以上各廠，除柳州製彈廠設廠長外，餘均祇設主任或所長一人主持之。復查該各廠所，每月經費總額，除材料費外，共約國幣五萬四千元（附表二）。其材料費，按軍械安統計每月約需國幣二十四萬七千元。至材料價格及匯兌率，隨時皆有漲落，亦已另備材料數量清冊，

558

作為豫算之藍本。現五路軍總部，以經費困難，有大批豫定材料，約共值一百十六萬七千元，除已付廿八萬七千餘元外，尚欠八十七萬九千六百餘元（附表三）擬請本署負擔。各廠現存材料，大部均能維持至本年終。此各廠經費及材料之概况也。

茲將各廠調查所得，分別詳陳於下：

（一）柳州製彈廠（附照片二）

該製彈廠之址，在柳州東門外，柳江對岸登台山寶塔山之間，桂柳公路之旁，距柳州南站（公路車）約三公里。廠基面積約〇．二六平方公里，惟高低不平，相差幾達十五公尺，其剩餘之地，可作為拓充建築用者，祗有一百公尺見方之譜。蓋該廠原

三頁

58-1

為廣西建設廳水泥廠舊址，現在宿舍，即為原廠所遺
之建築物，旋以籌備未成，乃于民國念三年改為今廠。其交
通除公路可達桂省各大縣市外，並可藉柳江水運，上游
至長安、百山，下游至邕賓梧等埠，且該廠築有水泥碼
頭，可直達各廠房，交通可稱利便。惟柳州氣候蒸濕，
長年酷熱，春夏尤甚，且致溫度升降甚劇。特柳江江水
鮮轉，終年不濁，該廠用水及下水均取給於此。廠基高出
低水位之江面約二十公尺，數十年來最高水位，僅與廠
基相平，故無水患。全部建築，都位於兩山之間，隱僻
無虞空襲，雖溯江而往，亦易尋獲。有天然小岩洞甚

59

多，已加以整理而利用之者有三：一為藥庫，內有冷卻通風設備；一為白藥房；一為油庫，惜無防空避難室，未免美中不足耳。

（四）子彈廠之機器設備

製彈廠分兩大部：一為子彈廠，一為迫擊砲彈廠，子彈廠全部機器設備，為Polte廠之新出品，計重尖彈機一套，共有機器約六十餘部。（詳清冊）裝發並膠機均全。銅殼自作，外購銅盂著手，然備有銃銅盂機一部，其銅盂大藥亦購自外洋。每八小時可造重尖彈四萬發。諧有造鋼心彈設備，每八小時可造一萬發。裝發造膠機均全。惟淬火設備（Durferrit）尚須增加，附造

四頁

58-1

鋼心彈時，重尖彈產量，須減少一萬發。工具部機器頗為完備，共有工作機四十餘部（詳清冊）除一小部舊機器外，餘均陸續添置者。原動力仰給於Borsig臥式一百三十匹馬力蒸汽機直施傳動軸，（查Polte機，均可單裝馬達，惟現均改皮帶輪）並加施二十基羅瓦特發電機一，以應其他單獨發動部分之需。另有克魯伯廠造Modak四十匹柴油機一部，為上述二十基羅瓦特發電機之備用發動機。子彈圖樣，係Polte廠供給，槍驗樣板備有兩套；惟其消耗對板，自去年三月起，祇使用一套。常用工作樣板，均係自製。量具以螺絲百分之一公厘之分厘尺為最精。測初速儀及氣壓槍

60

均齊備。惟銅壳不經增加氣壓測驗。上述全部機器設備，據查約值國幣八十一萬元之譜。

(乙)迫擊砲彈廠之機器設備

迫擊砲彈廠，該廠名之曰：砲彈部。專造法國布朗德式迫擊砲彈，構造寸度與原式無異，藥色亦與法造共同，係以白色硝酸塞留洛斯片作盒，確較綢藥包之防濕效能為高。彈体生鉄，製全部機器設備，均為王廠長仍之計劃創辦。其工具製造裝配之部，計有工作機，約共五十部，附翻沙及裝藥間動力自給，每八小時可造八一迫擊砲彈五十枚。(供給西班牙法國造迫擊砲之用)現造砲彈口徑為八

60-1

三、因五路軍有舊迫擊砲口徑改大者甚多，此等此項砲彈，係改為特造者。原動力仰給於一MAN AEG柴油發電機，一百十匹馬力，全部工作機之動力原不需此數，蓋因電銲機（銲尾翅用）關係，不得不加大，餘電則供其他部分之用。查全廠工具設備及原動力機等等，祇費國幣七萬元。該廠規模雖小，而其工作分程設備，以及工具樣板等等，俱極新穎，尤為難能可貴也。

（丙）其他

（一）剌鉛絲廠。亦附設於本廠，計廠房一所，製造機一架，（約值國幣七千元）鉛絲外購，每八小時可捲剌鉛絲二十捲，每捲重約二十公斤。(二)白藥房。建築設備，均甚完美安全。(三)水電所。管理各廠發動機、電灯用電，係取之於附置於子彈廠之二十基羅瓦特 Climax 柴油發電機。至於蓄水池有二，總容水量為十一萬加侖。抽水動力，約為四十三馬力，則仰給於迫擊砲彈廠。

(丁)建築

全廠各房等，大小建築，共三十九所，除正式廠房及白藥房火藥庫外，餘均因陋就簡，工料極省，屋面全用鉛皮，樑架俱用土產沙木，全部價值，約合國幣二十四萬餘元。(各項建築面積、工程及價值，詳建築工程估價表。)

(戊)經費

61-1

該廠經常費，係包括職工薪資、士兵餉銀、公費、交際及臨時零星購置等項。以每日工作八小時計，約合國幣一萬六千餘元。其材料購置，均由總部經理處代辦，據軍械處統計，依正工出品計算，每月約合國幣拾叁萬元。其確實成本，因不知單價，故無從計算。截至本年九月底止，廠存成品如下：七九重尖彈二百八十餘萬顆。八一迫擊砲彈約五千顆。八二砲彈約七千六百餘顆。八三砲彈約四千餘顆。刺線約一千二百扎。廠存正料及半成品，約可支持至本年底。尚有已定四個月之材料，因款未付清，僅有一部運抵香港。

己（丙）組織

該廠廠長下，設總務工務兩科。總務科下分設三股：第一股司文牘、交際、人事等項。第二股司會計、審計、軍械及收發等事項。第三股司醫務衛生等事項。工務科下分設五股：第一股管理、繪圖、土木、裝藥、水電等項。第二股司材料之保管及收發事項。第三股製造槍彈、第四股製造迫擊砲彈。第五股司熔銅。軋銅工作因無設備，故未成立。全廠職員，現共四十三名，領班（即領工）二十一名，工匠三百三十名，藝徒六十九名。小工一百二十二名。廠內駐有護械隊一連，司警衛之責。未設藝徒學校，藝徒均依舊法羼入廠中工作。廠內管理，甚為乏法。其材料工具等之收發及保管，秩序

七頁

62

62-1

尤佳。此柳州製彈廠之大概也。

二、南寧第一機械廠（附照片二）

該南寧居都陽而漏雨大岑間，氣候終年蒸鬱，適得大陸而海洋最劣之氣候。

廠址，位于南寧北門內，全廠面積約五十公尺見方。廠房（昔名為軍械處修械部，迨去歲五路軍成立，始改為第一機械廠，）一部，係廟宇改築，其他陸續增建之廠房，亦均為土法建築，不適工廠之用。創始于民國二十年，初祇翻造七九槍彈，以外購之彈頭火藥，利用舊日彈殼製成槍彈，時祇有舊車床四五部及其他手搬機器三五部而已。是年繼為修理機槍，始購槍管打眼機拔來復線機暨車銑鉋床等共二十九部，另又增置六十匹馬力柴油發動機一架，二十一年夏，該項機器到邕，即着手仿造捷克式輕機關槍，每月約造十五挺，同

63

時兼理修械工作，而翻造子弹工作，於以停止。至民國二十二年復增加工作機五十餘部，及九十四匹馬力柴油發動機一部，迄今又增購零星工作機三四次，惟工作機中，粤造甚多，立銑床全係粤造。此該廠發展之畧史也。

兹計全廠工作機約有一百七十餘部，間購自外洋者四分之一，其他，或係粤造，或為舊貨購入，自造者亦有若干部。電銲噴沙及自動盤弹簧機均齊備。原動力仰給於德造Deutz廠出品之九十四匹馬力柴油發動機及Deutsche Werke廠六十匹馬力之柴油發動機，俱係直接施動傳動軸，另備一六十匹馬力之柴油發電機，供給全廠電流。淬火除一油淬火爐

八頁

63-1

外、無其他設備。鑄工鍛工及木工諸場、均極簡陋、無甚設備。工作全憑實樣無圖且模、工具樣板、及工作設備等等均係工匠工頭自行籌製者、所製機槍機件、雖不能互換（先製者彈盒亦不能互換）然尚能連發無阻、亦為可嘉。其輕機關材料、係普達鋼廠所供給、材料雖符規格、然實際所用者確與捷克本廠所用者同、蓋捷克廠所用材料亦仰給於普達廠故也。該廠自民國二十一年至二十四年止、共造捷克式輕機槍一千挺、旋又改造美國Colt式重機槍、（卅節亦係仿造此槍）機構、槍架（有高射柱）均較卅節為優。至二十五年夏、共造五百餘挺。此後復造捷克式機槍、近

64

今共造一千七百餘挺。現每日工作十一小時，計可造捷克式輕機槍七十至七十五挺之譜，一部仍兼修槍械。現存材料成品，廠存工具甚豐，鑲刀又多，可用至本年底，約可造輕機槍五十挺；半成品亟應極早籌備，否則將難為繼也。每月經常費，包括薪資、餉項、公費、草鞋費，共約國幣二萬四千餘元。材料費據軍械處約略統計，合國幣三萬二千五百元之譜，均以現時產量，每天十一小時工作計算也。該機械廠，昔為五號總部軍械處直接指揮，故不設廠長，廠務由主任一員主持之。主任之下，共有技術與事務人員九人，辦理全廠廠務。人少事繁，一切俱待整理。工匠四百名，藝徒四十名，兵伕

九頁

等三十六名。主任劉福鑫，廣西容縣人，係漢陽兵工學校畢業，自二十一年起即任斯職。廠內附有消費合作之組織、醫務及藝徒教育等均無設置，消極防空亦無設備。此第一機械廠之概況也。

（三）南寧第二機械廠

第二機械廠在南寧城外北门之東，與第一機械廠僅隔城墻、城河數十公尺之遠而已。共有廠房等建築十三所，全部面積約七十公尺乘一百一十公尺，建築面積約二千餘平方公尺，大部係新造者，約值國幣四萬餘元。附設翻沙工場一所，在廠外南端，約距一公里，瓦屋三楹，設備簡陋，因廠中地位不敷，故建置於廠外也。廠基居于土邱之巔，拓充匪易。有公路可直達該廠，運輸均藉車輛，無防空設備。該廠昔名為炸

65

彈部，亦直屬軍械處指揮，第五路軍成立，始改今名，專造手榴彈，昔造木柄拉火手榴彈，因構造及導火索欠佳，速炸甚多，旋改為蔴尾碰炸式，前年意國Breda廠派員來桂表演意式手榴彈並附帶之擲彈筒，頗得當局贊許，乃以該廠索價過昂（每枚八元）故轉委孔士洋行承辦購機自造，此項新設備，現已裝妥開工，每日可造意式手榴彈八百枚。試造出品，感敏性甚佳，擲於水面十枚，不炸者僅一枚，防濕問題，似未顧及，存置日久，恐不炸者定必增加也。意式擲彈筒，因材料及專門機器均未到齊，尚未開工。全廠現有工作機

十頁

Körtin

621

七十餘部，內有製意式手榴彈之偏心軸搖床等機三十餘架，附全部工具設備，係自德新購者。原動力之一部，係用德國 Körtin 廠造五十匹馬力煤氣發動機自給，其他用電動機電流則仰給於當地電廠，舊有之二十五匹馬力之柴油發動機置而不用久矣。現存意式手榴彈料，足敷造二十萬枚之用。擲彈筒，聞已購備製造二萬枚之材料云。該廠之組織情形與第一機械廠同，設主任一人，其下有技術及事務人員共九人，管理全廠之務。領工及工匠一百三十一名，藝徒十二名，伕役共三十二名。主任賴瑞麟，廣東中山人，年約四十餘歲，對于火工作業，經驗頗富，自民十八即來桂，曾任軍械處副處長職，民國二十年起，即主持是廠。前此該廠正製造七七式手榴彈零件，故尚無正式出品。其經常費，每月約需國幣三千餘元，幾全係薪餉。七七式手榴彈成本，每枚估約國幣一元四角，確數尚無法統計，此第二機械廠之概況也。

四、南寧第三機械廠

昔五路總部直屬之科學研究所，原設於南寧，主其事者為李運華博士，今春二月因李調任梧州廣西大學理工學院院長之職，故將該所遷梧，同時劃出一部份機械設備，仍留原地，成立為今之第三機械廠。廠地在南門外海關後方，鄰於公共體育場，全廠面積約九十公尺見方。有廠房兩所，辦公

十一頁

66-1

房屋兩所，其宿舍等附屬建築，則為倖育場之公產，係暫時移用者。舍部建築原估計約值二万七千元。該廠共有舊式小號工作機共七部，又翻沙工場甚大，備有法造一噸熔鐵爐一座，似尚未使用。有化学試驗室一，作為研究用者。其組織與第一第二兩機械廠同，主任一員，技術及事務人員共六員，工匠十七名，藝徒九名。現正研究製造十二公斤飛機燒夷爆炸彈、（熱莫廠）澗已研究成功。另又準備修理各式廢舊砲彈，內有滬造生鐵彈甚多，迄今為並正式出品。該廠經常費，包括薪俸、餉項、工資、公費、消耗、及特別費等六項，因研究工作關係，與他廠略有不同，每月共需國幣二千五百元，材料在外。主任王云玄係湖南長沙人，現年四十歲，據云係德國柏林工科大學機械科畢業，民二十二年來桂，任省府技正，旋任科學研究所副主任，今年二月始就斯職。

此第三機械廠之概況也。

（五）橡膠廠

該廠之地，在南寧東門外，監獄之南，係利用廟宇改建。廠長係總部經理處長兼任之，副廠長陳英，四川人，自本年三月請假回籍，迄未返廠，廠務由技士王衍蕃主持，全廠職員共二人，工匠九人，藝徒二十八名。主要機器，祇打膠機三部，其他，攪拌膠水機十部，括

67-1

膠機二部，夾膠機一部，均較單簡，原動力用電動機電流，均仰給於電廠。所用熱力，自備鍋爐供給。出品為橡膠雨皮布，設氣候得宜，每月可製千匹，每匹長四十碼，因上膠工作，大部須在廣場上以人工為之。布為國貨，而橡膠等原料，則購自外洋。每月經常費，共約國幣二千餘元，內水電費約需六百餘元。現因布料用罄停工，故無出品。據云已在上海及廣州等埠定製製造防毒面具之全部機器設備，確否待查。第照該廠現有之廠宇，似不能容納全部面具機器也，此橡膠廠之現狀也。

(八)結論

按柳邕兩地，計共五廠，其設備、管理、及工作效能，以柳州製彈廠為最佳，南寧第一機械廠次之。惟南寧之氣候與地點，均不宜於國防工業。現該省府及五路總部，俱已遷桂，據云各廠即不移交中央，亦已準備北遷矣。惟遷移費時，各項工作，勢必因之久停，此頗值考慮之事也。該省各廠工匠，大部来自外省，每月例須匯款若干返鄉，年来因桂幣時漲時落，故工薪除照固定數目發給外，尚須加匯兑津貼，其計算法，以桂幣一元八角，值國幣一元為標準，倘桂幣落價

68-1

超出一元八角至二元之間，則工薪照加一成（十分之一）超出二元至二元二角，則加二成。故現時工資，均以加二成計算。加工照舊例以四小時為一工（第一機械廠成例）惟現各廠加工，均改六小時為一工，故第一廠加工工資，除以六小時作一工外，尚須附加加工時間百分之三十計算，換言之，即仍與舊計算法相若。（祇第一機械廠如此）故工薪之計算，可謂複雜之至。又全桂各廠，星期日均不放假，惟以每月之初一及十六兩日代之，因恐工匠利用假日，作不規則之娛樂，故減少假日，聞頗收實效云。

總部軍械處，以該省民團所用雜牌步槍，每年須修理甚多，故擬於各廠移交中央後，另在南寧設一修械所，並擬在各廠抽出機器一部份，為該所之設備。其請擬抽出機器，計第一機械廠磨刀機一架，第二機械廠車床五部，第三機械廠電動機一部，車床三部，萬能銑床一部，六角車床一部，共一十二部。九八及八八式步槍之修配，則擬請漢翠兩廠供給零件，修械所祇行鉗工工作，此項設計劃似確合理而經濟也。至於梧州各廠，除已電請另派化學人員往查外，以混廠被炸，急於返粵，如仍須職前往調查，乞電示遵。茲謹將柳邕五廠視察情形，擬具報告書，掛一漏萬，自知難免，敬祈

十四頁

64-1

鈞座鑒原為幸。

謹呈

署長俞

職 江〇

附附件清冊一份

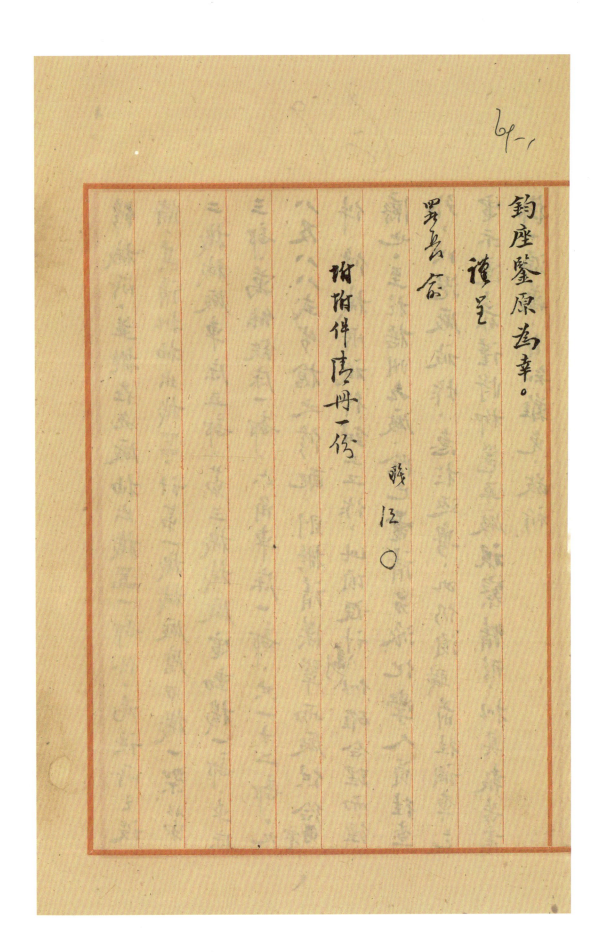

70

廣西各兵工廠視察報告書附件清單　廿六年十月廿三日。

附件

一號　桂各廠每月所需經費表　同式三張

二號　第五路總部兵器修械科勤務清表　同式三張

三號　柳廠總圖一張

四號　柳廠子彈廠全圖一張

五號　柳廠編制表一份共三張附戰

　　　又南寧廠圖一張

六號　柳廠組織系統表又二十五年終結各清冊一冊

七號　柳廠二十五年度預算書一冊

八號　柳廠之機械材料第一至四號機器之工具表一冊

九號　各省兵工廠機械工具表一冊

70-1

十号 柳廠現存材料清冊一冊

十一號 柳廠之存成品及半成品目錄

~~副清冊~~ 清冊一冊 共六張

十二號 柳廠會同建築師估價表

同式三份

四五號 營業一機械廠

十三號 會廠平面略圖

十四號 與廠房同北河南側面圖

影一張

十五號 備料表一份

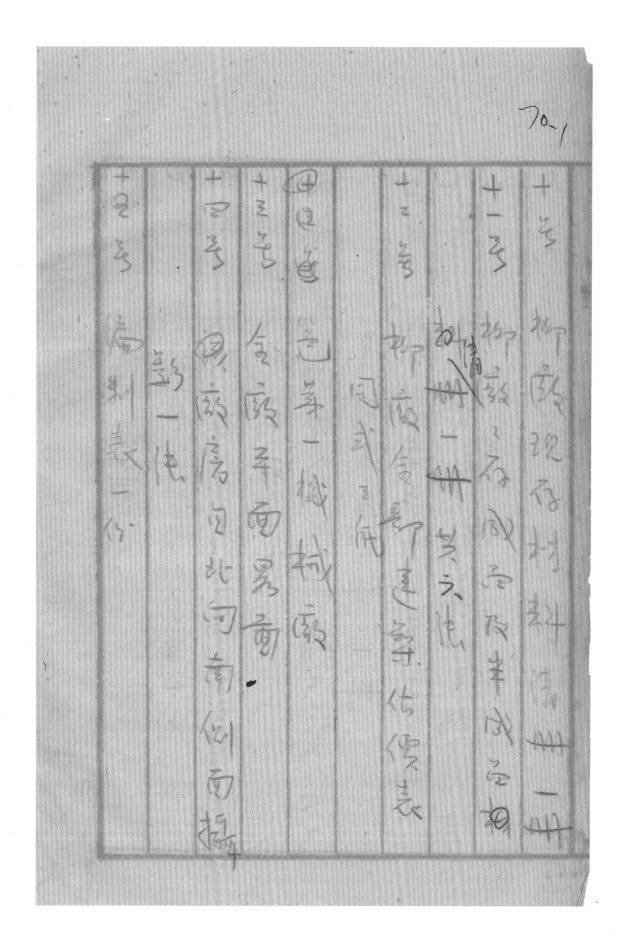

71

十六號 職員簡明履歷表一份

十七號 全廠職工數目清冊一冊

十八號 分門經常費預算表一份

十九號 機器之點清冊一冊

廿號 現存材料清冊一冊

~~第十機械廠~~

四 魚心邑第二機械廠

二十一號 全廠平面圖

二十二號 該廠之外翻門之攝影一張

二十三號 職工姓名並薪餉之[illegible]清冊一冊

71-1

二十四号　现存各种机器工具清册一册

二十五号　现存材料清册一册

二十六号　包算之检定各厂房平面图式三张

二十七号　厂房平面图一张

二十八号　厂房摄影三张

二十九号　职工姓名年龄籍贯清册一册

三十号　职员简明履历表一份

三十一号　本年度各月份经常费预
　　　　算书一册

三十二号　机器工具清册一册

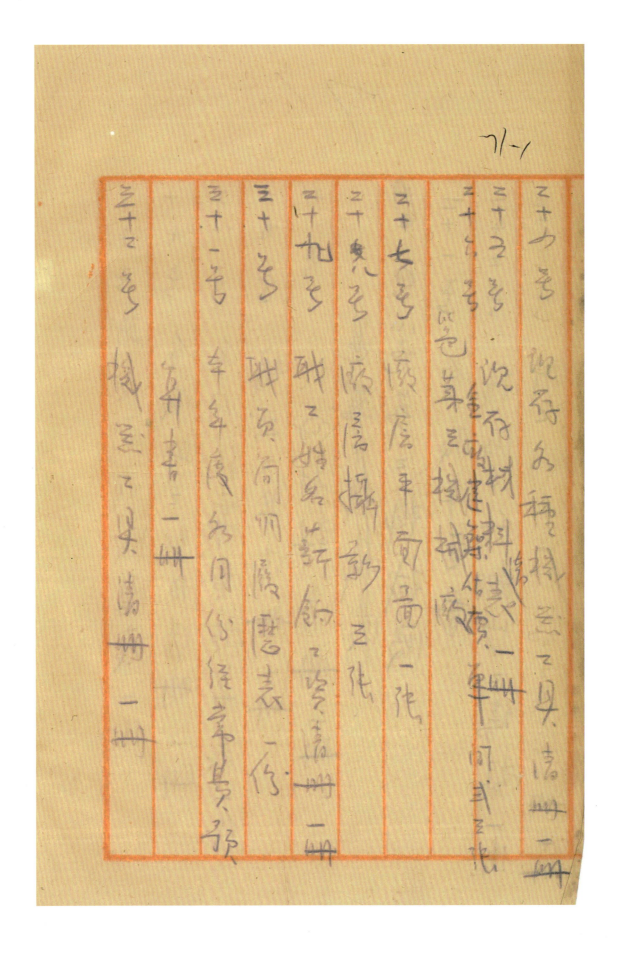

12

三十三号 像片清册一册

三十四号 現存仪器材料清册一册

三十五号 現存仪器收送清册一册

三十六号 現存材料清册一册

三十七号 全廠建築估價单四式三纸

擬翻廠

三十八号 該廠背面圖一張

三十九号 各種清单合装一册

華日編单送部单抄稿交来

四十号 抄一十數洋单一至十二号

724

第十一册

四十一号 自〇至〇 第一机械厂一年材料预算册

四十二号 〇〇 第二机械厂一年材料预算二册

四十三号 第三机械厂续来年材料预算一册

四十四号 总册 火药厂一年总预算一册

四十五号 总册 材料器研究所防毒面具、

一年材料预算〇一册

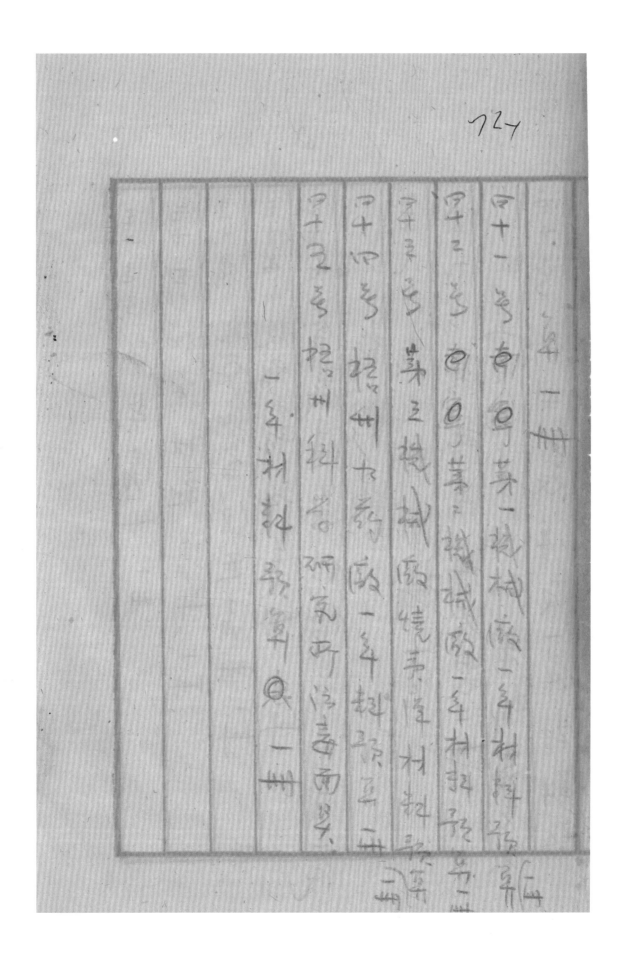

军政部广东第二兵工厂为检送机械士养成所计划书致赵懋华的笺函（一九三八年十一月二十四日）

1

軍政部廣東第二兵工廠稿

來文	字第　號
文別	箋函
送達機關	趙隊長
類別	
附件	
事由	為檢送機械士養成所計劃書希查收並賜意見 俾便可也由

廠長	十一月廿四日

主任秘書	秘書	處長	總工程師	工程師	科長	院長

主任	科長	技術員	科員	事務員	課員	庫員

中華民國二十七年

去文	交辦	擬稿	核簽	判行	繕寫	校對	蓋印	封發
廠葉字第558號	月　日　時	月　日　時	月　日　時	月　日　時	十一月廿四日　時	月　日　時	月　日　時	十一月廿四日　時

錄計覆文日期 十一月廿四日

1-1

簽呈

撫華先生院長鈞鑒：前趨

尊前以機械士養成所招選院難童

尊院教養一年以上者

洽談并當選

蒙允已令列為本年第壹上計劃是

一經順利調查

特陳為託該鄉方面存年敘敬順

尊處用於教育高房相線協閱業務

引援作何機械之用，因此於進行上不便

5

校理□□事務竟亦費周折與要其經過
選之先生也之甚詳
俟得我詳詢派者承
示以努力俾得先決問題以有之分
把握自己及而解
盡力共進并為至之高達終點
敬頌 [illegible] [illegible] 月 日

2

繕

創辦兵工機械士養成所計劃書

我國經此次抗戰後，關於兵工事業之擴充，務須積極進行，以期後方生產與前方需要，得以互相策應。所有兵工技術專材，在高級方面，尚可設法羅致，勉爲應付，其低級幹部人才，極感缺乏，實有趕速造就之必要，故創辦此項速成所。

今所招收學生，擬側重於戰區內西來之難童，一以造就人才，一以兼施救濟，關於教育方面，以藝科學科鍛訓育三者并重，俾技能與智識及道德思想，均能同時並進，平時在所生活，完全參照童子軍規定之紀律辦理，使各個兒童活潑天真，得以儘量發展。

至於學生之科別，擬定暫為工科，其級數按照實行級工人數酌設若干級，以一般難童曾在小學畢業或小學五年級以上程度，年齡在十三歲以上十八歲以下者為合格，四年畢業，在四年中，并規定三年在所研討，前後一年，則令其入廠見習，以便學理與實際，互有印證。

凡錄取學生，在修業期間，所有食住服裝及日用必需品，准由公家供給，每月并酌按其成績酌給津

3

貼三元至六元，倘中途如有無故退學，應將肄業時所供給及津貼各項費用，照實支額數，一律追繳。

學生畢業後，視其在所成績，派充各級技術員，其服務期內，如實係成績優良，隨時予循資遞升，至助理技術員及各級技術員。

梁步云为报告与战时儿童保育会接洽艺徒学校招收难童情况致江杓的签呈（一九三九年一月十二日）

22

勘字第101號

中華民國廿八年壹月拾貳日收到

渝福字第一三四號

簽呈 一月十二日于本處

奉

派赴重慶與戰時兒童保育會接洽本廠藝校收容學生辦法，于一月八日赴渝，九日上午八時，經請郭慕泉女士電趙委員懋華，詢往保育會負責人接洽時間、地點，是日下午二時往白象街戰時兒童保育會與金家驥女士，接洽結果：(1)兒童年齡規定，可由本廠選擇。(2)兒童在服務期中保育會有權考慮去留問題一節，據該會金家驥小姐說明，原在顧慮將來遇有不識時務家長，在兒童受訓及服務期中，向保育會索還兒童時，留有通融餘地。經職將

22-1

請示

廠座意見：戰區家長將來中途索還兒童，原係特殊事件，屆時可由家長賠償本校規定損失，並在學生入學志願書將此項規定列入，再予轉達後，亦表同意。旋即商定本月十六日上午八時起在重慶陝西街萬壽宮臨時保育院開始：挑選、考試。並約於考試前二日上月十四日再事會談——考試時各項準備。謹此簽請

鑒核。謹呈

廠長江

職 梁步雲 呈

存查 六、十二

34

勘字第194號

渝福字第一三〇號

報告　元月二十日 于本處

竊職奉

令赴渝辦理考試藝校學生事宜等因、當率同朱有揆周遠夔戚文良郭慕泉馮先生等五員、并經保育總會派趙一恒先生臨時保育院派周愛貞先生詹德明先生等協助、於十六號在重慶萬壽宮臨時保育院開始分別辦理學生照相檢查體格、并學科考試、共六十二名、十七號因歌樂山保育院陸續到達三十五名、十八號續到七名、均經分別仍照規定辦理一切、并舉行個別口試、共計一百零四名、於十九號辦畢、兩敝整理各項成績、茲經整理就緒、理合連同藝校考試學生成績名冊一份、學生體格檢查表一本、計一零四張、學生口試表一本、計一零二張（內有二生未經口試先已離開返院）學科試卷、計國文算術公民常識等各一零四份、簽請

鑒核。謹呈

廠長江

附呈成績冊乙份 體格檢查表 口試表各乙本

學科試卷各一零四份 成績總冊乙本

職 梁步雲 呈

军政部兵工署第五十工厂为抄送创办兵工机械士养成所计划书致战时儿童保育会的笺函

（一九三九年一月二十二日）

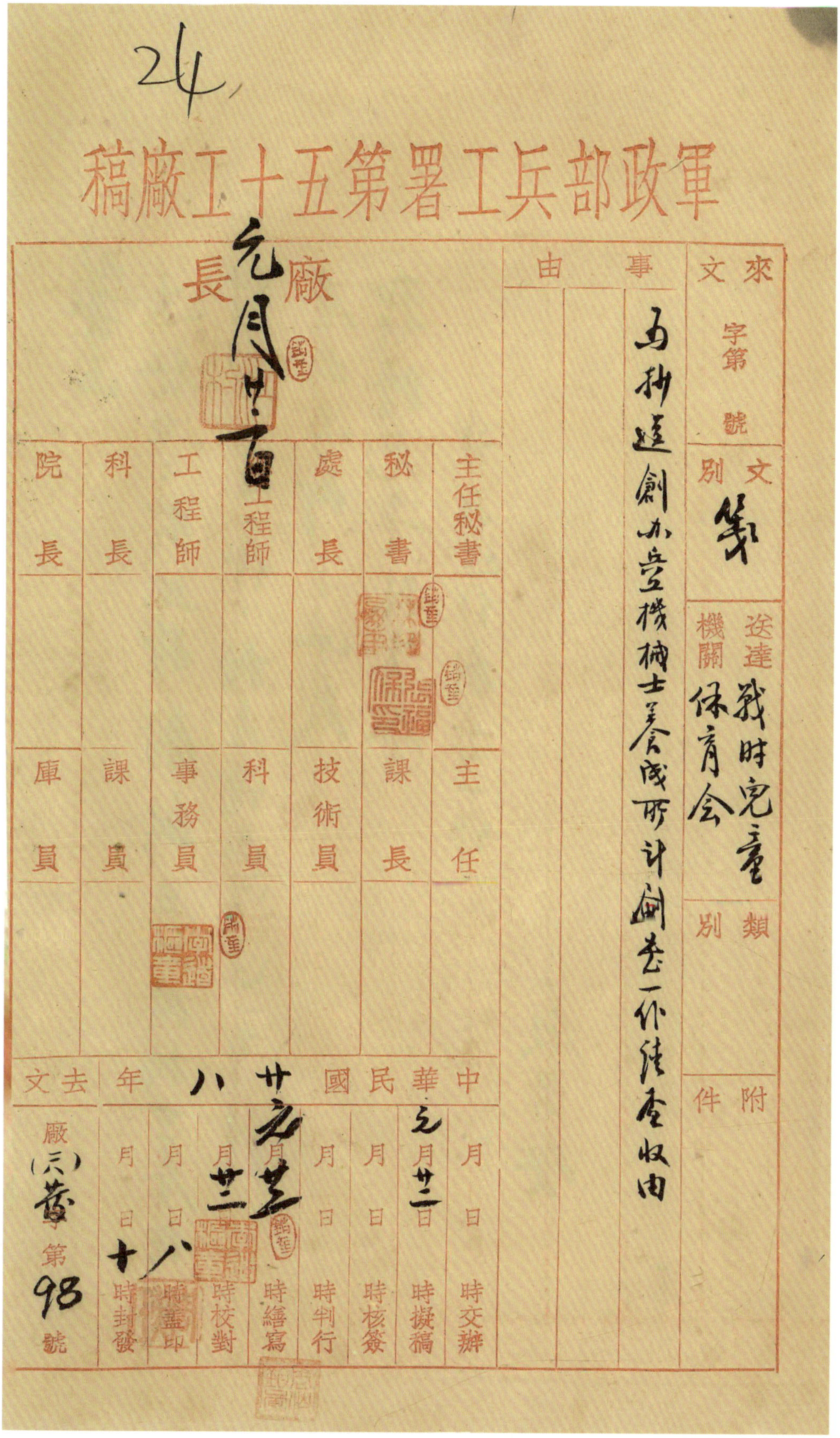
24

軍政部兵工署第五十工廠稿

事由	來文字第　號	文別	送達機關	類別	附件
為抄送創辦兵工機械士養成所計劃書一份請查收由		箋	戰時兒童保育會		

廠長　元月廿二日

主任秘書	秘書	處長	工程師	工程師	科長	院長

主任	課長	技術員	科員	事務員	課員	庫員

中華民國廿八年　去文

交辦	擬稿	判行	核簽	繕寫	校對	蓋印	封發
月　日　時	元月廿二日　時	月　日　時	月　日　時	元月廿三日　時	月廿三日　時	月　日十八時	月　日　時

廠(三)藝字第98號

24-1

箋函

逕啓者：茲照抄創辦兵工機械士養成所計劃書一份，相應備函送達，即請查收為荷！此致

戰時兒童保育會

計抄送計劃書壹份

廠戳啓

25

創辦兵工機械士養成所計劃書

我國經此次抗戰後，關於兵工事業之擴充，勢須積極進行，以配後方生產與前方需要，得以互相策應，所有兵工技術專材，在高級方面，尚可設法羅致，惟為應付基層級幹部人才，極感缺乏，實有提速造就之必要，故創辦此項養成所。

本所招收學生，擬側重於戰區內西來之難童，一以造成人才，一以兼施救濟，

25-1

其於教育方面，以藝科學科暨訓育三者並重，俾技能與智識及道德思想，均能同時並進，平時在校生活，完全參照童子軍規定之紀律辦理，使各個兒童活潑天真，得以儘量發展。

至於學生之科別，擬定名為二科，每級教授照實收學生人數劃設若干級，以一般難童曾在小學畢業或小學五年級以上程度，年齡在十三歲以上十八歲以下者為合格，四年畢業，在此四年中，

26

並規定三年在校研討，最後一年則令至工廠見習，以使學理與實際互有印證。

凡錄取學生，在修業期間，應由食住服裝及日用必需品，注由公家供給，每日并酌按成績，發給津貼三元至五元，但中途如有荒廢退學，應將平時所供給及津貼各項費用，照實支數額一律追繳。

學生畢業後，視其在校成績，

26-1

派充各級機械士、在服務期內、如實習成績優良、得予循資請升至助理員及各級技術員。

军政部兵工署第五十工厂为告知录取艺徒学校学生情况致战时儿童保育会、临时保育院等的公函（一九三九年一月二十四日）

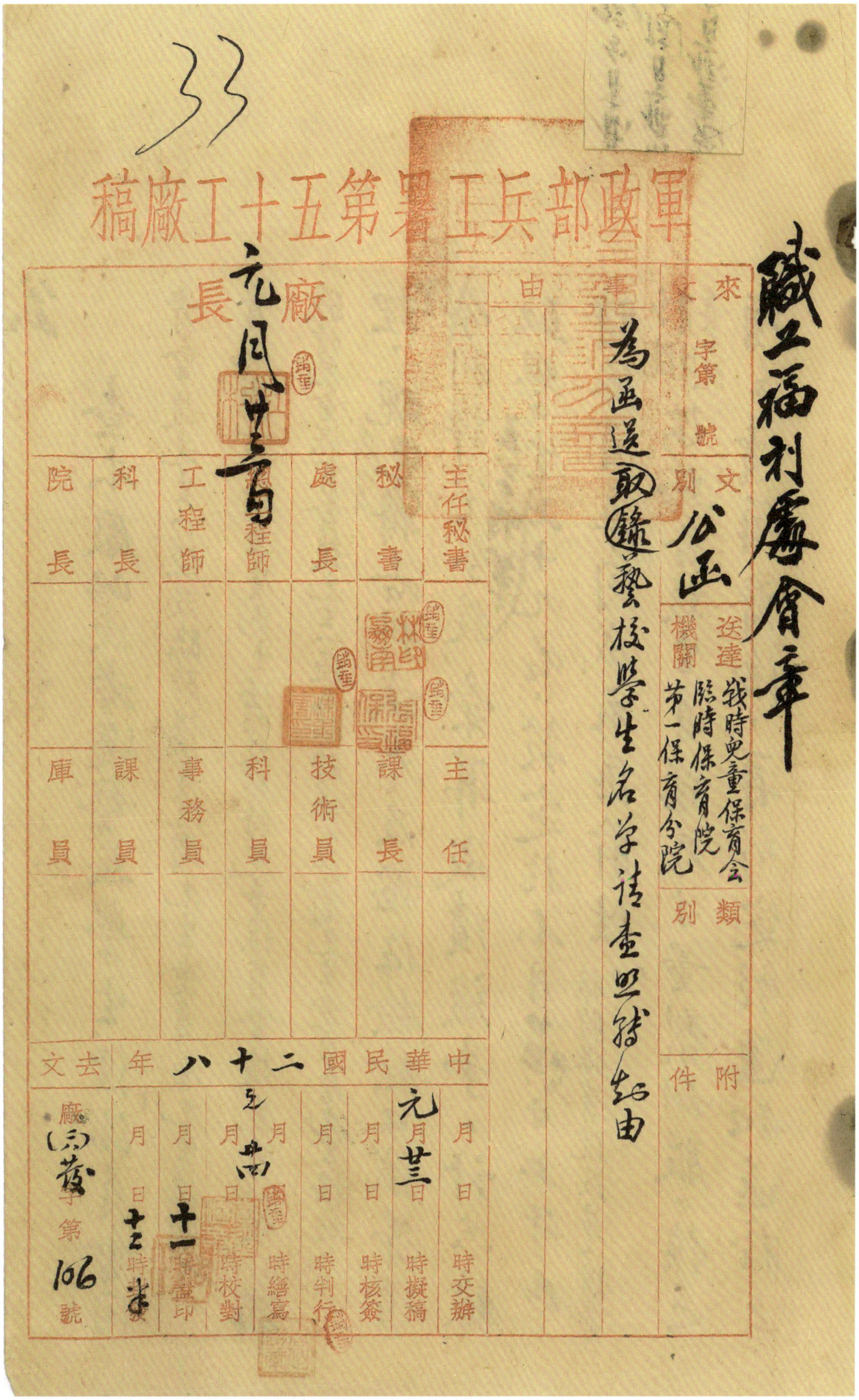

33

軍政部兵工署第五十工廠稿

藏五福利處會章

來文	字第 號
文別	公函
送達機關	戰時兒童保育會臨時保育院第一保育分院
類別	
附件	

事由：為函送取錄藝校學生名單請查照轉知由

廠長 元月廿三日

主任秘書	秘書	處長	工程師	工程師	科長	院長

主任	課長	技術員	科員	事務員	課員	庫員

中華民國二十八年去文

交辦	擬稿	核簽	判行	繕寫	校對	蓋印	封發
月日時	元月廿三日時	月日時	月日時	元月廿四日時	月日時	月十一日時	月十二日時半

廠（六）發字第106號

33-1

查本廠此次考選藝校學生，經派員會同
貴會趙先生一恒及臨時保育院周先生愛貞、詹先生達明／
貴院周先生愛貞、詹先生達明及戰時兒童保育會趙先生一恒 辦
戰時兒童保育會趙先生一恒及臨時保育院周先生愛貞、詹先生達明／
理。現經將所有各科試卷及體格檢驗口試等項，
分別評定分數，彙算成績，計共錄取王永明等學生七十九名，並定於本月廿五日上午九
時派員率同成衣匠前往臨時保育院及第一保育分院／貴院／貴分院，按照各該生身體尺寸量製制服，俟各
項手續辦齊後，再行定期通知送校上

分繕

課，除分函外，相應先行抄同錄取學生名單，備函送達，即希
查照轉知為荷！
此致
戰時兒童保育會
戰時保育院
第一保育分院
計抄送錄取學生名單一份

梁步云关于前往永川办理战时儿童保育院学生报考艺徒学校事宜的报告（一九三九年二月十三日）

82

勘字第439號

渝福字第一四一號
中華民國廿八年貳月拾叁日到

二月十四日已辦
見簽函第21號

報告

竊奉

鈞座二十八年二月三日仁字第五十七號令開：「茲派該處長率同周醫師遠夔、朱課員有揆、盛課員文良前往永川辦理藝校招考事宜。此令」等因。奉此，遵即率同周醫師遠夔、朱課員有揆、盛課員文良前往，於四日乘本廠卡車馳赴永川縣城，六日乘滑桿至臨江場保育院開始考試，當依照第一次挑選學生八十二名內有王繼成、周貴卿二名未參加考試外，尚增加翟祥雲等六名，共計應考者八十六名，即照規定辦理，分別舉行學科考試、照相、体格檢查及口試，於八日完畢，九日由永

824

川縣城十日來本廠卡車回渝整理各項成績及沖洗相片

茲經整理就緒理合連同學生成績冊二份体格檢查表

一本口試表一本忝術國語公民常識等科試卷各八十六份

一併送請

鑒核

謹呈

廠長江

附呈學生成績冊二份体格檢查表一本口試表一本忝術

國語公民常識等科試卷各八十六份

職梁步雲

錄取五十四名以出批名單

送印發服裝並擬送[illegible]

[illegible]即日[illegible]核[illegible]二十[illegible]

战时儿童保育会第二保育院为询问考取艺徒学校学生携带行李事致兵工署第五十工厂的函（一九三九年二月二十三日）

128

戰時兒童保育會第二保育院

逕啟者：准接

貴廠來函，據悉本院院生被錄取為機械士學員者共五十四名，不勝欣感。惟該生等離院時，當否攜帶衣服、被褥及洗臉等用具，至希見覆。蓋本院所備之院生用具每項以三百件爲限，故請先行示知，以便補充也。

此致

軍政部兵工署第五十工廠

戰時兒童保育會四川分會第二保育院啟

二月廿三日

院址四川永川

军政部兵工署第五十工厂为告知录取学生人数名单致战时儿童保育会、临时保育院等的公函
（一九三九年二月二十八日）

附：本厂艺校招考难童保育院学生统计表

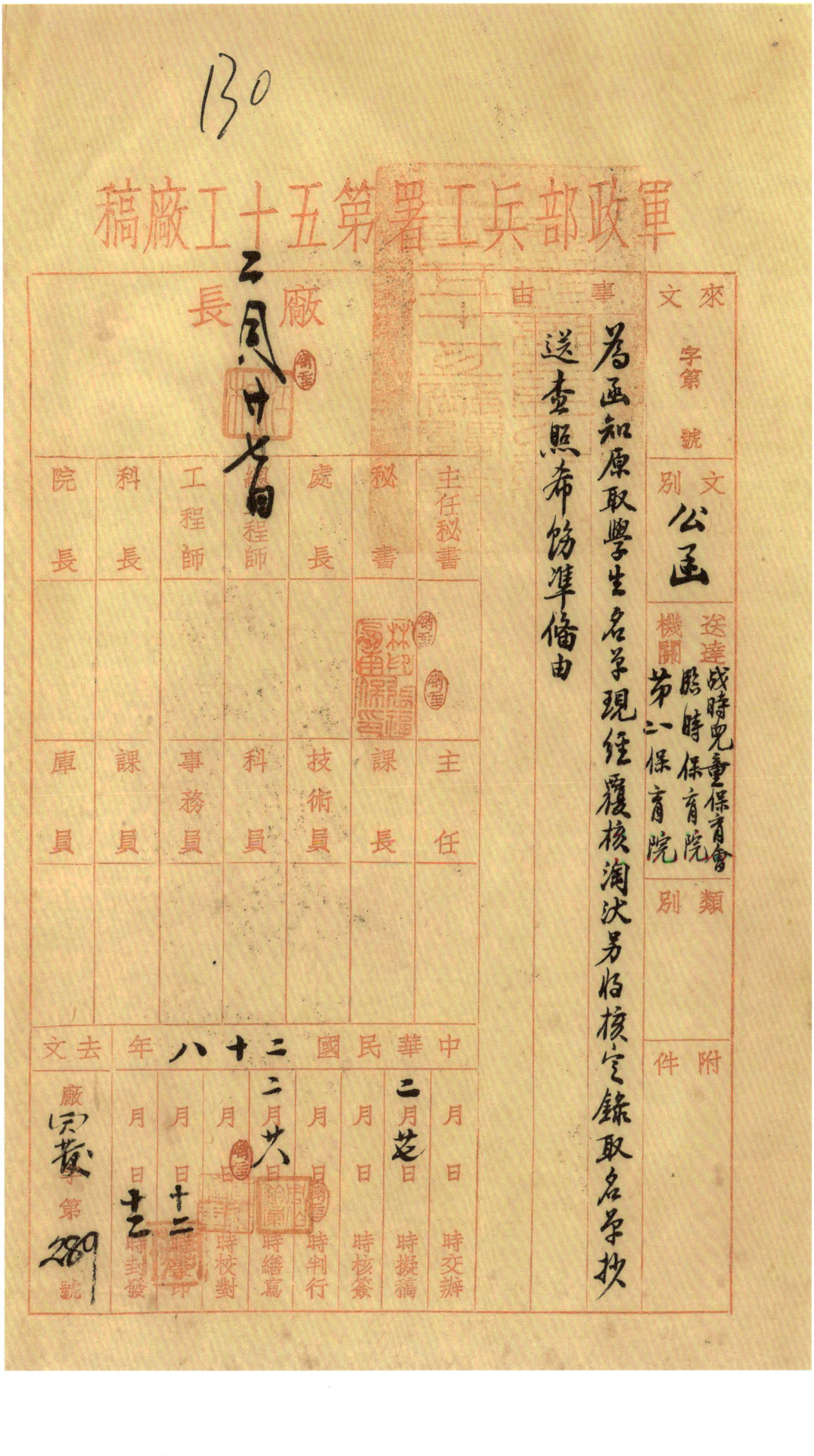
130

軍政部兵工署第五十工廠稿

來文	字第　號
文別	公函
送達機關	戰時兒童保育會、臨時保育院、第二保育院
類別	
附件	

事由：為函知原取學生名單現經覆核淘汰另將核定錄取名單抄送查照希飭準備由

廠長　二月廿七日

主任秘書　秘書　處長　工程師　工程師　科長　院長

主任　課長　技術員　科員　事務員　課員　庫員

中華民國二十八年

月日時交辦	二月廿七日時擬稿	月日時核簽	月日時判行	二月廿八日時繕寫	月日時校對	月十二日時用印	月十二日時封發

去文　廠字第289號

130-1

公函

查本廠前後三次考試藝校學生，以各方保送過多，我廠不大，經覆加審核結果，共計實錄取九十一名，除分函外，相應抄錄名單，備函送達查照，凡屬本次單內列名學生，希即轉知準備，聽候送廠受訓，至上次所送名單，因有淘汰，未便作準，併希查照為荷。

此致

戰時兒童保育會

132

奉諭再取一名

本廠藝校招考難童保育院學生統計表

招考次數	投考人數	初次錄取名額	最後錄取名額	備考
第一次	一〇四人	七九人	四五人	
第二次	八六人	五四人	三六人	
第三次	四七人		一〇人	初次錄取名額與最後錄取名額同
合計	二三七人	一四二人	九一人	

秘書室通知有關各處

（油印）

二/廿七

史信才为报告护送艺徒学校学生由渝赴蓉情况致江杓的签呈（一九三九年三月十六日）

10

渝字第823號

為簽呈事，竊職遵
諭率領重慶永川兩地藝校學生八十三名於十日上午由渝乘坐本廠卡
車三輛出發來蓉，因重量過大，恐車機損壞，故沿途叮囑司機徐
徐而駛，第一日住永川，第二日住內江，第三日住資陽，第四（十三）日下午全部
平安抵校，前昨兩日因學生長途跋涉，精神疲乏，稍加休息，關於隊
伍編制、寢室分配，刻已會同鄭科長、劉科員等辦理完畢，準備即
日開始正式教育矣。前奉
鈞令着職主持藝校學生由渝赴蓉護送事宜，此間全部學生已
平安抵蓉，理應備文將原
令呈請

閱

三十九

中華民國廿八年叁月拾九日收到

10-1

鈞長核銷，實爲公便，謹呈

廠長　江

坿原今（？）山件

職　史信才

三月十六日

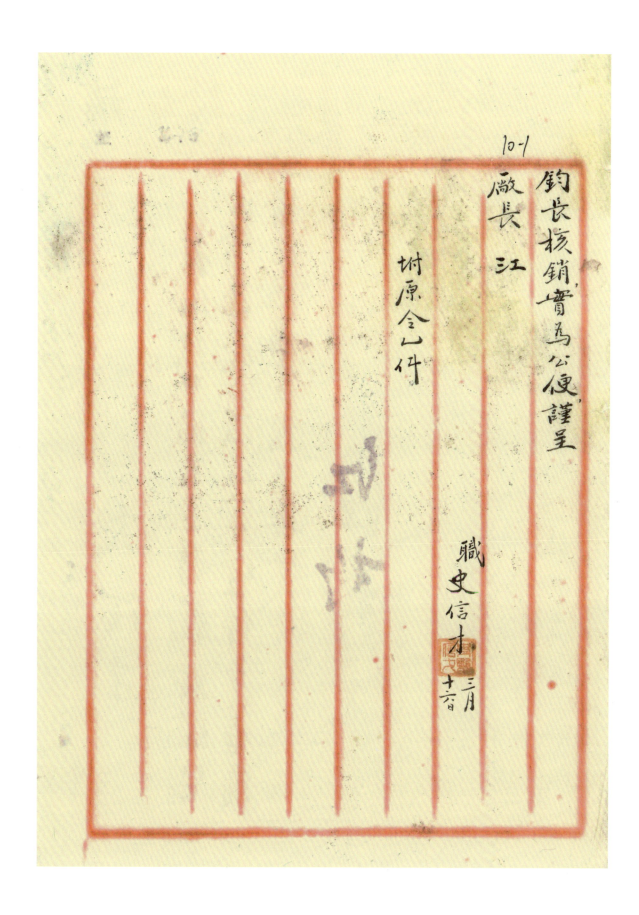

廠長令

銷

仁字第八十二號

令史信才

茲派該中陳云主持藝校學生由渝赴蓉發送事宜仰即籌備辦理隨時具報為要此令

江杓

民國二十八年二月十六日 午 時 分

于軍政部兵工署第五十工廠

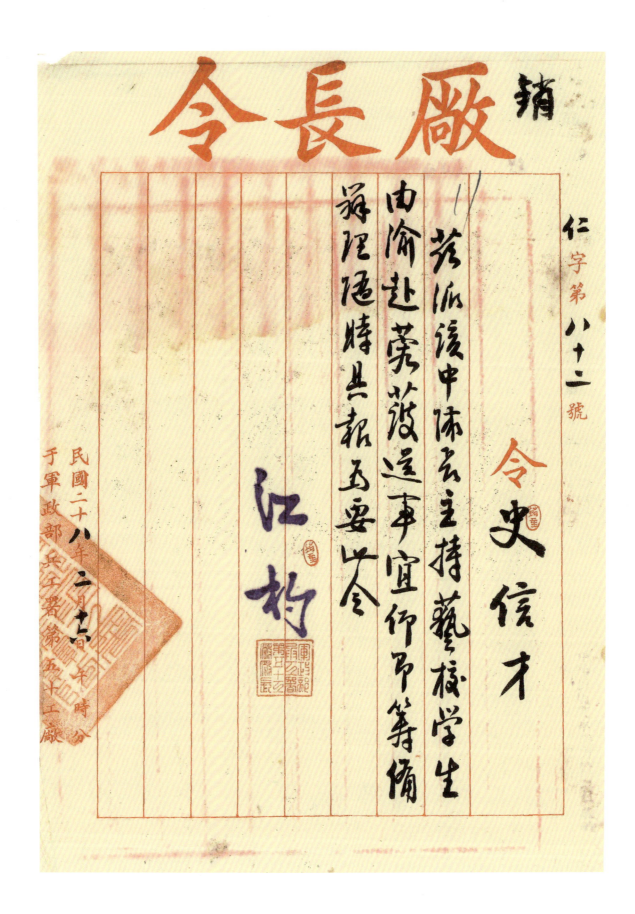

战时儿童保育会为请告知艺徒学校校址负责人及成都临时保育院儿童考试时间致兵工署第五十工厂的公函（一九三九年三月三十日）

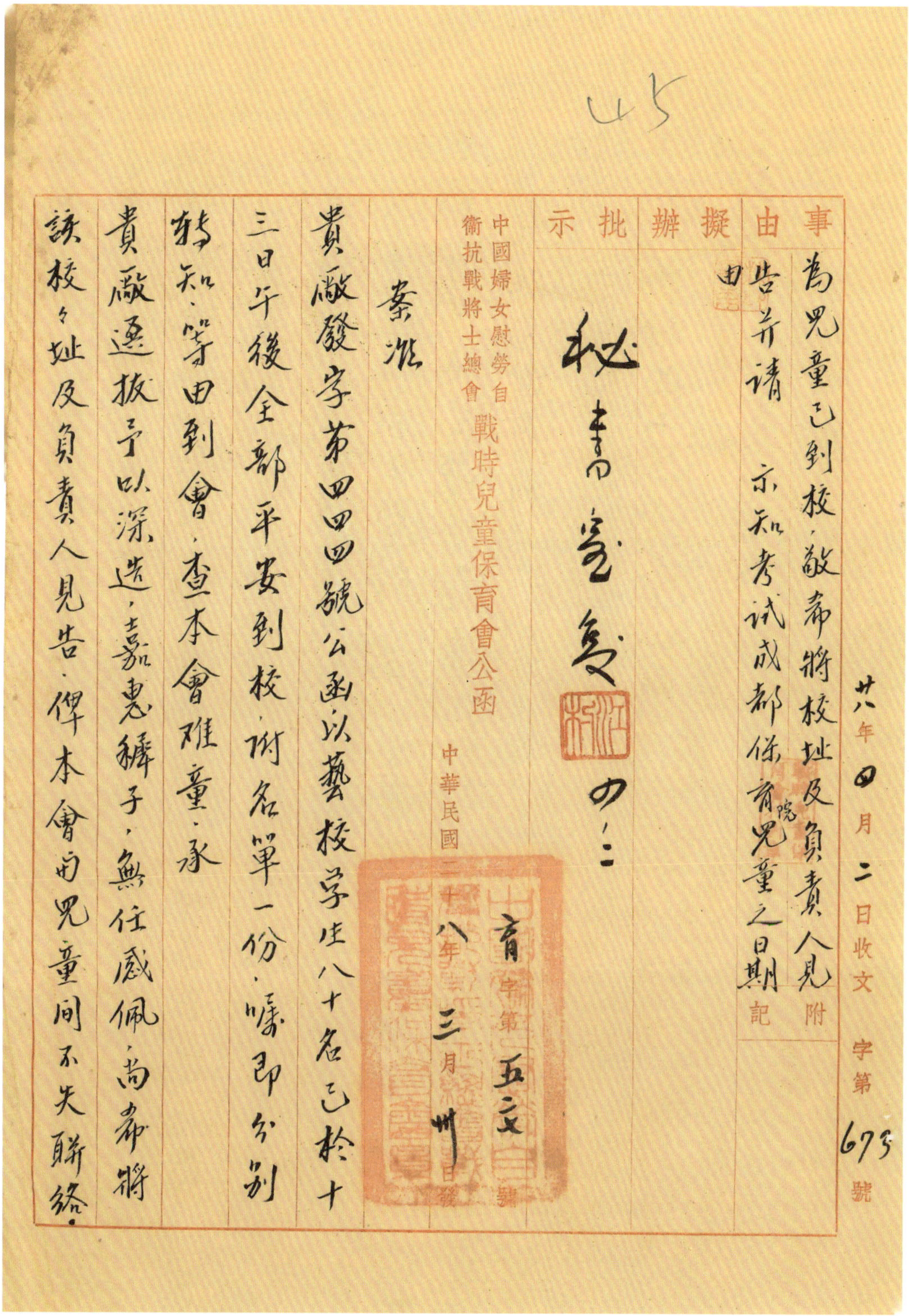

事由：為兒童已到校，敬希將校址及負責人見告并請示知考試成都保育院兒童之日期

附記

廿八年四月二日收文 字第675號

擬辦

批示：秘書室 四二

中國婦女慰勞自衛抗戰將士總會戰時兒童保育會公函

中華民國二十八年三月卅日發 育字第五之文號

案准

貴廠發字第四四四號公函，以藝校學生八十名已於十三日午後全部平安到校，附名單一份，囑即分別轉知，等由到會，查本會難童，承

貴廠遴拔予以深造，嘉惠孺子，無任感佩，尚希將該校校址及負責人見告，俾本會與兒童間不失聯絡，

再此次考取之学生尚不足二百名之故，本会成都臨時保育院已將程度及年齡相当之兒童暫留該院候考，未知貴廠定於何日派員到該院考試，敬希 示知，以備令其準備，如名額仍不足，可就近至貢井考選。准函前由，相应函達，即希查照見覆為荷！

此致

軍政部兵工署第五十工廠

军政部兵工署第五十工厂为告知艺徒学校地址负责人及成都保育院招生情况复战时儿童保育院的函（一九三九年四月四日）

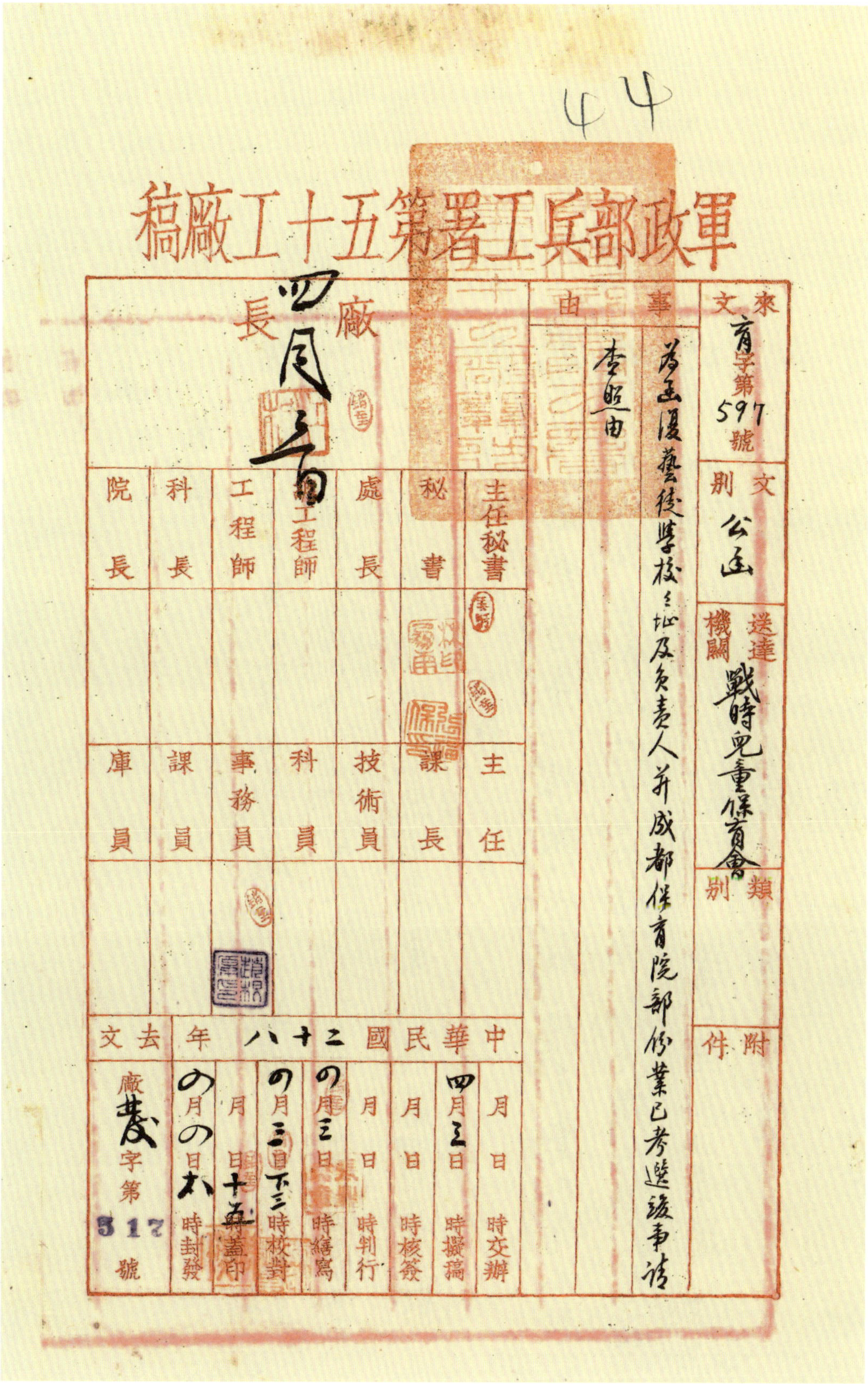
軍政部兵工署第五十工廠稿

來文：育字第597號

文別：公函

送達機關：戰時兒童保育會

事由：為函復藝徒學校之地址及負責人并成都保育院部份業已考選錄事請查照由

廠長：四月三日

中華民國二十八年去文 廠發字第517號

四月三日時擬稿

四月三日時繕寫

四月三日下三時校對

四月四日十五時蓋印

44-1

公函

案准

貴會育字第五二七號公函：屬將本廠藝徒學校校址及負責人并考選成都保育院兒童之日期見復等由；查本廠藝徒學校校址，係就成都東門外前四川兵工廠廠址，來往函件，可請照寄成都郵局第四信箱，該校校務負責人為本廠廠長，其代表負責人則為本廠工程師鄭大強，該校學額，現將屆滿，成都保育院部份，業已由廠派員辦理考選且已蔵事多日，准函前由，相應奉復

46

查照！

此致

戰時兒童保育會

卞世福为报送本厂菜蔬自给计划书致江杓的签呈（一九三九年十月）

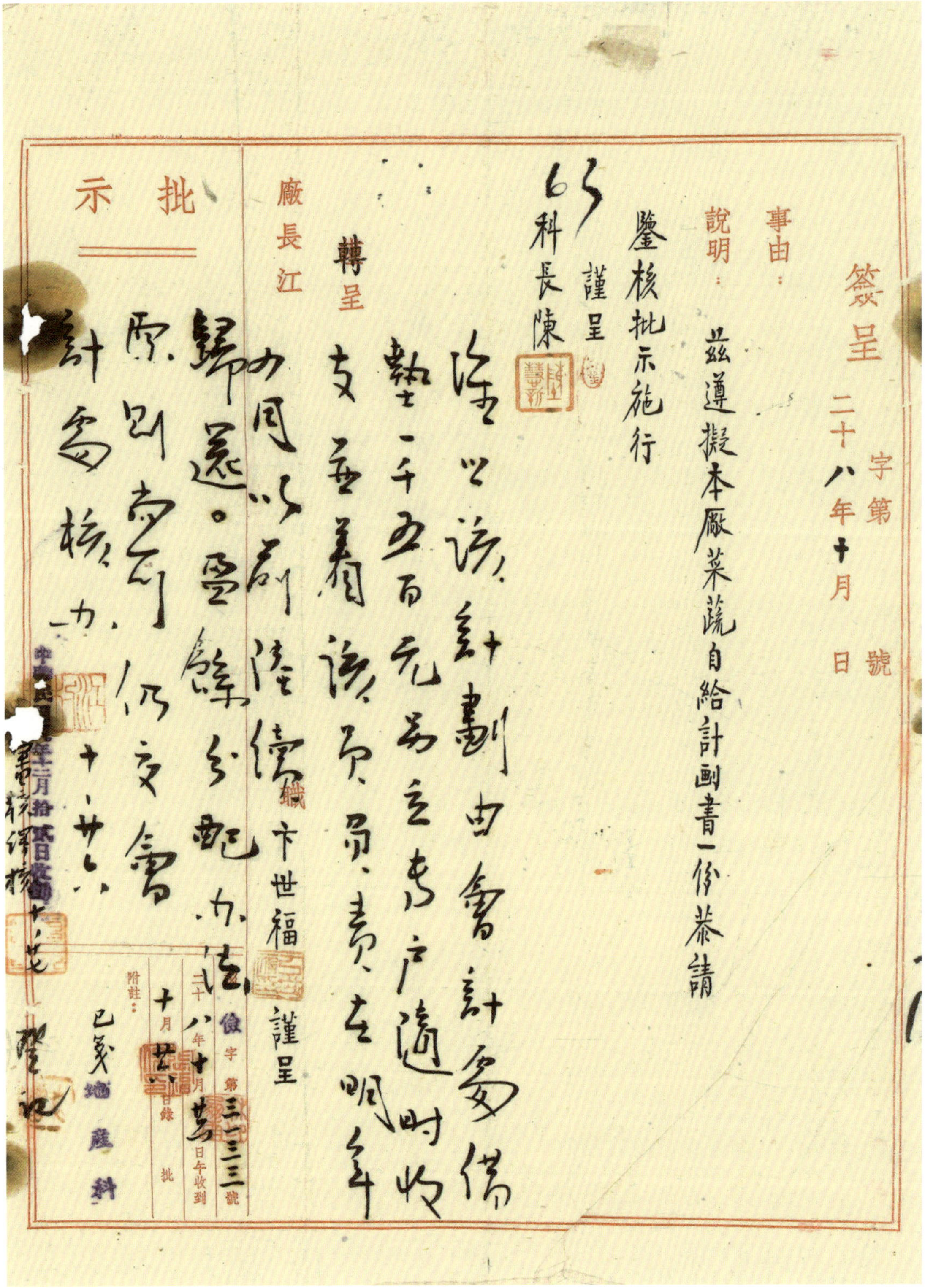
签呈　字第　号　二十八年十月　日

事由：

說明：茲遵擬本廠菜蔬自給計劃書一份恭請

鑒核批示施行

謹呈

科長陳（65）

轉呈

廠長江

職 卞世福 謹呈

附註：

批示：

除以該計劃由會計處備墊一千五百元為立專戶適時收支，並着該員負責在明年六月以前陸續歸還。盈餘分配辦法，原則由會計仍交會計處核辦。十、廿六

江

二十八年十月廿六日午收到　儉字第三一三三號

64

本廠蔬菜自給計劃

I.設立菜圃之目的：—蔬菜在人類生活上之主要作用，為增進食慾，輔助消化，供給人体生理上之一切必需之維他命（Vitamines）及鉄質，礦物質等且有許多蔬菜有治愈疾病之效，故蔬菜在人体營養上佔極重要之位置，本廠人數衆多，附近菜蔬產量太小，每感有供不應求之苦，故本廠急需自闢菜圃，供全廠員工之需。本廠經營菜圃，並非以營利為目的，主要目的為供給全廠工作人員各種新鮮蔬菜，且宜行輪作制。因蔬菜種類愈多，愈可於一年中繼續不斷供給蔬菜，行輪作制，可得盡量利用土地，且可使菜圃中，四季皆有蔬菜產生。

II.土壤及位置—各種蔬菜其需要之土壤皆有不同，但普通言之，欲成熟較早，則

64-1

適用砂土，欲培育遲熟菜蔬則適用粘土，但二者較明，砂質土壤較優於粘質土壤，因用砂質土壤，可早播种，且砂質壤土較暖，蔬菜之發育亦易，耕耘施肥亦有許多便利，雨後於短期內即可工作，無踐踏膠結之弊。故本廠菜圃地，擬擇用河边河砂土及第二苗圃所佔之土地。

四、栽種制度——本廠菜圃擬主用輪栽法，即為維持土地生產力，使永久適於蔬菜繁殖，且能增進品質產量計，以數種蔬菜編成一定次序，而輪流栽培之，其精密之輪栽計劃，俟後日規定之。

V、本廠需菜數量之約計——每人每日需菜數量之多寡，當依年齡之大小，身体之强弱，肉類肴品之多寡，蔬菜之种類而有不同，今約畧平均每人每日以半斤計，本廠員工及眷屬共定為二千人，則每日須食蔬菜之

65

數量應為1000斤。

▽本廠擬闢菜圃面積之大小，產生蔬菜之數量及其價值之估計——蔬菜每畝之收獲量，並無精之統計，依過去農商部之統計有下列數目

產物		面積	收獲量(斤)	每畝收獲量(斤)
根莖類	甘薯	3,211,305	1,116,525,035	347
	芋	3,812,803	1,407,751,387	242
	馬鈴薯	5,182,604	2,221,033,021	428
	蘿蔔	5,223,141	3,882,232,342	743
蔬菜類	蔬菜	17,257,531	13,488,764,843	731
	瓜	6,622,570	4,671,851,334	637

65-1

上數為每季每畝之產生量，並非全年之產生量，有時一年中各種蔬菜可輪流栽植或行間作，一年可收四次、或五次，故由此即可估計本廠欲每年產生360000斤蔬菜，須闢二百餘畝面積大之菜圃。

本廠現擬於本季試闢六十畝面積之菜圃，用十五人經營（每人約四畝，至施肥、驅除病害、收獲菜時須酌斟情形再加小工）菜之種類為蘿蔔及蔬菜類，經營期約定為本年十月中旬至明年三月中旬，共五個月（實則有些蔬菜自播种至收獲，勿須用此長時間）則實收入支出之預算可約略估計列表於后：—

費別	預算數（元）	備考
試辦菜圃費用	14337.00	

99

第一項購置費	27.00	
第一目農具	27.00	糞桶30個每個七角，糞瓢（長把）十五個每個三角，大糞鈎三個，每個五角。共計如上數
第二項建築費	150.00	
第一目建築		將來為看生疏於適当地点建築草棚數個
第二目糞池	150.00	建築糞池一個（用石灰及煤炭渣）以諸藏人糞尿之用
第三項薪工費	990.00	
第一目工資	990.00	現擬用十五人經营之，每人每日以四角四分計，共五個月，計如上數
第四項事業費	230.00	
第一目種子	30.00	
第二目肥料	100.00	平均每畝須用四元之肥料，其不足數由廠中補足

626-1

第三目 除草灌溉	80.00	工作忙時須加小工，今以二百工計
第四目 保　護	20.00	防除病虫害之藥品及工資約如上數
第五項 預備費	100.00	

本期所培育者主要為蘿蔔及蔬菜類，依前表知二者每畝之平均產量為762斤，但此數係各省之平均數，在雨量充足，土地肥沃之四川決不祇此數，今暫定為每畝之產量為800斤（實則據調查所得，絕對超過此數）每斤平均以五分計，則每畝可收40元，六十畝可收2400元，除抵消開支外，可有903元之利可圖。

附錄南京等處每畝每年之耕耘次數及其收入如下，以供參考：

①南京城南菜園之試驗（面積一畝）

第一作　蘿蔔——十二月上旬栽苗，翌年四月下旬收完共收40元

67

第二作 莧菜——四月中旬播种，五月末收完，共收30元

第三作 王瓜——四月中於莧菜地間行作，七月初收完，共收40元

第四作 小白菜——七月初播种，八月中收完，共收30元

第五作 小白菜——八月中播種，九月末收完 共收30元

第六作 大白菜——九月末播種，十二月初收完 共收40元

第七作 茼蒿——九月播種於大白菜之間，十二月收完 共收20元

以上總計收入230元

②在杭州附近菜園試驗者每畝共收200元

③在北平附近試驗者，每畝每年收入為180元

Ⅵ 蔬菜之採收及販賣——蔬菜之採收，皆宜於適當之成熟期行之，自採收至販賣中間所經之期間愈短愈佳，因蔬菜含有大部水分，其柔嫩與品質極

67-1

有關係，故現擬與消費合作社訂定採收販賣期間，務使蔬菜保持新鮮或商同消費合作社另立一菜市，林場供給蔬菜，消費合作社代賣，至其菜價可同消費合作社商酌依市價酌打折扣，因蔬菜因種類及上市時期之早晚而有不同，決不能將其價格預先固定。

Ⅷ 工人管理及獎勵——將來面積規定後，可依地勢分為若干區，再依區域之大小分配工人，令其固定經營，將來再依其區域產生蔬菜之多寡，加以獎勵，將來將收入抵消開支後，所得之餘利，可以百分之四十歸林場作建設費，百分之四十作獎勵工人之用，百分之二十歸消費合作社，工人應得之數再依各區經營之良否，產生蔬菜數量之多寡，及人數等再分配之。

附記：此係一試辦間略計劃，將來大規模辦時，及各種蔬菜輪作間作之

68

精密排列等、後日再行計劃。

附本年應買菜籽之種類數量表如後：

蓮花白菜	拾兩	大蒜	拾斤
枷藍白菜	四兩	黃蔥	五兩
圓蘿蔔	弍拾兩	油菜	五兩
花白菜（花椰菜）	叁	黃秋白菜	拾兩
芫荽	五兩	菜豌豆	壹升
茼蒿	六兩	白豌豆	半升
青菜	弍兩	大胡豌	壹升
萵苣	拾兩		

68-1

四季蘿蔔　拾两
菠　菜　拾弍两
芹　菜　五两
甜　菜　壹两
冬莧菜　壹两

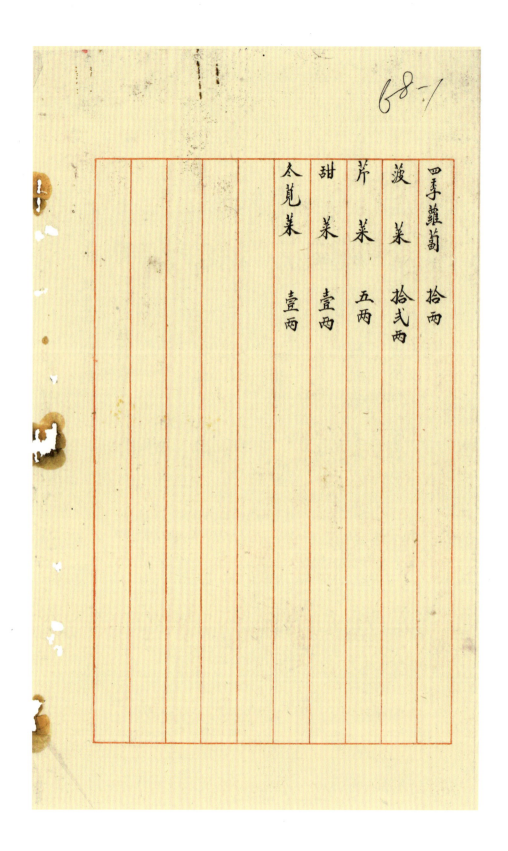

022

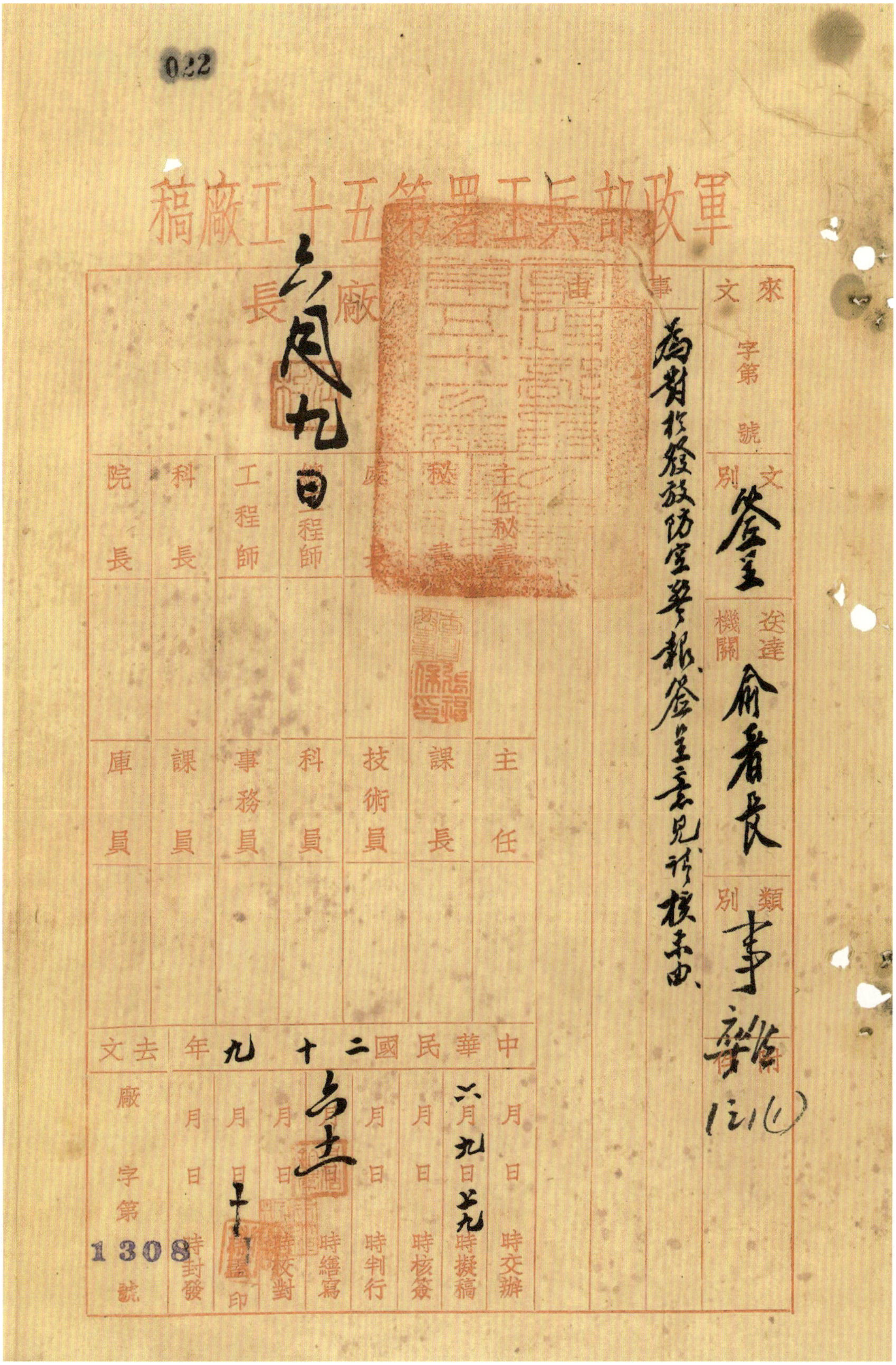

軍政部兵工署第五十工廠稿

來文	字第　號
文別	簽呈
送達機關	俞署長
類別	事
附件	
事由	為對於發放防空警報、簽呈意見、請核示由、

廠長 六月九日

主任秘書　秘書　處長　總工程師　工程師　科長　院長

主任　課長　技術員　科員　事務員　課員　庫員

中華民國二十九年 去文

廠　字第 1308 號

交辦　月　日　時

擬稿　六月九日上九時

核簽　月　日　時

判行　月　日　時

繕寫　月　日　時

校對　月　日　時

監印　月　日　時

封發　月　日　時

1211

江杓为提供改善发放空袭及解除警报意见致俞大维的签呈（一九四〇年六月十一日）

22-1

簽呈

看長鈞鑒，查近來敵機肆擾，警報頻傳，本廠僻處鄉村，往往以消息不靈，關於空襲警報及解除警報，均不能於適當時間，為正常之發放，在各員工工作方面，固以發放不準，大受影響，而人人蟄伏於防空洞中，更以行動失其自由，亦屬異常苦楚。當日隨江舊廠，每在敵機未飛入威脅半徑以前，各員工仍能照常工作，即解除後亦不甚感覺十分疲勞，其原因由於消息靈通，能於事前算出敵機速度到達時間，即為本廠疏散員工需要時間，當時無論如何緊張，而發放警報，絕無過遲過早之弊。現在情勢殷殷以往秋

023

況迥不相同，如與渝市同時發放警報，則大好光陰，等於虛擲，為本廠工作計，實多無謂之犧牲，如屆時用電話向防空司令部情報部探查消息，該部以各機關相率來詢，則又不勝其煩，每每置不答復。茲為免除上項困難起見，擬請鈞座與情報部先事接洽，成立廣播電台一座，遇有警報，由台先向該部詳詢敵機動態，隨時廣播各廠知照，在各廠得到確息後，即可按照敵機半徑之距離，而核算敵機到離之速度，以憑發放空襲及解除之警報，如此則工作效能，既可與時并進，而各員工之疲勞，亦得因之減少。是否可行，理合簽請

鑒核。

職江〇謹签

六月九日

中華民國二十九年六月　日

監印

校對

繕寫

廣州市西湖路大中工業社承印

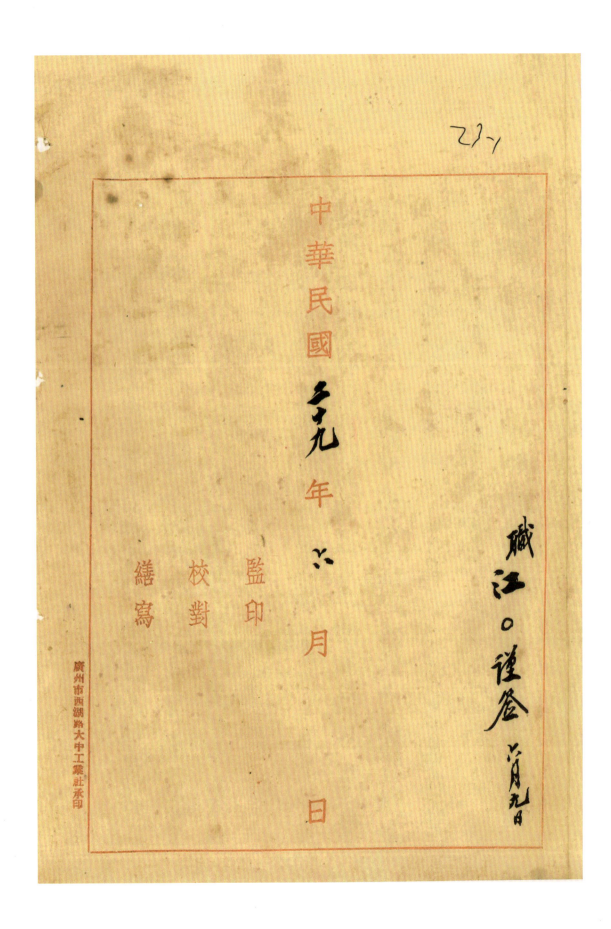

军政部兵工署第五十工厂为报送艺徒学校学生训练实况表致兵工署的呈（一九四〇年七月二十日）

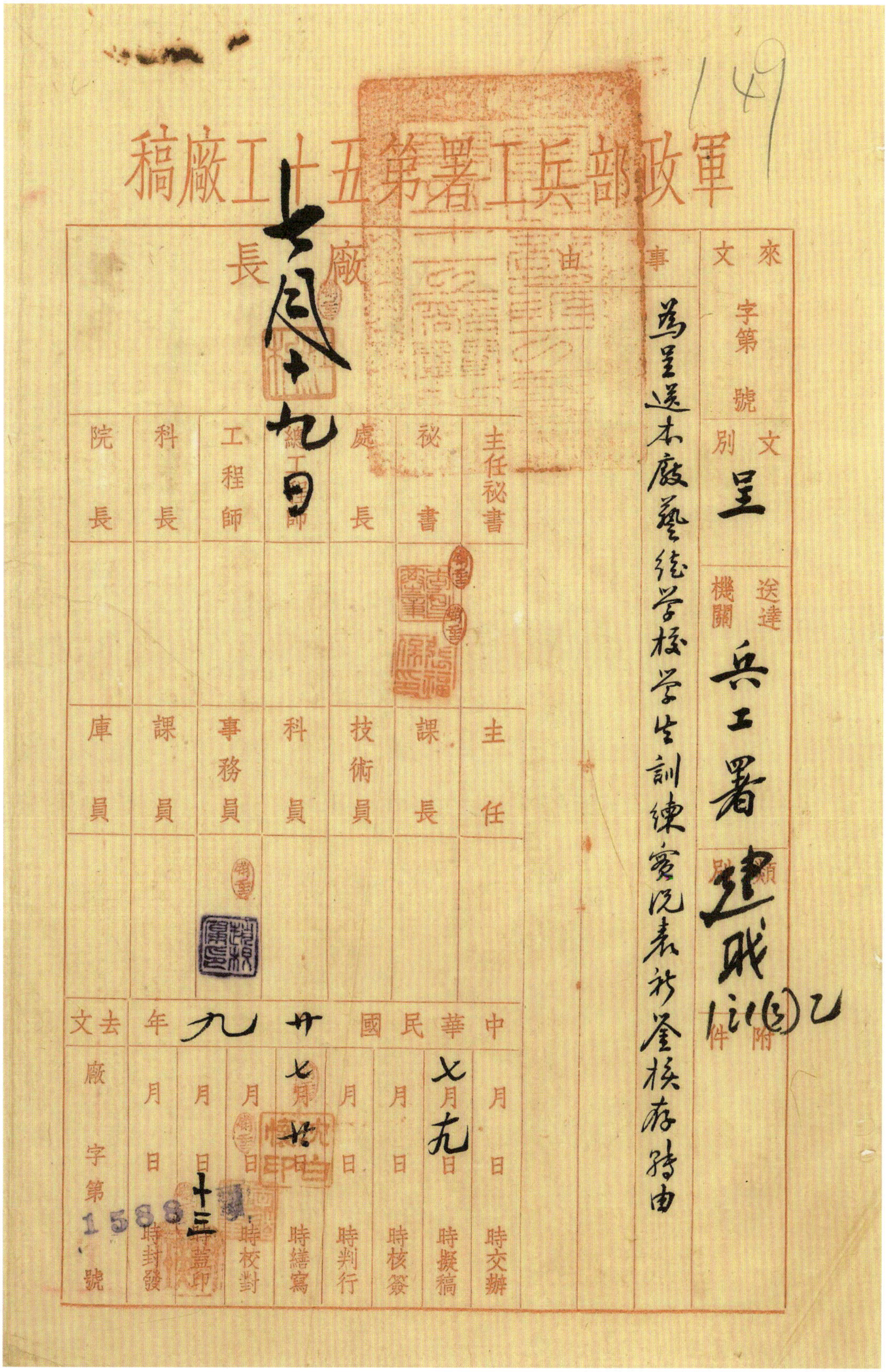
軍政部兵工署第五十工廠稿

來文	字第　號
文別	呈
送達機關	兵工署
事由	為呈送本廠藝徒學校學生訓練實況表祈鑒核存轉由
附件	

廠長　七月十九日

主任秘書　秘書長　處長　總工程師　工程師　科長　院長

主任　課長　技術員　科員　事務員　課員　庫員

中華民國廿九年

交辦	擬稿	核簽	判行	繕寫	校對	蓋印	封發
月日時	七月九日時	月日時	月日時	七月廿日時	月日時	月日時	月日時

去文　廠字第1588號　十三

149-1

呈文

案奉

鈞署本年七月五日渝造(元)甲字第七四二二號通令，為

准教育部函請將各工廠辦理訓練技工實況開明訓

練方法、課程組織及受訓人員程度、人數等列表見復一案，飭將

上開情形列表繕具二份呈署，以憑分別存轉等因，

遵將本廠藝徒學校學生訓練實況，繕具詳表，理

合備文呈送，仰祈

鑒核俯予存轉！

謹呈

軍政部兵工署第五十工廠藝徒學校學生訓練實況表

民國二十九年七月製

人數	入校年齡	入校程度	訓練期限
三〇〇名	十三歲至十六歲	曾在高小畢業或小学五年級以上程度	四年（三年在校授課，最後一年入廠實習）

學課 課別	授課時數 第一、二學年	授課時數 第三、四學年
公民	一〇〇	一〇〇
國語	四〇〇	
史地	一〇〇	
算術	二〇〇	
幾何画	一五〇	
機器画	三〇〇	一〇〇
代數	二〇〇	
幾何	二〇〇	
三角	一〇〇	
物理	三〇〇	
化學	一〇〇	
應用力學	二〇〇	
應用電學	二〇〇	
機器原件	一五〇	一五〇
材料強度		二〇〇
鋼鐵結構		一〇〇
材料學		一五〇
工藝學		二〇〇
熱力學		一五〇
原動機		二〇〇
工場管理		一〇〇
簿記學		一〇〇
總計時數	二七〇〇	一五五〇

訓練方法

（一）精神訓練：依教育部頒發之青年訓練大綱辦理之，注重民族思想修養品德信仰三民主義服從最高領袖等項，於每日升旗後由校長（教育主任大隊長分隊長）訓話一次，以二十分鐘為限，以啟發學生之思想，此種訓練一日不可間斷，遇雨時在禮堂舉行之，降旗時由學生中任擇一人背誦當日之訓詞，以養成學生注意聽講之習慣。在日常生活則一切均參照軍事管理之。

（二）術課訓練：分童子軍操、[illegible]操法、球類運動、田徑賽運動、普通總國術、救護、偵察、訊號、器械操、旗語、游泳、射擊、防空等項，在本校操場及校址附近於課外活動時間舉行之，每年春秋兩季作遠足旅行一星期，以資鍛鍊，在此期內並作行軍追蹤方位地形識別、露宿、烹飪、交通、斥堠、測繪等演習。

（三）學課訓練：按照規定課程在講堂舉行之，每晚自習時間由各中隊派定值星官在講堂督飭，以上課時間以求學課之進步。

（四）藝課訓練：暫分車、鉗、鍛、鑄、電、木工等六部，在第一二學年分期輪流在實習工場學習，每日四小時練習工具之使用、材料之鑑別、機器之運用、圖樣之識別，由淺而深，由易而難，每件工作如未完全學會不可改換，仍須養成獨自工作之習慣。第三學年按照學生之成績及本廠之需要分別指定專習一種技能。第四學年到廠練習專門機器設備之運用。

備註

第一二學年共有一百個星期，每日上午授課四小時，下午工場實習，適除星期日上午以一小時作紀念週，下午休習外，淨得授課時間27小時，兩年共得授課時間2700小時。第三學年共有50個星期，每週三日工場實習，五下午除星期日與前[illegible]外，淨得授課時31小時，全年共得授課時間1550小時。